BAEDEKER SMART

# Boston Neuengland

MairDumont – www.baedeker.com

## Wie funktioniert der Reiseführer?

Wir präsentieren Ihnen die Sehenswürdigkeiten von Boston und Neuengland in sechs Kapiteln.
Jedem Kapitel ist eine spezielle Farbe zugeordnet.
Um Ihnen die Reiseplanung zu erleichtern, haben wir alle wichtigen Sehenswürdigkeiten jedes Kapitels in drei Rubriken gegliedert: Einzigartige Sehenswürdigkeiten sind in der Liste der »TOP 10« zusammengefasst und zusätzlich mit zwei Baedeker Sternen gekennzeichnet. Ebenfalls bedeutend, wenngleich nicht einzigartig, sind die Sehenswürdigkeiten der Rubrik »Nicht verpassen!«. Eine Auswahl weiterer interessanter Ziele birgt die Rubrik »Nach Lust und Laune!«.

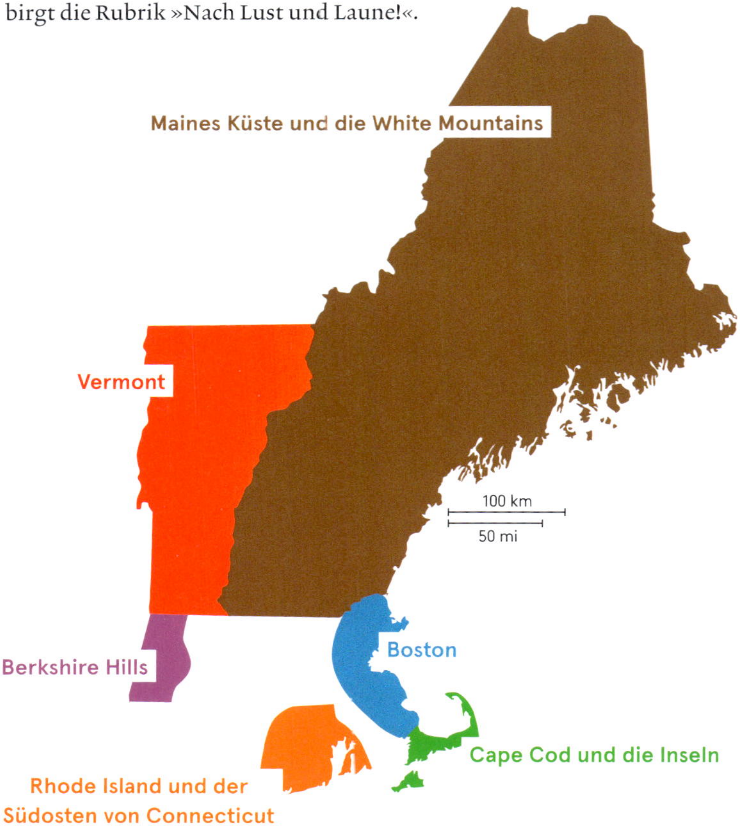

Maines Küste und die White Mountains

Vermont

100 km

50 mi

Boston

Berkshire Hills

Cape Cod und die Inseln

Rhode Island und der Südosten von Connecticut

### Rhode Island und der Südosten von Connecticut



### Maines Küste und die White Mountains



### Touren & Ausflüge



### Praktische Informationen



### Anhang



## Magische Momente

Kommen Sie zur rechten Zeit an den richtigen Ort und erleben Sie Unvergessliches.

Viel vom Charme Bostons entsteht durch das Nebeneinander von Alt und Neu: hier Trinity Church und John Hancock Tower.

Die Küste von Maine ist rund 5000 km lang – sie bietet wenig Strände, aber wunderschönes maritimes Neuengland (Cape Neddick Lighthouse).

# ★★ Baedeker Topziele

Unsere TOP 10 helfen Ihnen, von der absoluten Nummer eins bis zur Nummer zehn, die wichtigsten Reiseziele einzuplanen.

**❶ ★★ Freedom Trail**

Der 4 km lange Fußweg durch Boston führt zu zahlreichen Orten wie dem Old State House, an denen Schlüsselereignisse der amerikanischen Geschichte stattfanden (S. 40).

**❷ ★★ White Mountains**

Diese wilden, von extremen Temperaturunterschieden und Wetterumschwüngen gezeichneten Berge sind das raue Alter Ego des sonst so gepflegten Neuengland (S. 172).

**❸ ★★ Boston Museum of Fine Arts**

Das Museum der Schönen Künste ist eines der größten und besten seiner Art in den USA und beherbergt Kunstwerke aus aller Welt (S. 44).

**❹ ★★ Nantucket**

Für den Besuch dieses romantischen Eilands lässt man das Auto am besten zurück und mietet bei der Ankunft ein Fahrrad – für Strand- und abendliche Kneipentouren (S. 80).

**❺ ★★ The Breakers**

Der Vanderbilt-Palast in Newport ist das vielleicht beeindruckendste Monument des ungebremsten Kapitalismus vor der Anwendung der Anti-Trust-Gesetze (S. 148).

**❻ ★★ Provincetown**

Der alte Walfängerhafen auf der Halbinsel Cape Cod hieß im 20. Jh. allerlei Künstler und Lebenskünstler willkommen und gilt noch heute als der liberalste Ort nördlich von Key West (S. 83).

**❼ ★★ Acadia National Park**

Der einzige Nationalpark Neuenglands ist ein wildromantisches Ineinander von Land, Meer und Himmel und einer der schönsten im US-Parksystem (S. 177).

**❽ ★★ Jacob's Pillow Dance Festival**

Hochklassige Darbietungen in ländlicher Idylle – dafür steht das traditionsreiche Sommer-Tanzfestival bei Becket, es ist ein Stück typisches Neuengland (S. 104).

**❾ ★★ Fly Fishing**

Die Ästhetik des »Casting« übt auf Männer wie Frauen einen ganz besonderen Reiz aus. Am schönsten lassen sich die Leinen in Vermont auswerfen (S. 124).

**❿ ★★ Harvard**

Wer Boston sagt, der muss auch Harvard sagen. Die Elite-Universität hat die meisten Nobelpreisträger hervorgebracht (S. 48).

# Ein Gefühl für Boston bekommen ...

Erleben, was Boston & Neuengland ausmacht, das einzigartige Flair spüren. So wie die Bostoner selbst.

**Feeling Boston zum Ersten**

Familien picknicken, Studenten flanieren, Touristen fotografieren Schwäne, Enten und Denkmäler. Der Boston Common (S. 40) im Herzen der Stadt ist vieles für viele. Vor allem ist er ein wunderbarer Ort zur Reflexion. Setzen Sie sich auf eine Bank und denken Sie daran, was alles in Boston begann. So manche später Amerika prägende Geistesströmung – u. a. Puritanismus, Abolitionismus, Feminismus, gleichgeschlechtliche Ehe – nahm in Boston ihren Ausgang!

**Feeling Boston zum Zweiten**

Boston ist Beacon Hill. Wer vom Boston Common aus eintaucht in dieses noch immer vornehme Wohnviertel, begibt sich auf eine Zeitreise durch das alte Amerika. Zu Pferdedroschkenzeiten residierten in den Reihenhäusern aus rotem Backstein die einflussreichsten Familien der Stadt. Besonders interessant: kopfsteingepflasterte Gassen wie die Acorn Street, in deren Mietshäusern das Dienstpersonal versteckt wurde.

**Feeling Boston zum Dritten**

Was wahren Fußballfans hierzulande beispielsweise Schalke 04 ist, ist den Bostonern ihr Baseballteam. Erwähnen Sie die Boston Red Sox und den »Fluch des Bambino« – nach dem Verkauf von Babe Ruth, des besten Spielers aller Zeiten, gewann das Baseballteam 86 Jahre lang keine einzige »world series« mehr, ein kollektives Trauma – und Sie stecken sofort in einem ziemlich intensiven Gespräch! Besuchen Sie ein Spiel der Sox im legendären Fenway Park (https://www.mlb.com/redsox/tickets) und gehen Sie danach auf einen Absacker in die Bleacher Bar (https://www.bleacherbarboston.com). Ausschließlich Bostoner hier!

**Es greent so green**

Die Rasenfläche mit Denkmal im Ortszentrum, die adrette Kirche, und ein paar öffentliche Gebäude

In der schmalen Acorn Street in Bostons Stadtteil Beacon Hill scheint die Zeit stehen geblieben zu sein.

Nicht wenige Touristen reisen vor allem wegen des »Indian Summers« nach Neuengland und bewundern dann wie hier in den Berkshire Hills die Farbenpracht.

Auch wenn heute niemand mehr weiß, wie die White Mountains zu ihrem Namen kamen, im Winter werden sie ihm auf jeden Fall gerecht.

im Kolonialstil drumherum, fertig ist das klassische Neuengland-Idyll. Bei der Suche nach den schönsten Greens hilft diese Faustregel: Die in Connecticut sind groß, die in Massachusetts zahlreich und die in New Hampshire intim. Folgende Orte haben besonders fotogene Greens: Warren, Rindge, Lebanon, Fitzwilliam (alle New Hampshire).

### Kunst im Gehen

Künstler sind gut für den Tourismus. Im Sommer veranstalten viele Gemeinden deshalb regelmäßig »art walks«. Dabei verwandeln die Galerien die Bürgersteige in einen Ausstellungsraum und laden die Passanten zum Austausch mit den Künstlern ein. Gute »art walks« finden Sie beispielsweise in Brattleboro, Vermont (https://www.brattleboro.com/downtown/gallery-walk/), Portland, Maine (https://www.creativeportland.com/first-friday-art-walk) und natürlich auch in Boston (http://beacon hillartwalk.org/).

### Wälder in Flammen

»Wenn es nachts schon friert und die Sonne durch den Frühnebel bricht, dann schreien Zuckerahorn und Roteiche in einer wahnsinnigen, verzückten Leuchtkraft«, berichtete der Dichter Carl Zuckmayer 1940 aus Vermont. Das unerhörte Farbspektakel, zu dem auch Birken, Buchen und Hickory beitragen, beginnt etwa Ende September. Am schönsten ist das Naturschauspiel, das Jahr für Jahr zahllose Besucher nach Neuengland lockt, in den Berkshires sowie den Green und White Mountains.

### Küss mich auf der Brücke

Seit Meryl Streep in »Die Brücken am Fluss« von dort aus nicht nur einen Blick auf Clint Eastwood riskierte, sind überdachte Brücken auch bei uns zu einem Synonym für Romantik geworden. In Neuengland gibt es noch viele dieser Strukturen, deren Dächer das Holz vor Fäulnis bewahren und deren schummriges Innere zu romantischen Stelldicheins genutzt wurde. Mit 106 dieser  auch »kissing bridges« genannten Brücken besitzt Vermont die meisten – und mit dem Vermont Covered Bridge Museum (44 Gypsy Lane, Mi–Mo 10–17 Uhr, 9 $) in Bennington auch das einzige Museum zu diesem Thema.

### Neuengland aufs Dach steigen

Nach so viel Kultur tut Wildnis gut. Die White Mountains sind das beste Hiking-Revier im Nordosten. Durch die spektakulärsten Abschnitte zieht sich der Appalachian Trail, Amerikas berühmtester Fernwanderweg. Und wenn Sie Lust auf eine mehrtägige Wandertour haben, aber kein Camper sind, können Sie das Hüttensystem des Appalachian Mountain Club (Tel. 603 466-2727, www.outdoors.org) in Anspruch nehmen.

Fern allem Großstadt-Stress: Indian Summer in Stowe (Vermont) – Neuengland wie es im Buche steht.

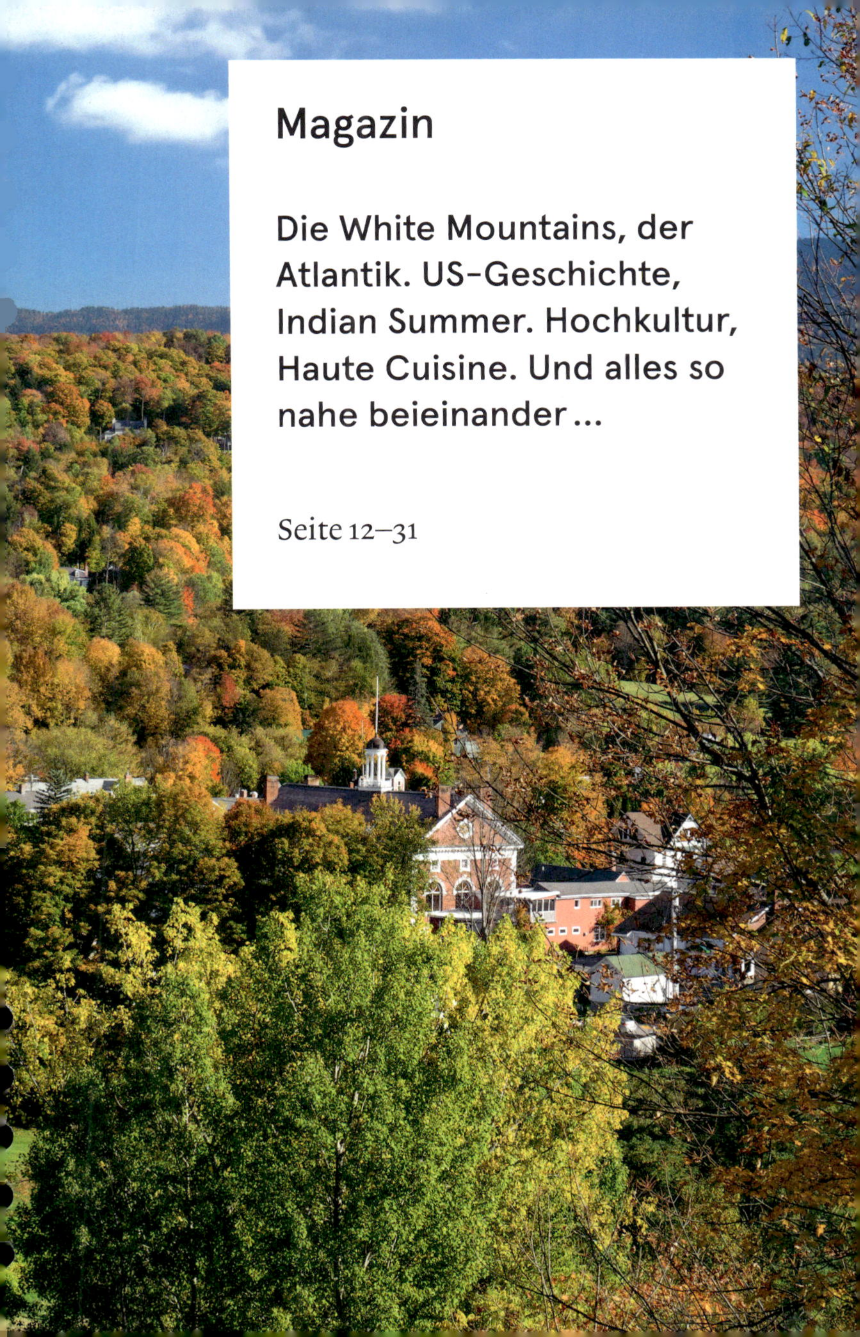

# Magazin

Die White Mountains, der Atlantik. US-Geschichte, Indian Summer. Hochkultur, Haute Cuisine. Und alles so nahe beieinander …

Seite 12–31

# Geburtsstätte einer Nation

**In Neuengland begann die Besiedelung des Kontinents, und stolz erinnert im äußersten Nordosten der USA vieles daran, dass hier auch der Grundstein für das nun weit länger als 200 Jahre währende Experiment der Demokratie gelegt wurde.**

Alle wichtigen Ereignisse der Kolonialgeschichte Nordamerikas fanden in Neuengland statt: die Landung der Pilgerväter am Plymouth Rock, die Hexenprozesse von Salem, die Boston Tea Party, das Massaker von Boston, der Kurierritt Paul Reveres zur Warnung der Einwohner vor britischen Truppen, der erste Schuss des Unabhängigkeitskriegs, die Schlacht von Bunker Hill. Eine ganze Woche ließe sich allein auf den Besuch historischer Stätten in Boston verwenden. Die interessantesten Sehenswürdigkeiten verbindet der Freedom Trail (S. 40), eine rote Linie auf dem Straßenpflaster, an der sich ein historischer Markstein an den anderen reiht.

### Die Pilgerväter

Mit der Landung der Pilgerväter 1620 begann ein neues Kapitel in der Weltgeschichte. Eigentlich auf dem Weg nach Virginia, suchten die »Pilgrim Fathers« in Provincetown Schutz vor einem Sturm, fanden dort aber kein Trinkwasser und segelten weiter nach Plymouth. An einem – heute symbolisch präsentierten – Felsbrocken gingen sie an Land (S. 61). In Provincetown erinnert ein Turm an die Ereignisse (S. 83).

Fast die Hälfte der 102 Pilger, die auf der »Mayflower« aus England gekommen waren, starb schon im ersten Jahr an Lungenentzündung, Influenza oder Mangelernährung. Der Rest überlebte nur mithilfe freundlicher Wampanoag-Indianer, die die Ankömmlinge die Nutzung der einheimischen Getreide- und Gemüsesorten lehrten. Im Herbst 1621 feierten sie zusammen mit den Ureinwohnern laut Überlieferung ihr erstes Erntedankfest – der Ursprung von »Thanksgiving«.

### Aufbau eines Gemeinwesens

1626 kamen erste Siedler nach Salem; 1632 wurde Boston Hauptstadt der Kolonie und 1635 die erste öffentliche Schule Amerikas, die Boston Latin School eröffnet. Mit dem

Der kolorierte Stich von 1850 visualisiert die Fahrt der »Mayflower«.

Harvard College kam im Folgejahr die erste Hochschule der USA hinzu. 1638 setzten die Siedler in Cambridge die erste Druckerpresse in Gang, ein Jahr darauf eröffnete ein gewisser Richard Fairbanks das erste Postamt des Landes.

So nützlich das Ethos der Puritaner für den Aufbau eines Gemeinwesens war, so hinderlich erwies sich ihre mangelnde Toleranz gegenüber Indianern und Andersdenkenden wie Quäkern oder Baptisten, die man schikanierte und teilweise verfolgte. Der religiöse Eifer gipfelte 1692 in den Hexenprozessen von Salem, wo man 20 Männer und Frauen auf den Scheiterhaufen brachte (S. 58).

## »No Taxation without Representation«

Die Zuwandererströme veränderten das koloniale Leben. Mit zunehmendem Siedlungsdruck wurde das anfangs enge Verhältnis zu den Ureinwohnern feindselig, manchem Siedler die Bindung an das Mutterland lästig: Um die durch den Siebenjährigen Krieg in Europa (bzw. den Franzosen- und Indianerkrieg in Nordamerika) angehäuften Schulden abzutragen, hatte die britische Regierung in den Kolonien die Steuern auf Zucker (1764), Briefmarken (1765), Tee (1767) und andere Importgüter erhöht. Dies schürte die Empörung der freihandelsorientierten Kolonisten, gipfelnd im revolutionären Slogan: »Keine Besteuerung ohne (politische) Vertretung.« Die Entsendung britischer Soldaten schürte ihrerseits nur die Flammen des Unabhängigkeitsstrebens, als sie 1770 beim »Massaker von Boston« vor dem Old State House fünf Zivilisten töteten (S. 41).

1773 stürmten Bostoner Patrioten als Indianer verkleidet an Bord eines britischen Handelsschiffs und kippten als Protest gegen die Teesteuer dessen Teeladung ins Hafenbecken. Das britische Parlament reagierte 1774 im »Boston Port Act« mit der Hafenschließung und den »Coercive Acts«, die den Kolonisten die Einquartierung von Soldaten auferlegten. Bereits im Folgejahr eskalierte der Konflikt zum Amerikanischen Unabhängigkeitskrieg.

## Auftakt des Unabhängigkeitskriegs

Am frühen Morgen des 19. April 1775 brach Paul Revere von Boston zu seinem legendären Ritt durch die Nacht

In Neuengland werden historische Ereignisse oft mit Laiendarstellern nachgestellt. Links: Die Schlacht von Lexington. Unten: Moderne »Minute Men« an der North Bridge in Concord.

auf, um die Kolonisten vor anrückenden britischen Truppen zu warnen. Später lieferten sich die »Minute Men« (schnelle Eingreiftruppe der Rebellenmiliz) in Lexington und Concord Gefechte mit britischen »Rotmänteln« – Fanal zum Auftakt des Konflikts, der in den Amerikanischen Unabhängigkeitskrieg mündete.

Am 4. Juli 1776 erklärten die dreizehn Kolonien ihre Unabhängigkeit von Großbritannien. 14 Tage später wurde das Dokument mit welthistorischer Bedeutung vom Balkon des Old State House den Bürgern der Stadt verlesen – doch der Krieg tobte noch sechs Jahre. Die folgenden Schlachten fanden außerhalb von Boston statt, eine wichtige in Bennington, Vermont, im August 1777: Dort schlug eine Rebellenmiliz britische Truppen in die Flucht, die versuchten Vorrats- und Waffendepots zu plündern. Die letzten britischen Einheiten zogen 1783 ab, und mit dem Frieden von Paris wurden die Vereinigten Staaten im selben Jahr de facto unabhängig.

### Kulturelle Renaissance

Die Entscheidung für New York als Hauptstadt der neuen Nation (später Philadelphia und schließlich Washington, D. C.) schmälerte die Bedeutung Neuenglands. Zu Beginn des 19. Jh.s begann rund um Boston die Industrialisierung des Landes, ab 1850 erlebte die Stadt eine kulturelle Renaissance als »Athen Amerikas« – durch Schriftsteller wie Nathaniel Hawthorne, Herman Melville, Louisa May Alcott, Henry Wadsworth Longfellow, Ralph Waldo Emerson und Henry David Thoreau (S. 29).

### Lebendige Geschichte

Heute integriert man hier Historie ins moderne Alltagsleben. So bildet die Faneuil Hall in Boston, einst Wiege der Revolution, das Zentrum eines geschäftigen Komplexes aus Läden und Restaurants. Der Hancock Tower aus den 1970er-Jahren sucht behutsam Nachbarschaft zur hundert Jahre älteren Trinity Church, anstatt sie in den Schatten zu stellen. Und Gebäude, in denen George Washington, John Adams und andere Gründerväter nächtigten, dienen als Museen – manche auch als Pensionen.

Am Patriots' Day (3. Montag im April, öffentlicher Feiertag in Massachusetts und Maine) begeht man in und um Boston das Gedenken an den 19. April 1775 mit unzähligen Aktivitäten – so spielt man in Lexington und Concord in historischen Kostümen die Schlacht an der North Bridge nach.

Seit zwei Jahrhunderten hat Boston auch im Sport eine große Tradition aufzuweisen, mit hochklassigen Teams wie den Celtics (Basketball), Bruins (Eishockey) und Red Sox (Baseball), und im Namen der New England Patriots (National Football League) lebt die stolze Vergangenheit Neuenglands fort.

# Jahreszeiten im Wechsel ihrer Farben

**In kaum einem anderen Teil der USA treten die Jahreszeiten in solch unterschiedlichem Gewand in Erscheinung wie hier – der Herbst ist ein einzigartiges Fest der Farben.**

### Frühjahr

April und Mai präsentieren Neuengland in lichtem Grün. Dann überziehen die Bäume sich mit Knospen, frisches Gras sprießt auf den lange mit Schnee und Eis bedeckten Wiesen und die ersten mutigen Zeitgenossen wagen sich aus dem Haus heraus, ohne sich vorher in einen dicken Mantel gehüllt zu haben. Der Frühling ist oft kurz zugunsten ungewöhnlich kalter Winter oder heißer Sommer.

#### Frühlingserwachen

Das Daffodil (Narzissen) Festival von Nantucket (zweite Aprilhälfte) und das Lilac (Flieder) Festival im Shelburne Museum von Vermont einen Monat später lassen erahnen: Wärmere Tage sind im Anmarsch.

Boston begrüßt in der zweiten Märzhälfte den Frühling mit der Boston Flower and Garden Show im Seaport World Trade Center.

### Sommer

Juni, Juli und August zeigen sich idyllisch, mit langen Sonnentagen, unterbrochen von einzelnen Gewittern. Der Sommer trägt die Farbe Blau – wie der Himmel und die vielen Gewässer, die sich ideal zum Angeln, Schwimmen oder Segeln eignen oder dazu einladen, die Füße abzukühlen. An den Küsten, die im Juli und August unter feuchter Hitze leiden, kann man sich bei einem Bad im Atlantik abkühlen. Ganz Neuengland ist im Sommer reizvoll, doch die Halbinsel Cape Cod nimmt neben den Inseln Martha's Vineyard und Nantucket eine Sonderstellung ein. In den Bergen New Hampshires, Vermonts und Maines wird es auch an warmen Tagen nachts oft empfindlich kalt. Eines der schönsten Sommerziele ist Maine, wo man sich erzählt, hier gebe es nur zwei Jahreszeiten – Winter und August – doch für die Schönheit dieses einen Monats lohne es sich, den Rest des Jahres durchzustehen.

### Herbst

Höhepunkt jedes Jahres sind die Monate September bis Ende Oktober, wenn die Laubbäume sich allmählich in prächtigen Rot-, Gelb- und Orangeschattierungen von ihren immergrünen Nachbarn abheben. Die Metamorphose beginnt in den nördlichen Ausläufern Maines, um sich Woche für Woche Richtung Süden zu bewegen. Dies zieht passionierte »leaf-peepers« (Laubgucker) nach Vermont, New Hampshire, Connecticut oder Rhode Island, um letzte Maiskolben und erste Kürbisse zu sammeln und als Spaziergänger und Wanderer, auf Pferderücken, per Fahrrad oder Auto die bunten Wälder zu durchstreifen.

### Winter

Dezember bis Februar bringen Frost mit viel Schnee und Eis. Man macht das Beste daraus, fährt Ski, Snowboard, Schlittschuh oder Schlitten. »Cross-Country Touring Center« dafür gibt es überall, ebenso wie unberührte, völlig menschenleere Waldgebiete, die man auf Skiern erkunden kann. Auch wenn alpine Wintersport-Resorts in Neuengland oft als überlaufen und teuer gelten: Lassen Sie sich nicht abschrecken! Es gibt viele Plätze, an denen man sich ein Skiwochenende leisten kann.

### Ein Land versinkt im Schlamm

In Neuengland kennt man eine fünfte Jahreszeit, die »mud season«

Der Benedict Pond im Massachusetts State Forest im beginnenden Herbst

(Matschsaison), die inoffiziell von Ende März bis in den April reicht: Schnee und Eis auf dem kalten Winterboden schmelzen tagsüber unter der wärmenden Frühlingssonne, verwandeln die Bodenoberfläche in einen schmierigen Matsch, der nachts, wenn die Temperaturen oft wieder weit unter den Gefrierpunkt sinken, steinhart wird. Auch Schneestürme sind Ende April nicht selten: In Vermont, New Hampshire und Maine halten sich Schneeverwehungen an den Straßenrändern in vielen Jahren bis Mitte Mai.

In dieser Zeit machen Gaststätten oft Urlaub. Manchmal findet man besonders attraktive Preise, doch in der Regel schließen Übernachtungsbetriebe ganz, um Wartungs- oder Renovierungsarbeiten zu erledigen. Jetzt kommt die Zeit der zuckersüßen Ernte: Man bohrt die Stämme der Ahornbäume an, um deren Saft durch Einkochen auf dem Holzfeuer zu Sirup zu konzentrieren. Früher wurde er von Hand in Eimern aufgefangen, heute fließt er durch Plastik-Pipelines zu zentralen Sammelstellen. Einfach mal anhalten, zusehen, probieren und ein Fläschchen kaufen! Sollte Ihr Traumurlaub darin bestehen, auf Antiquitätenjagd zu gehen, vor lodерndem Feuer ein Buch zu lesen und nachts in einem Landgasthof zu dinieren, ist dies dafür der perfekte Zeitpunkt.

Winteridyll auf dem Land

### Winter-Wunderland

Führende Skigebiete Neuenglands sind »The Beast of the East« Killington (www.killington.com) und Stowe (www.gostowe.com) in Vermont neben Sunday River in Bethel (www.sundayriver.com), Maine. Höhenmäßig sind sie zwar nicht mit den Rockies oder den Alpen zu vergleichen, doch steht man erst einmal auf Skiern oder einem Snowboard, findet man ein abwechslungsreiches Terrain.

# Fangfrischer Hummer

**Für Uneingeweihte auf den ersten Blick wenig einladend, beschert New England Lobster gleichwohl Hunderten regionaler Restaurants, die sich auf Hummergerichte spezialisiert haben, in vier Sommermonaten ihren ganzen Jahresumsatz.**

Hummer in einem der vielen Lobster-Schuppen an den Küsten Neuenglands

Hummer war nicht immer Luxus. Bis Anfang des 20. Jh.s gab es ihn hier in solchen Mengen, dass man mit ihm die Felder düngte und er bei einfachen Leuten häufig auf den Tisch kam. Angeblich weigerten sich Dienstboten, ihn mehr als zweimal wöchentlich zu essen, und den Kolonisten machte es Spaß, Briten mit ihren roten Jacken als »Hummerrücken« zu veralbern. Ganz anders heute: Restaurants in Maine, aber auch an den Küsten von New Hampshire, Massachusetts (besonders auf Cape Cod), Connecticut und Rhode Island, ziehen in Scharen Liebhaber des delikaten Hummerfleisches an.

### Teuer, doch seinen Preis wert

Liest man die Preise auf der Speisekarte, sollte man meinen, ein plum-

**Hummer in der Falle!**
Vielerorts in Maine kann man heute auf einem traditionellen Fangschiff Leben und Arbeit der Hummerfischer kennenlernen. In Bar Harbor beispielsweise auf Kapitän John Nicolais »Lulu« (Tel. 207 2 88 31 36; www.lulu lobsterboat.com).

pes Krustentier kann doch nicht so teuer sein. Wenn man zusieht, wie die anderen Gäste sich mühen, die harten Scheren zu »knacken«, denkt man, so viel Mühe kann kein Nahrungsmittel wert sein. Und wenn der Kellner Ihnen eine Serviette umbindet, zweifelt man wohl endgültig an dessen Verstand. Wenn der Hummer dann mit Maiskolben und frischen Dampfkartoffeln auf einem Riesenteller aufgetragen wird, überzeugt schon der Duft zerlassener Butter, dass sich die Mühe lohnt. Manchen erscheinen die Scheren besonders delikat, andere lassen nichts auf den Schwanz kommen. Beginnen Sie einfach an einem Ende und entscheiden Sie selbst. Tunken Sie die viel gerühmte Köstlichkeit Stück für Stück in Butter und lassen Sie sie in den Mund gleiten. Ist sie wirklich so delikat, wie man behauptet? Nein, noch viel besser! Süßlich, aromatisch, zart salzig, kurz: ein Geschmack nach den Wassern des Ozeans, wie man ihn nur bei ganz fangfrischer Kost findet.

Ein Hummerfischer bei der Arbeit

# Bed & Breakfast

**Gastfreundschaft, Gemütlichkeit, Romantik – dies schafft in Neuenglands Privatpensionen oft eine so bezaubernde Atmosphäre, dass manche Gäste mit dem Gedanken spielen, selbst ein solches »Bed & Breakfast« zu eröffnen.**

Typisch Neuengland: ein leckeres Frühstück mit dicken Pancakes, Äpfeln und Ahornsirup (links), ein Bed & Breakfast im Weihnachtsschmuck (rechts)

Im Notchland Inn bei Jackson, New Hampshire, bekommt Les Schoof es oft zu hören. »Mich überläuft es kalt, wenn einer sagt: ›Lass uns im Ruhestand ein Bed & Breakfast aufmachen!‹ Die Leute meinen wirklich, dann könnten sie ab dem späten Nachmittag mit Freunden bei einem Cognac relaxen.« Doch der Alltag sieht nüchterner aus, denn die Führung eines solchen Familienbetriebs verlangt viel Einsatz.

Typische Herbergswirte sind etwa die Hanes vom The Inn at Manchester. Frank, der eigens seinen Job in North Carolina aufgab, ist hier der Chef und seine Frau Julie Mädchen für alles: »Wie schon früher in meinem Haushalt.« So haben sie kaum weniger Arbeitszeit pro Tag als ehedem im Büro: Für Frank geht der Tag morgens um halb sieben los, für Julie dauert er abends bis um zehn.

Eines der vielen netten Bed & Breakfasts in Vermont

### Auf alles vorbereitet

Natürlich kommen kleine Katastrophen immer im ungelegensten Moment. So erinnert sich Leslie Mulcahy vom Rabbit Hill Inn bei St. Johnsbury in Vermont an einen Stromausfall ausgerechnet beim Thanksgiving Dinner. »Wir steckten Kerzen in Brotlaibe und hatten so Licht zum Essen.«

### Der Laden muss laufen

Wirtschaftlich kommt man dagegen kaum auf seine Kosten. »Jeder Cent fließt zurück in den Betrieb«, sagt Leslie. In dem Gewerbe herrscht noch dazu ein harter Wettbewerb. »Stillstand ist unmöglich, wir müssen ständig ausbauen. Vor dreizehn Jahren hatten wir noch vier Luxuszimmer, heute sind es neun Suiten, acht mit eigenem Kamin.« Doch manches – hier beginnen die Augen der Wirtin zu leuchten – entschädigt auch dafür. »Morgens schaue ich draußen auf die Berge, sehe unser hübsches Haus, kümmere mich um Gäste, die wir persönlich kennen«, fährt sie fort. Sicher, das ist viel Arbeit, doch die meisten Wirte können sich gar nichts anderes mehr vorstellen.

### Alternativen in der Stadt

Bed & Breakfasts findet man aber inzwischen nicht mehr nur auf dem Land, zunehmend eröffnen sie auch in Städten. »Wir haben viele Europäer hier«, berichtet Reinhold Mahler vom Encore B & B im Bostoner South End. »Und Amerikaner, die keinen Nullachtfünfzehn-Service mögen. Wie üblich wohnen wir selbst im Haus, in Rufbereitschaft sozusagen.« Das Spektrum der Gäste reicht von Collegestudenten bis zu Geschäftsreisenden und »bei einem besonderen Anlass sorgen wir gern für Blumen, Wein und Kuchen«.

# Maritimes Erbe

**Angeblich fließt ja Salzwasser in den Adern der Neuengländer. Zumindest rühmt man sich hier einer über 400-jährigen maritimen Tradition: Schon 1607 bauten englische Siedler in Maine das erste Schiff.**

In Neuengland bewegt sich die Liebe zu See und Schiffen zwischen Handel und Kampf, Walfang und Regatten. Eine US-Ikone ist die »Mayflower II«, ein Nachbau jenes legendären Schiffs, das 1620 die Pilgerväter und -mütter in die Neue Welt brachte. Schon 13 Jahre vor deren Ankunft ließ man an der Mündung des Kennebec River in einer Fischerkolonie in Maine die winzige »Virginia« zu Wasser. Mit einem Gewicht von knapp 30 t war sie vermutlich das erste von Engländern gebaute Schiff in Nordamerika.

### Schiffe für den Krieg

Als der Schiffbau erbarmungslos die europäischen Wälder lichtete, konnte die britische Royal Navy von den immensen Holzvorräten Neuenglands profitieren. Gerade, hoch gewachsene Kiefern lieferten dort ideale Masten für große, schnelle Schiffe. So stammte Mitte des 18. Jh.s ein Drittel der britischen Flotte aus den Kolonien, und nach der Unabhängigkeit beförderte der Schiffsbau die wirtschaftliche Entwicklung des neuen Staates (Näheres im Maine Maritime Museum in Bath, S. 185). Das bekannteste hier gebaute Kriegsschiff, die »USS Constitution«, lief 1797 in Boston vom Stapel und ist inzwischen das älteste funktionstüchtige Marineschiff der Welt. Heute ankert sie im Bostoner Ma-

Das Bild des auf Schiffsgemälde spezialisierten Künstlers Louis Dodd (1943–2006) zeigt Walfänger des 19. Jh.s im Hafen von Nantucket.

rinehafen Charlestown gegenüber der Downtown. Sie erhielt 1812 ihren Spitznamen »Old Ironsides« nach dem Sieg über die britische Fregatte »HMS Guerriere«, deren Geschosse angeblich an ihren Bordwänden abprallten (www.uss constitutionmuseum.org).

### Handel mit der ganzen Welt

Vom 18. bis zum frühen 19. Jh. war Salem in Massachusetts einer der führenden Handelshäfen Neuenglands. Während der Revolution erlangte er Bedeutung, als sich die Handelsschiffe auf die Kaperei verlegten. Nach der Unabhängigkeit segelten Schiffer aus Salem um die ganze Welt »in die fernsten Häfen des reichen Ostens«, so das Stadtsiegel in Latein. Die Geschichte des Chinahandels erzählt die Maritime National Historic Site, die mit der »Friendship« auch den exakten Nachbau eines »East India Man« von 1797 präsentiert. Im sehenswerten Peabody Essex Museum (S. 60) kann man die von ihren Reisen mitgebrachten Schätze bewundern.

### »Da bläst er!«

Auch der Walfang war lange Teil des maritimen Lebens, vor allem in Nantucket südlich von Cape Cod. 1800 bis 1840 war die Stadt »Walhauptstadt« der Welt und Heimathafen für 88 Schiffe, die von hier aus die Giganten der Meere wegen ihres wertvollen Trans jagten. Hintergründe zeigt anschaulich das Nantucket Whaling Museum (www.nha.org) anhand zahlreicher Exponate, darunter das Skelett eines Pottwals.

Einen Einblick in den Alltag auf einem Walfänger vermittelt das Freilichtmuseum Mystic Seaport in Connecticut (mit der »Charles W. Morgan« von 1841 als Hauptattraktion). Das Museum of America and the Sea zeigt neben historischen Schiffen ein Dorf, in dem Werkstätten von Küfern und Segelmachern sowie ein Heuerbüro das Hafenleben des 19. Jh.s auferstehen lassen (S. 157) und die Gewerbezweige rund um den Walfang zeigen. Noch immer sind Wale vor den Küsten Neuenglands eine Attraktion, inzwischen jedoch nur noch für Fotografen. So kann man von etwa einem Dutzend Häfen zu Whale-Watching-Touren auslaufen.

### »To Sail the Ocean Blue«

Die Zeit der Segler, die auf Walfang, zu Handels- oder Kriegszielen unterwegs waren, ist lange vorbei. Der Segelsport dagegen floriert bis heute, und Schiffe jeder Größe dümpeln in den Jachthäfen von Connecticut bis Maine. Die berühmteste Regatta, der America's Cup, wurde zwischen 1930 und 1983 vor der Küste Newports auf Rhode Island ausgetragen. Stimmungsvoll bei Sonnenuntergang ist ein Törn auf einem ehemaligen Siegerboot in der malerischen Narragansett Bay.

# Boston unter freiem Himmel

**Trotz permanent wechselhaftem Wetter sind die Bostoner wahre Frischluftfanatiker. Zeigt sich auch nur ein Sonnenstrahl, quellen die Parks, Plätze und Cafés vor Sonnenanbetern über.**

Boston profitiert enorm von seiner Lage am Charles River (oben) und am Atlantik.

Bostoner besuchen gern Konzerte, Filmvorführungen und andere Veranstaltungen unter dem Sternenhimmel oder zelebrieren ihr Picknick in der Hatch Memorial Shell an der Charles River Esplanade, verbunden mit dem Genuss erstklassiger Unterhaltung. Alljährlicher Höhepunkt ist der Auftritt des Boston Pops Orchestra (www.bso.org) zum »Independence Day« am 4. Juli, samt Feuerwerk über dem Fluss. Das einwöchige Hafenfest begeht diesen Anlass mit Hunderten von Konzerten und Events. Die Blockbuster des sommerlichen Pop-Konzertkalenders finden im Blue Hills Bank Pavillon im Seaport District statt. Der Copley Square erstrahlt bei freien Abendkonzerten in hellem Licht, das Museum of Fine Arts (S. 44) bietet abends im hübschen Calderwood Courtyard unter freiem Himmel eine abwechslungsreiche Melange aus Jazz und World Music.

Beim Abendspaziergang auf dem Harbor Walk bildet die Skyline Bostons eine schöne Kulisse.

### »Smaragdkette« aus Grünanlagen

Boston ist reich an Parks. Ende des 19. Jh.s entwarf Frederick Law Olmsted, der bedeutendste Landschaftsarchitekt Amerikas, ein Ensemble von neun Parks, verbunden durch Alleen und Wasserwege. Diese imposante, 11,5 km lange grüne Kette, liebevoll »Emerald Necklace« genannt, reicht von Boston Common (S. 40) bis zum Franklin Park, mit reichlich freier Fläche für Spiele, Picknick, Spaziergänge oder stille Einkehr.

### Spaziergang am Hafen

Der gut 75 km lange Harbor Walk (www.bostonharborwalk.com) folgt dem Ufer vorbei an grünen Parks, Jachthäfen, Werften und einem Sandstrand. Der wunderschön angelegte Fußgängerweg ist ein beliebter Treffpunkt, mit Cafés, Parkanlagen und herrlichen Ausblicken auf Hafen und kleine Inseln. Zu den anliegenden Sehenswürdigkeiten gehören das Institute of Contemporary Art (S. 53), das Boston Children's Museum (S. 53) und das New England Aquarium (S. 54).

# Literatur-Giganten

**In Concord, Massachusetts, lebten einige der bedeutendsten amerikanischen Autoren des 19. Jh.s, darunter Ralph Waldo Emerson, Henry David Thoreau, Nathaniel Hawthorne und Herman Melville sowie die Autorin Louisa May Alcott.**

Mitte des 19. Jh.s entstand der Transzendentalismus als philosophische Überzeugung, dass sich Gott gleichermaßen in Mensch und Natur manifestiere. Ralph Waldo Emerson, Henry David Thoreau und andere Autoren versammelten sich regelmäßig, um über philosophische, religiöse und literarische Themen zu debattieren.

Von 1840 bis 1844 publizierten sie ihre Erkenntnisse in ihrer Hauszeitschrift »The Dial«. Als Mitbegründer der experimentellen autarken Lebensgemeinschaft Brook Farm bei Boston, die von 1841 bis 1847 bestand, arbeiteten alle 24 Mitglieder am Tag, um abends dann den intellektuellen Austausch untereinander zu pflegen. Auch wenn sie sich am Schluss zwar eher als Intellektuelle denn als Farmer erwiesen, so bereiteten sie doch den Weg für die progressive Pädagogik eines John Dewey, die den Grundstock zur Abschaffung der Sklaverei legte.

Henry David Thoreau

**Ralph Waldo Emerson**
Der Philosoph und Dichter (1803 bis 1882) wurde zum Sprachrohr der Transzendentalisten-Bewegung, deren Prinzipien sein Essay »Nature« (1836) erstmals formulierte. Sein Glaube an die mystische Einheit der Natur wurde zwar als Verunglimpfung des christlichen Glaubens geschmäht (und er selbst fast drei

Jahrzehnte lang an Vorträgen in Harvard, seiner Alma Mater, gehindert), doch weckte Emerson das Interesse von Intellektuellen an der ganzen Ostküste, von denen viele – insbesondere aus Concord – den gedanklichen Austausch mit ihm pflegten.

### Henry David Thoreau

Thoreau (1817–1862), Emersons prominentester Schüler, zog mit 24 in dessen Haus, wo er als Gehilfe, Assistent und Redakteur tätig war, später auch als Autor von Lyrik- und Prosabeiträgen für die Zeitschrift »The Dial«. Seinen Hauptbeitrag zur Bewegung leistete er, indem er 1845, auf materiellen Besitz verzichtend, bei Concord in eine selbst gebaute Blockhütte am Ufer des Walden Pond (S. 58) zog. Gut zwei Jahre führte er dort ein selbstbezogenes Leben mit Naturbetrachtungen, Lesen und Schreiben. Seine Gedanken fanden Eingang in ein detailliertes Tagebuch, das 1854 unter dem Titel »Walden« erschien.

### Vater und Tochter Alcott

Das Reformwerk des Pädagogen Amos Bronson Alcott (1799–1888) stand bald im Schatten der Schriften seiner berühmteren Tochter Louisa May (die ihrerseits ohne diejenigen ihres Vaters kaum vorstellbar wären). Mit seiner Pädagogik, die er zur Grundlage der 1834 in Boston

Henry David Thoreau lebte zwei Jahre lang in einer Blockhütte am Walden Pond in Concord. Hier entstanden die Grundlagen für sein berühmtestes Werk: »Walden oder Leben in den Wäldern«.

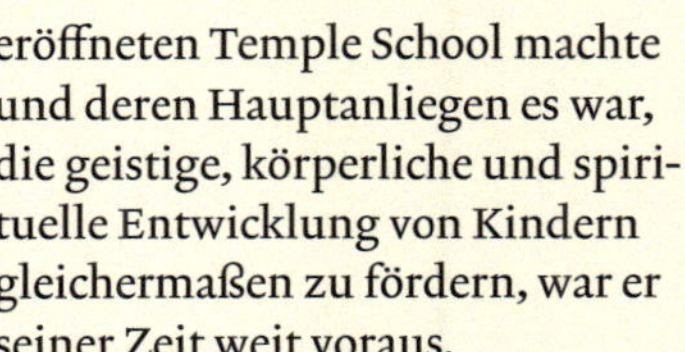

Louisa May Alcott (oben) war die bestbezahlte Autorin ihrer Zeit. Ihr Roman »Little Women« (links eine Illustration daraus) ist längst ein Klassiker der US-Literatur geworden.

eröffneten Temple School machte und deren Hauptanliegen es war, die geistige, körperliche und spirituelle Entwicklung von Kindern gleichermaßen zu fördern, war er seiner Zeit weit voraus.

Louisa May Alcott (1832–1888), im unkonventionellen Haushalt des Vaters aufgewachsen, vermittelte Generationen von Mädchen dessen Gedankengut. Ihr autobiografischer Roman »Little Women« (»Betty und ihre Schwestern«) wurde ein Bestseller, und Louisa May avancierte zur bestbezahlten Autorin ihrer Zeit. Die Höhen und Tiefen im Leben der Schwestern Meg, Jo, Beth und Amy wurden nicht weniger als neunmal verfilmt, zuletzt 2019. Orchard House, der Sitz der Alcotts in Concord, den man besichtigen kann (S. 58), birgt zahlreiche Erinnerungsstücke an die Familie.

### Nathaniel Hawthorne und Herman Melville

Die zur selben Zeit tätigen Romanautoren Nathaniel Hawthorne (1804 bis 1864; »Der scharlachrote Buchstabe«) und Herman Melville (1819 bis 1891; »Moby Dick«) standen den Transzendentalisten fern, deren Optimismus (oder Idealismus) sie nicht teilen mochten, pflegten aber Kontakte mit ihnen. Hawthornes Gattin, die Malerin und Zeichnerin Sophia Peabody, war dagegen deren Anhängerin, und so zogen die Hawthornes kurz nach ihrer Hochzeit 1842 für drei Jahre in The Old Manse an der North Bridge (S. 57) in Concord, wo Ralph Waldo Emerson seinen bedeutenden Essay »Nature« schrieb.

Der Stadtpark Boston Common mit der Statue von George Washington ist ein schöner Ort zum Entspannen – und ein guter Startpunkt für den Freedom Trail.

# Boston

Keine wirkt europäischer, keine ist amerikanischer: Boston, die Wiege der USA, ist eine der progressivsten Städte des Landes.

Seite 32–71

# Erste Orientierung

Was macht Boston unverwechselbar? Jeder wird Ihnen etwas anderes erzählen. Seine Geschichte – die Hauptstadt von Massachusetts ist eine der ältesten Städte der USA und feiert 2030 ihren 400. Geburtstag. Die Lage – die Stadt ist an zwei Seiten von Wasser gesäumt: dem Hafen und dem Charles River. Seine Fußgängerfreundlichkeit – wie in Europa legt man hier viele Wege zu Fuß zurück.

Die Bostoner lieben politische Streitkultur wie ihre Vorfahren in Zeiten der Revolution. Schließlich wurden hier vor über zwei Jahrhunderten die Flammen der Unabhängigkeit geschürt. Doch das ist lange nicht alles, was die Stadt zu bieten hat. Sie ist auch führender Universitätsstandort: Harvard, das Massachusetts Institute of Technology (MIT), Boston College, Wellesley und Boston University sind nur einige der hiesigen Elite-Schmieden.

Die meisten Sehenswürdigkeiten erreicht man gut per pedes. Viele Stationen der Revolutionsgeschichte sind durch eine rote Linie aus Ziegeln erschlossen, den Freedom Trail. Doch die Historie endet nicht an der Stadtgrenze: Plymouth, wo sich erstmals Siedler niederließen, liegt weniger als eine Stunde südlich, und westlich Lexington und Concord, wo die ersten Schüsse der amerikanischen Revolution fielen und ein Jahrhundert später die Bewegung der Transzendentalisten (S. 31) begann. Und im Norden liegen das wegen seiner Hexenprozesse berüchtigte Salem, aber auch die idyllischen Orte Gloucester und Marblehead.

TOP 10

❶ ★★ Freedom Trail

❸ ★★ Museum of Fine Arts

❿ ★★ Cambridge & Harvard

Nicht verpassen!

⓫ Museum of Science

Nach Lust und Laune!

12 John F. Kennedy Library & Museum

13 Institute of Contemporary Art

14 Boston Children's Museum

15 New England Aquarium

16 Boston Common & Public Garden

17 Prudential Center – View Boston

18 Fenway Park

19 Isabella Stewart Gardner Museum

20 Lexington & Concord

21 Salem

22 Marblehead

23 Gloucester

24 Plymouth

# Mein Tag auf der Suche nach der Seele Amerikas

Alle schwärmen davon, wie europäisch Boston wirkt. Stimmt ja auch. Aber die Stadt ist zugleich eine der amerikanischsten der USA. Geschichte und Weltoffenheit, gutes Essen und schöne Aussichten: Es gibt viel zu entdecken!

### 7.30 Uhr: Life is a sandwich – mit Waffeln

... und zwar in Charlie's Sandwich Shoppe (S. 67), dem legendären Diner im South End. Als Bostons Gastronomie noch segregiert war, war dies der einzige Ort, an dem schwarze Musiker nach dem Auftritt etwas zu essen bekamen. Hunderte Fotos aus dieser Zeit zieren die Wände. Setzen Sie sich zu den »locals« an der Theke und genießen Sie die Action hinterm Counter bei Waffeln mit Erdbeeren.

### 9 Uhr: Lebensart, Boston Style

Die Anfänge als fladenübersäte Kuhweide sieht man dem 16 Boston Common natürlich nicht mehr an. Heute flanieren hier die Bostonians, locken Bänke, schimmert die Kuppel des Massachusetts State House (S. 40) durchs Geäst. Gleich dahinter schichtet sich Beacon Hill den Hügel hinauf. Bostons teuerstes Viertel ist eine viktorianische Oase. Informieren Sie sich im kleinen, aber feinen Museum of African American History über ein weniger bekanntes Kapitel amerikanischer Geschichte und kehren Sie dann – nach einem Bummel durch enge Sträßchen wie Mt. Vernon Street und Acorn Street – zu einem leichten Lunch im Nachbarschaftstreff The Paramount (S. 68) ein.

15.30 Uhr
15.30 Uhr: Dramatische Historie »bunkern«
Bunker Hill Monument
Bunker Hill Museum
CHARLESTOWN
Chelsea St
Shipyard Park
Charlestown Navy Yard Ferry Terminal
Pier 6
500 m
500 yd
Charlestown Bridge
Commercial St
Hull St
Tileston St
NORTH END
Hanover St
Caffè Paradiso
Atlantic Av
Ende
9 Uhr: Lebensart, Boston Style
Museum of African American History
9 Uhr
BEACON HILL
Massachusetts State House
Mt Vernon St
Acorn St
Joy St
The Paramount
Beacon St
1
Freedom Trail
School St
Union St
State St
Congress St
Taxi
Long Wharf South Ferry Terminal
Boston Common
16
12.30 Uhr
12.30 Uhr: Auf dem Strich durch die Geschichte
7.30 Uhr: Life is a sandwich – mit Waffeln
Start
Columbus Av
SOUTH END
Charlie's Sandwich Shoppe
7.30 Uhr

Wer sich nicht scheut, die 294 Stufen im Bunker Hill Monument nach oben zu steigen, kann zur Belohnung die sagenhafte Aussicht auf Downtown Boston genießen.

### 12.30 Uhr: Auf dem Strich durch die Geschichte

Aufpeitschende Reden und Protestaktionen, Widerstand, Schießereien: Selten sind nationale Schlüsselereignisse leichter erfahr- und begehbar! Sehen Sie vor dem State House den roten Strich auf dem Bürgersteig? Folgen Sie dem ❶ ★★ Freedom Trail Richtung Charlestown, lesen Sie Grabsteine und Bronzetafeln und bekommen Sie ein Gefühl für die dramatische Vergangenheit dieser Grande Dame. Und im North End (S. 60), dem Little Italy der Stadt, lassen Sie im Caffè Paradiso bei Cappuccino und schön cremigen Cannoli die Eindrücke sacken.

### 15.30 Uhr: Dramatische Historie »bunkern«

Sie sehen es schon von Weitem: 73 m ragt das Bunker Hill Monument (S. 43) über Charlestown empor. Folgen Sie dem Freedom Trail über die Charlestown Bridge, steigen Sie zur Aussichtskanzel des Obelisk hinauf und genießen Sie den grandiosen Blick auf Boston. Gegenüber erinnert das Bunker Hill Museum mit einer leicht martialischen Ausstellung an die blutige Schlacht von Bunker Hill, bei der die Briten fast alle Offiziere verloren. Verlassen Sie nun den Freedom Trail und gehen Sie Richtung Piers.

### 18 Uhr: Boston auf dem Silbertablett

Na ja, nicht ganz, es sind »nur« bessere Gartenmöbel, aber immerhin: Der Blick auf Boston im nahen, auf Seafood spezialisierten Pier 6 Restaurant ist richtig schön und hilft beim Vergessen blutiger Schlachten ganz erheblich mit.

Ganz oben: Siegel, das den Verlauf des Freedom Trail markiert. Oben: Austern im Pier 6 Restaurant.

Boston nutzt seine Lage am Wasser bestens aus. So bieten die Wassertaxis eine praktische und zugleich faszinierende Möglichkeit von A nach B zu kommen – in diesem Fall vom Shipyard Park zur Long Wharf.

### 19.30 Uhr: Mit dem Wassertaxi retour

Zu Fuß den ganzen Weg zurück? Das brauchen Sie sich nicht anzutun. Bis zum regelmäßig verkehrenden Wassertaxi im Shipyard Park (https://www.bostonharbornow.org/) sind es nur ein paar Hundert Meter. Nehmen Sie das Boot zur Long Wharf in Downtown Boston – und lassen Sie sich die frische Meeresluft um die Nase wehen.

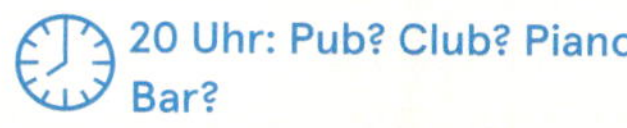

### 20 Uhr: Pub? Club? Piano Bar?

Den Feierabend haben Sie sich redlich verdient. Nehmen Sie sich deshalb an der Long Wharf ein Taxi zum Absacker Ihrer Wahl. Oder fragen Sie einfach den Taxifahrer, was er so empfiehlt …

**Museum of African American History**
220 A3 ✉ 46 Joy Street ☎ 617 725 00 22
http://maah.org ● Di–Sa 10–16 Uhr

**Caffè Paradiso**
220 C3 ✉ 255 Hanover St ☎ 617 742 17 68
caffeparadisoboston.com ● tägl. 7–2 Uhr

**Bunker Hill Museum**
220 B5 ✉ 43 Monument Square www.nps.gov/bost/planyourvisit/bhm.htm ● 29. Sept. bis 11. Mai 10–17, 12. Mai–22. Juni 9.30–17, 23. Juni–28. Sept. 9–18 Uhr

**Pier 6 Restaurant**
220 C5 ✉ 1 8th St ☎ 617 337 00 54
www.pier6boston.com
● So–Do 11–22, Fr & Sa 11–23 Uhr

# ❶ ★★ Freedom Trail

| | |
|---|---|
| Was? | Episoden der amerikanischen Geschichte entlang eines Wegs |
| Warum? | Weil dramatischer Historie selten auf so angenehme Art »nachgegangen« werden kann |
| Wann? | Jederzeit tagsüber |
| Wie lange? | 2 Stunden (reine Gehzeit) |
| Resümee | Die Boston Tea Party war gar keine |

Wer für Boston wenig Zeit hat, sollte sich zumindest welche für den »Freiheitsweg« nehmen: Der gut 4 km lange Spaziergang vom Boston Common nach Bunker Hill berührt zahlreiche bedeutende Orte des Amerikanischen Unabhängigkeitskrieges und vermittelt zugleich einen starken Eindruck von der Grande Dame der Ostküste.

Das Massachusetts State House dient heute als Parlament.

## Entlang der roten Linie

Der Freedom Trail hat keinen offiziellen »Startpunkt«, aber traditionell bietet sich das Visitor Center am Boston Common als Start an. Eine rote Ziegellinie auf dem Bürgersteig verbindet alle 16 Stationen. Man absolviert den Trail eigenständig mit Stadtplan, als Tour mit Führer im historischen Kostüm oder leiht im Visitor Center einen Audio-Guide. Gegenüber vom Visitor Center (15 State Street) bieten Park Ranger kostenlose Führungen an.

Boston Common, 1634 als erster Stadtpark angelegt, präsentiert sich heute mit seinen 18 ha Fläche als grüne Oase im historischen Zentrum, wo an Sommertagen alle Welt auf dem Rasen kampiert und die Sonne anbetet.

Hügelaufwärts liegt das Massachusetts State House mit seiner Goldkuppel, entworfen 1798 von Charles Bulfinch, für das Samuel Adams den Grundstein legte. »Neu« ist das New State House (so sein zweiter Name) aber nur im Vergleich zum 85 Jahre zuvor errichteten Old State House (S. 41).

### »Brimstone Corner«

Der Spitzname »Schwefelecke« für die Park Street Church (Ecke Park/Tremont Street) ist keine Reminiszenz an feurige Predigten, sondern bezieht sich auf die dortige Lagerung von Schießpulver während des Kriegs von 1812. Der Granary Burying Ground nebenan wirkt wie ein Who's Who der frühen US-Geschichte: Die Gründerväter John Hancock, Paul Revere, Samuel Adams, Peter Faneuil liegen hier, sowie die Opfer des Massakers von Boston (s. unten). Im Zentrum markiert ein Obelisk die Ruhestätte der Eltern von Benjamin Franklin, Staatsmann und genialer Wissenschaftler.

Gegenüber liegt der Sitz der ersten anglikanischen Gemeinde Bostons: King's Chapel, daran angrenzend der King's Chapel Burying Ground. Dieser düstere Friedhof ist der älteste der Stadt und letzte Ruhestelle prominenter Puritaner wie John Winthrop, dem ersten Governeur der Stadt.

Die School Street beherbergt neben der alten City Hall die erste öffentliche Lateinschule des Landes. Prominente Schüler waren Samuel Adams, John Hancock, Benjamin Franklin, der puritanische Geistliche Cotton Mather und der Schriftsteller Ralph Waldo Emerson (S. 29). Die Old City Hall dient heute als privates Bürogebäude.

### Tea Time

Am Ende der School Street treffen Sie auf den über 300 Jahre alten Old Corner Book Store. Einst Mittelpunkt des literarischen Boston (Emerson, Nathaniel Hawthorne und Henry Wadsworth Longfellow erwähnen ihn), beherbergt er heute ein mexikanisches Fast-Food-Restaurant.

Einen halben Block weiter in der Washington Street trafen sich am 16. Dezember 1773 im Old South Meeting House 5000 Kolonisten, ein Drittel der damaligen Bevölkerung, zu einer Protestversammlung gegen die britische Teesteuer – das war der Auftakt zur Boston Tea Party.

An der Washington/Ecke Court Street steht das Old State House (1713), von dessen Balkon am 18. Juli 1776 die Unabhängigkeitserklärung verlesen wurde. Obgleich es als Regierungssitz längst durch das neue State House ersetzt wurde, wird hier jährlich am 4. Juli dieses Ereignisses gedacht. Vor dem Gebäude spielte sich 1770 das Massaker von Boston ab,

In der Park Street Church am Boston Common wurde im Krieg von 1812 Schießpulver gelagert.

bei dem britische Soldaten fünf Kolonisten erschossen – Fanal für den Amerikanischen Unabhängigkeitskrieg, der kurz darauf ausbrach.

## Stadterneuerung

Wenn man die Congress Street bergab Richtung Faneuil Hall geht, passiert man zur Linken die gewöhnungsbedürftige, brutalistische City Hall des Architekten Louis Kahn. Faneuil Hall (sprich: »Fennel«) selbst dient bis heute als Versammlungshalle. Sie wird auch »Cradle of Liberty« (Wiege der Freiheit) genannt, in Erinnerung an aufwieglerische Reden zu Kolonialzeiten. Quincy Market mit seinen Läden und Restaurants ist bei Einheimischen wie Touristen beliebt.

Hinter Faneuil Hall geht es durch ein Gewirr von Straßen mit historischen Gebäuden weiter nach North End, Bostons lebhaftes »Little Italy«, dessen Hauptstraße Hanover Street Dutzende von Restaurants säumen. Das Paul Revere House (19 North Square) ist das einzige öffentlich zugängliche Wohngebäude des 17. Jh.s in Downtown Boston.

## Zur USS »Constitution«

An der Old North Church verrieten Lichtsignale am 18. April 1775, dass sich britische Truppen von See und nicht wie erwartet über Land näherten. Im Sommer gibt es Führungen unter dem Motto »Behind the Scenes«, man kann aber auch auf eigene Faust einen Blick auf das von 1,2 m dicken Mauern umschlossene Kirchengestühl werfen. Wenn Sie die Hull Street aufwärts gehen, eröffnet rechts der Friedhof Copp's Hill Burying Ground großartige Ausblicke über den Hafen. Einige Grabsteine tragen 250 Jahre alte Einschusslöcher.

Die Aussicht auf den langen Weg über die Brücke nach Charleston lässt manchen lieber zur Hanover Street zurückkehren, auf ein Schälchen »biscotti« und ein Glas Chianti. Wer die Tour bis zum Ende durchhalten will, orientiert sich jenseits der Brücke an der Ziegellinie bis zur USS »Constitution«. Den Spitznamen Old Ironsides (etwa »Alte Eisenhaut«, S. 25) erhielt das bis heute seetüchtige, älteste Kriegsschiff der US Navy, als im Krieg von 1812 britische Kanonenkugeln an den Eichenplanken des Schiffes abprallten. Kommen Sie spätestens 30 Minuten vor Schließung, dann beginnt die letzte Führung durch US-Soldat(inn)en. Später lässt sich nur noch das Oberdeck der Fregatte besichtigen. Im zugehörigen Museum kann man den Alltag der Seeleute um 1812 nacherleben.

### Bunker Hill

Die Spitze des Bunker Hill Monument, das an die erste Schlacht der Revolution erinnert, haben Sie bereits von der Brücke aus gesehen. Falls Sie sich das letzte Wegstück zum Obelisken nicht mehr zumuten mögen, nehmen Sie am Ende der Pier beim Schiffsmuseum das Pendelboot zurück nach Long Wharf: schneller als zu Fuß, günstiger als mit dem Taxi und angenehmer als mit dem Bus!

### KLEINE PAUSE

Mittagspause in **Faneuil Hall Marketplace:** vom Fischgericht bis mexikanisch, vom Sandwich bis zum Menü.

Faneuil Hall Marketplace: 4 S Market Street, Tel. 617 5 23 13 00, https://faneuilhallmarketplace.com, Mo–Sa 10–21, So 11–19 Uhr

220 B5
Empfohlener Startpunkt: **Information Center Boston Common** (139 Tremont St., tägl. 8.30–17 bzw. 16 Uhr im Winter)

**Massachusetts State House**
220 B2 24 Beacon Street
617 7 27 36 76 Mo–Fr 10–15.30 Uhr
frei Green Line/Red Line bis Park Street

**Park Street Church**
220 B2 Park und Tremont Street
617 5 23 33 83 Mitte Juni–Aug. Di bis Sa 9.30–15.30 Uhr, Winter nach Anmeldung frei Green Line/Red Line bis Park Street

**Granary Burying Ground**
220 B2 Park und Tremont Street
tägl. 9–17 Uhr frei Green Line/Red Line bis Park Street

**Old State House**
220 B2 206 Washington Street
617 7 20 17 13 tägl. 10–17 Uhr 15 $ (zus. mit Old South Meeting House)
Blue Line / Orange Line bis State

**Paul Revere House**
220 C3 19 North Square
617 5 23 23 38 15. April–Okt. tägl. 10–17.15; Nov.–14. April 10–16.15 Uhr
6 $ Green Line/Orange Line bis Haymarket, Blue Line bis Aquarium

**Old North Church**
220 C4 193 Salem Street
617 5 23 48 48 April–Mitte Nov. tägl. 9–18, sonst 10–16 Uhr 10 $
Green Line/Orange Line bis Haymarket

**USS »Constitution«**
220 C5 Charlestown Navy Yard
617 7 79 81 98 Mai–Okt. Di–So 10–18, sonst bis 17 Uhr 10 $ Spende erbeten Green Line/Orange Line bis North Station 92, 93

**Bunker Hill Monument**
220 B5 Monument Square
617 2 42 56 41 Sommer tägl. 9–17, Nov.–März Do–So 9–17 Uhr frei
Green Line bis North Station, Orange Line bis Community College

# ❸ ★★ Museum of Fine Arts

| | |
|---|---|
| Was? | Wunderbare Kunstsammlungen, die seit den Kindertagen Bostons entstanden |
| Warum? | Das MFA ist eines der besten Kunstmuseen des Landes |
| Wann? | Jederzeit |
| Wie lange? | Hier kann man eine ganze Woche zubringen, einen halben Tag allein für die Porträts der Unabhängigkeitshelden |
| Resümee | Hier bekommt man ein besseres Verständnis für die Wurzeln der amerikanischen Kreativszene |

Seit 1876 Bostons Kulturschrein: Die rund 500 000 Werke zählenden Sammlungen des Museum of Fine Arts gehören zu den besten des Kontinents.

## Das Museum im Wandel

Seit der Neueröffnung des MFA 1909 an der Huntington Avenue vergrößert sich sein Bestand kontinuierlich. So erhielt das Museum über die Jahre mehrere Erweiterungsbauten. Kaum einer allerdings lässt sich mit dem wuchtigen Gebäudeflügel von Foster + Partners vergleichen, der 2010 nach fünfjähriger Bauphase fertiggestellt wurde und dem Museum ein völlig neues Gesicht verlieh. Die Sammlungen wurden neu arrangiert, und fast ein Drittel mehr Fläche bietet seither Objekten einen Raum, die man zuvor nicht präsentieren konnte.

Ein Mädchen betrachtet »Die Töchter Edward Darley Boits« von John Singer Sargent.

Es gibt mehrere Möglichkeiten, das MFA zu erkunden: Sie können sich auf eine Sammlung konzentrieren, dem Plan von Raum zu Raum folgen, spontan umher spazieren oder sich einer der kostenlosen Führungen anschließen, die einen Überblick vermitteln oder bestimmte Areale bündeln. Eingänge gibt's in der Huntington Avenue oder am State Street Corporation Fenway. Im Sharf Visitor Center erhält man Tickets, Pläne und Infos.

Das Museum of Fine Arts ist eines der größten Museen der USA.

## Art of the Americas Wing

Resultat des aufwendigen Umbaus ist der moderne Gebäudeflügel »Art of the Americas«. Seit das Museum 1876 am Copley Square eröffnet wurde, wird erstmals die komplette Sammlung amerikanischer Kunst präsentiert: Objekte aus Nord-, Mittel- und Südamerika, die sich in über 50 Galerien auf vier Stockwerke verteilen.

Im Untergeschoss gesellen sich frühamerikanische Kunst und Kunst der Ureinwohner zu Stickereien und Silber: eine Keramikvase der Maya (um 750) etwa zu einer handwerklich anspruchsvollen silbernen Kakaokanne (1710).

Natürlich darf hier in Boston eine eindrucksvolle Sammlung kolonialer Kunst des 18. Jh.s nicht fehlen, deren Highlights auf Ebene 1 präsentiert werden. Das Bildnis Paul Reveres von John Singleton Copley zeigt den bekannten Freiheitskämpfer nicht in formeller Pose, sondern bei der Arbeit als Silberschmied im schlichten Hemd mit offenem Kragen. Auch einige Silberobjekte von seiner Hand sind hier zu sehen, besonders die »Sons-of-Liberty«-Schale, die Revere als elegante Hommage an die gleichnamige patriotische Freundesgruppe geschaffen hat. Sie entstand 1768, sieben Jahre vor Reveres historischem Ritt von Boston nach Lexington, der den Anmarsch der britischen »Redcoats« verkündete (S. 57).

## Kunst des 19. und 20. Jahrhunderts

Ebene 2 mit Kunst des 19. Jh.s widmet sich zum großen Teil dem Werk John Singer Sargents. Sein großformatiges Gemälde »Die Töchter Edward Darley Boits« (1882, S. 44) gehört zu den Ikonen der Sammlung. Unter den Bildern Winslow Homers zeigt »Die Nebelwarnung« (1885) das klassische Motiv eines Fischers auf seinem gefährlichen Heimweg. Childe Hassam wiederum liebt man für Gemälde wie seine suggestive Winterstimmung »Boston Common in der Dämmerung« (1885/86).

Die Ebene 3 zeigt amerikanische Kunst des 20. Jh.s, darunter Georgia O'Keeffes »White Rose with Larkspur (Rittersporn) No. 2« (1927), Jackson Pollocks großformatige »Troubled Queen« (1945) und Edward Hoppers »Zimmer in Brooklyn« (1932).

Die amerikanische Sammlung umfasst auch Möbel, Textilien, Fotografien, Zeichnungen, Druckgrafiken und vieles mehr, nicht nur ästhetisch ansprechend, sondern auch voller faszinierender Geschichten. Der »Bilderquilt« beispielsweise wurde vor über 200 Jahren von der ehemaligen Sklavin Harriet Powers mit 15 Szenen aus der Bibel bestickt.

## Alte Meister aus Europa

Schon seine amerikanische Sammlung macht das MFA zu einem der bedeutendsten Museen der Welt, es birgt jedoch noch weitere Schätze. Dazu gehört z. B. die Koch Gallery (2. Stock im Evans-Flügel) mit europäischen Meistern wie Tizian, Tintoretto, El Greco, Rubens, Poussin oder Velázquez in einer einem europäischen Palazzo nachempfundenen Galerie. Da diese Künstler international einflussreich waren, sind ihre Werke hier nicht nach Herkunftsland, sondern nach Epochen geordnet.

## Impressionistische Gemälde

Ein besonderer Besuchermagnet ist die Galerie französischer Impressionisten des 19. Jh.s: Renoir, Cézanne, Degas, Monet oder Pissarro. Hier drängen sich Studenten der nahen Colleges, die sich als Einführung in die moderne Kunst vor Renoirs »Tanz in Bougival« (rechts) versammeln, neben Touristen und Einheimischen aus der Nachbarschaft auf Stippvisite.

Zur Sammlung gehören allein 35 Gemälde von Claude Monet. Damit besitzt das Museum eine der größten Monet-Sammlungen außerhalb Frankreichs.

Pierre Auguste Renoirs »Tanz in Bougival«

### Asiatische Kunst

Die Abteilung Asiatische Kunst umfasst ca. 115 000 Werke von 4000 v. Chr. bis in die Gegenwart. Einzigartig innerhalb der opulenten Asiatika-Sammlung ist die Japanische Kunst. Ihr Spektrum reicht von Farbholzschnitten der Ukiyo-e-Meister über kostbare Samurai-Schwerter und Buddha-Statuen bis zu Gemälden und Ritualobjekten. Ein Muss: der Tempelraum voll erlesener sakraler Kunst.

### Und außerdem …

Die Fotosammlung besitzt Arbeiten von 1840 bis heute, darunter große Namen von Alfred Stieglitz bis Yousuf Karsh. Kindern gefällt am besten die Ägyptische Abteilung mit Mumien, Bildhauerkunst, Goldschmuck und Schatzfunden aus antiken Gräbern. In der Nubischen Abteilung beeindrucken besonders monumentale Königsskulpturen.

### KLEINE PAUSE

Im Museum gibt es ein breites kulinarisches Angebot für jeden Wunsch und Geldbeutel, am günstigsten in der **Garden Cafeteria** mit guter Salatbar und Ausblick in den Calderwood Courtyard. Eine Kleinigkeit essen kann man auch im **Taste** (Café und Weinbar) oder im etwas nobleren **New American Café** im Shapiro Family Courtyard, wo man a la carte speist.

Restaurants: www.mfa.org/visit/dining
Garden Cafeteria: Mo, Mi–So 10–15 bzw. 16 Uhr
Taste: Mi–So 10.30–16, Do, Fr bis 18 Uhr
New American Café: Mo, Mi bis So 11–16, Do, Fr bis 20 Uhr

---

218 C1 465 Huntington Avenue
617 2 67 93 00
www.mfa.org
Mo, Mi, Sa, So 10–17, Do, Fr 10–22 Uhr 27 $, Ermäßigung für Senioren, Schüler und Studenten; Kinder bis 6 Jahre frei; mehrmals täglich geführte Touren (frei).
Green Line Zug E bis Museum of Fine Arts, Orange Line bis Ruggles
39, Haltestelle vor dem Museum

# ⑩ ★★ Cambridge & Harvard

| | |
|---|---|
| Was? | Der Campus der ältesten Universität der USA |
| Warum? | Harvard ist die berühmteste Eliteschmiede der Nation |
| Wann? | Vormittags |
| Wie lange? | 3 Stunden |
| Was noch? | Ein Erinnerungsfoto mit John's linker Schuhspitze |
| Resümee | Es lohnt sich, in der Schule gut aufzupassen |

Rechts: Altehrwürdige Gebäude am Campus der Universität. Unten: Studentinnen am westlichen Eingang des Campus.

Am jenseitigen Ufer des Charles River liegt Cambridge mit seinen beiden akademischen Eliteschmieden: dem Massachusetts Institute of Technology (MIT) und der 1636 gegründeten Harvard University, der ältesten höheren Bildungsanstalt der USA.

## Harvard University

Den Ausgangspunkt des Rundgangs bildet die Statue von John Harvard vor der University Hall: Die »Statue of Three Lies« nennt fälschlich das Jahr 1638 als Gründungsdatum der Lehranstalt und John Harvard, den sie angeblich darstellt, als deren Gründer (tatsächlich war er »nur« Mäzen). Sie wurde 1884 ausgeführt mit einem Studenten namens Sherman Hoar als Modell. John Harvards linken Schuh zu reiben soll Glück bringen – und das scheint gebraucht zu werden, was man am deutlich stärkeren Glanz erkennt.

## Ausgezeichnete Präsidenten

Dem Blick John Harvards über den Hof folgend, begegnet man der Massachusetts Hall als ältestem Gebäude des Campus (1720). Wo während des Revolutionskriegs Soldaten der Kolonialarmee untergebracht waren, befinden sich heute die Büros des Universitätspräsidenten.

Die übrigen Gebäude des Collegehofs beherbergen die Wohnheime für die Erstsemester. Insgesamt acht US-Präsidenten waren Studenten dieser Elite-Uni: John Adams und John Quincy Adams, Theodore und Franklin D. Roosevelt, Rutherford B. Hayes, John F. Kennedy, George W. Bush und Barack Obama.

## Die »Titanic«-Connection

Dahinter erstreckt sich mit dem New Yard ein weiterer Hof, das sogenannte Tercentenary Theater, wo man 1936 das 300-jährige Jubiläum der Universität beging. Jeden Juli versammeln sich dort Tausende Absolventen mit ihren Eltern zur akademischen Abschlussfeier.

Das imposante Gebäude ist die Widener Memorial Library, benannt nach Harry Elkins Widener, Graduierter von 1907, der 1912 beim Untergang der SS »Titanic «ums Leben kam, da er nicht schwimmen konnte und im eiskalten Wasser kein Rettungsboot erreichte. Unter den Studierenden kursiert das Gerücht, das Vermächtnis seiner Mutter für diese Bibliothek beinhalte deshalb den Passus, dass alle Harvard-Studenten vor dem Abschluss ihren Freischwimmer absolvieren müssen.

## Architekturikonen und Museen

Außerhalb des Harvard Yard wird die Architektur vielfältiger, und oft kann man als Besucher einen Blick ins Innere der Gebäude werfen. Während das Science Center von Josep Lluis Sert (jenseits der Cambridge Street am Nordrand des Harvard Yard) angeblich einer Polaroid-Kamera ähnelt, hat man mit dem Carpenter Center for the Visual Arts im Westen (Quincy Street) den einzigen Bau des Schweizer Modernisten Le Corbusier in Nordamerika vor sich.

Harvards drei renommierte, zu den Harvard Art Museums zusammengefasste Kunstmuseen Arthur M. Sackler

Museum, Fogg Museum und Busch-Reisinger Museum mit europäischer Kunst von der Antike bis zur Gegenwart, islamischer und asiatischer Kunst wurden von 2008 bis 2014 umfassend umgestaltet und renoviert: So entstand ein innovatives Museumsgebäude mit einer eigenwilligen Glasdachkontruktion. Unverkennbar ist die Handschrift des Stararchitekten Renzo Piano.
Sehenswert ist auch die Ware Collection (Teil des Harvard Museum of Natural History, 26 Oxford Street) mit über 4000 gläsernen Nachbildungen von Pflanzen, die verblüffend realistisch wirken.

### Harvard Square

Zu einem Cambridge-Besuch gehört unbedingt ein ausgiebiger Bummel rund um den Harvard Square. Hier treffen sich nicht nur Studenten: Man spielt Schach in den Straßencafés, Straßenkünstler treten vor dem Coop-Buchladen auf, Skateboarder zeigen ihre Tricks auf den Stufen vor dem Out-of-Town-News-Kiosk, Yuppies verabreden sich zum Abendessen oder einem Kinobesuch im A. R. T. House Theater. Hier tobt ganztägig das Leben, bei gutem Wetter auch die Nacht hindurch. Zwar verdrängen große Handelsketten zunehmend die Lädchen, die den Charakter des Platzes ausmach(t)en. Das entspannte Studentenleben stört das aber bislang nicht.

Mr. Bartley's: 1246 Massachusetts Avenue, Tel. 617 3 54 65 59, www.mrbartley.com, Mo–Sa 11–19.30 Uhr
JP Licks: 1312 Massachusetts Avenue, Tel. 617 4 92 10 01, www.jplicks.com, Mo–Do 7–23, Fr 7–24, Sa 8–24, So 8–23 Uhr

#### KLEINE PAUSE

**Mr. Bartley's Burger Cottage,** laut, amüsant und studentisch, ist ein klassischer Burger-Treff. Aus lokaler Produktion stammt das preisgekrönte köstliche Eis von **J.P. Licks,** nur einen Katzensprung von der T-Haltestelle Harvard entfernt. Tipp: Peanut Butter Chip mit Schokosplittern!

**Events and Information Center**
220 B5 Smith Campus Center, 30 Dunster St. 617 4 95 15 73 www.harvard.edu Red Line bis Harvard Square Mo–Sa 9–17, So geschl.

**Harvard Art Museums**
218 nordwestl. A5 32 Quincy Street 617 4 95 94 00 www.harvardartmuseums.org

**Glass Flowers: The Ware Collection of Blaschka Glass Models of Plants (im Harvard Museum of Natural History)**
bei 218 nordwestl. A5 26 Oxford Street 617 4 95 30 45 www.hmnh.harvard.edu tägl. 9–17 Uhr; geschl. an wichtigen Feiertagen 15 $

# ⓫ Museum of Science

| | |
|---|---|
| Was? | Technikmuseum mit 700 interaktiven Ausstellungsobjekten |
| Warum? | Hier erfahren Sie, wie alles funktioniert |
| Wann? | An einem Regentag |
| Wie lange? | 3 Stunden |
| Resümee | Jede Menge Aha-Erlebnisse |

Ein Museum der Spitzenklasse, das Naturwissenschaften leicht verständlich macht – ein Riesenspaß für alle, auch für Kinder, für Wissenschaftslaien und eingefleischte Experten. Interaktive Displays animieren zum Ziehen, Drücken, Pressen, Öffnen, Schließen, Kippen, Schieben, Schlagen, Stoßen oder Klettern – ein einziger Themenpark!

Das Museum of Science besteht aus verschiedenen Flügeln in Rot, Grün und Blau. Welchen Sie zuerst anschauen, ist eigentlich egal. Folgen Sie einfach Ihrer Spürnase – oder noch besser der eines neugierigen Kindes.

Sie können z. B. in den Nachbau einer Apollo-Kommandokapsel kriechen, die den Start zum Mond simuliert. Im Blauen Flügel des Gordon Current Science and Technology Center erlebt man Live-Vorführungen, kann durch Abzählen der Jahresringe am Stumpf eines 2000 Jahre alten Mammutbaumes dessen Alter ablesen oder im Theater of Electricity der Entstehung von Blitzen zusehen (Vorführungen tägl.).

Interaktive Ausstellungsstücke erklären leicht verständlich naturwissenschaftliche Phänomene.

Oder ein Foucault'sches Pendel bestaunen, das bedingt durch die Erdrotation im Lauf der Zeit scheinbar seine Richtung ändert.

Ein kurioses Objekt nennt sich Archimedean Excogitation (»Fantasie des Archimedes«) – eine 3 m hohe, audiokinetische Skulptur von Rube Goldberg: Bälle werden in Drahtverschlägen herumgewirbelt und treffen dabei auf Hindernisse wie Windmühlen oder Xylophone – ein Spektakel, das nicht nur Kinder fasziniert.

Jüngeren werden auch die Naturhistorischen Dioramen gefallen oder die präparierten Tiere im grünen Flügel, Ältere werden eher die Schau Computing Revolution ansteuern, die die Geschichte des Computers nachzeichnet. In einen kann man sogar »hineingehen« und sehen, wie er funktioniert.

### Mugar Omni IMAX Theater

Besuchen Sie auf jeden Fall eine Vorführung im Mugar Omni IMAX Theater! Die Projektion der Filme auf eine riesige konkave Leinwand rückt den Besucher ins Zentrum der Aktion, ob beim Aufstieg auf den Mount Everest, bei der Erforschung von Höhlen oder bei einer Safari durch die Serengeti. Durch täglich zwei verschiedene, regelmäßig wechselnde Filme dürfte für jeden etwas Interessantes dabei sein.

Auch die Vorführkabine des Omni Theater lohnt einen Blick. Durch seine Glaswand kann man nämlich verfolgen, wie die einzelnen Bilder von der riesigen Filmrolle (Durchmesser 1 m) abgespult werden. Am Ausgang des Kinos wartet eine »Tontreppe« (Soundstair): Mittels fotoelektrischer Sensoren werden hier (maximal vier verschiedene) Noten erzeugt, sobald man auf eine der Stufen tritt – Musik, ganz einfach generiert durch Bewegung.

Riverview Café: Tel. 617 5 89 01 25, www.mos.org/food-and-beverage

### KLEINE PAUSE

Mit atemberaubendem Blick über den Charles River und die Bostoner Skyline lockt im Museum of Science das gemütliche, preisgünstige **Riverview Café.**

220 A4 Science Park
617 7 23 25 00 www.mos.org
Museum: tägl. 9–17 Uhr (Fr bis 21 Uhr, in den Ferien bis 19 Uhr), Omni Theater und Planetarium: meist bis 21/22 Uhr
Museum: 29 $. Omni Theater, Planetarium und Laser Light Show: je 6 $

## Nach Lust und Laune!

### 12 John F. Kennedy Library & Museum

I. M. Pei, Schöpfer der einst umstrittenen Glaspyramide vor dem Pariser Louvre, entwarf den Glas-Beton-Bau, und JFK persönlich kommentiert den bewegenden Film, der zu Beginn in die kurze Amtszeit des 35. US-Präsidenten einführt. Die Ausstellungsobjekte beschäftigen sich mit Kennedys gesamtem Leben, vom Segelboot seiner Kindertage bis zu wichtigen Initiativen während seiner Amtszeit.

Der Rundgang führt in einen Raum, wo in Endlosschleifen Nachrichtenberichte über Kennedys Ermordung ablaufen, und in einen minimalistisch bestückten Glaspavillon mit einem Tisch, einer amerikanischen Flagge und Zitaten des Politikers.

Bei 217 D4 ✉ Columbia Point, Dorchester ☎ 617 5 14 16 00 🌐 www.jfklibrary.org 🕐 tägl. 10–17 Uhr, geschl. an Feiertagen 🎟 18 $, Ermäßigung für Senioren, Studenten und Kinder bis 17 Jahre (unter 12 Jahren frei) 🚇 Red Line bis JFK/UMass und freier Shuttle-Bus (alle 20 Min.)

### 13 Institute of Contemporary Art

Wie zum Beweis, dass Boston alles andere als rückwärtsgewandt ist, entstand der kühne moderne Bau als größtes Einzelprojekt am Harbor Walk (S. 28). Das ICA präsentiert Wechselausstellungen nationaler und internationaler Spitzenwerke aus Kunst, Musik, Film, Video und Performance. Weit vorkragend über ein Hafenbecken, ist schon das Gebäude an sich sehenswert, das die preisgekrönten Architekten »vom Himmel herab« als kontemplativen Raum der Begegnung mit zeitgenössischer Kunst und »von der Erde aufstrebend« mit dynamischen Räumen für das Publikum entwarfen. Zur permanenten Sammlung des Hauses gehören Werke von Louise Bourgeois, Julian Opie und Tara Donovan.

Bei 220 C1 ✉ 100 Northern Avenue ☎ 617 4 78 31 00 🌐 www.icaboston.org 🕐 Di–Mi 10–17, Do–Fr 10–21, Sa–So 10–17 Uhr 🎟 20 $, frei Do 17–21 Uhr 🚇 Silver Line bis Waterfront

### 14 Boston Children's Museum

Eine riesige, 12 m große Milchflasche vor dem Museum macht deutlich: Es wendet sich an Kinder – Anfassen ist erwünscht, Mitmachen

Hinein ins Vergnügen! Das Boston Children's Museum ist ein tolles »Mitmach-Museum«.

unumgänglich. Die Kids können sich an einem mehrstöckigen Klettergerüst austoben oder an »Johnny's Workbench«, einer Werkstatt für Kinder und Erwachsene, Holzobjekte fertigen. Auf dem »Science Playground« kann man die Welt der Natur(wissenschaften) erforschen, etwa die Gesetze der Bewegung mithilfe von Golfbällen, oder gigantische Seifenblasen erzeugen. Besonders populär ist nach wie vor »Arthur & Friends«, wo sich Kinder (und Erwachsene, sofern sie sich trauen) selbst im TV ansehen können. In einem Haus aus Holz, Papier und Stroh aus der Partnerstadt Kyoto lässt sich das Alltagsleben des alten Japan erkunden.

220 C1 300 Congress Street
617 4 26 65 00
www.bostonchildrensmuseum.org
Mi–So 9–12 und 13.30–16.30 Uhr
20 $ (auch für Kinder ab 1 Jahr)
Red Line bis South Station, Silver Line bis Courthouse

## 15 New England Aquarium

Das Gebäude am Hafen ist weit mehr als nur ein Aquarium mit IMAX-Kino. Aufklärung und Naturschutz verpflichtet, fungiert es als faszinierender Schaukasten für das Leben unter Wasser mit 40 000 Tieren aus 750 Arten. Zu den Höhepunkten gehört der riesige Giant Ocean Tank, der die Umgebung eines karibischen Korallenriffes simuliert. Vom Außendock aus geht es zur Walbeobachtung (www.neaq.org) mit einem Naturforscher oder mit der »Liberty Clipper« auf einen Segeltörn im Hafen (www.libertyfleet.com).

220 C2 Central Wharf
617 9 73 52 00 www.neaq.org
Mo–Fr 9–17, Sa, So 9–18 Uhr 34 $
Blue Line bis Aquarium

## 16 Boston Common & Public Garden

An einem warmen Sommertag, klaren Herbstmorgen oder Winternachmittag geht nichts über einen Spaziergang im Stadtpark Boston Common: Von John Adams bis John F. Kennedy entspannten sich Bostoner Bürger in der Oase mitten in der Stadt. Einst geschaffen als exklusive Spielwiese für die oberen Zehntausend, steht der Park heute allen offen. Viele Plätze laden ein zum Picknick, Sonnenbad oder Tagträumen, und Kinder planschen im Sommer gern im »Froschteich«, wo man im Winter auch gut Schlittschuh laufen kann.

Vielleicht noch idyllischer präsentiert sich der Public Garden an

Die Schwanenboote im Public Garden sind eine beliebte Besucherattraktion.

der Charles Street. Am schönsten sind seine gepflegten Anlagen in der frischen Blütenpracht des Frühlings, wenn auch wieder die beliebten Schwanenboote (www.swan boats.com) gemächlich wie ihre lebendigen Vorbilder ihre Bahnen ziehen. Achtung: Die Wartezeit bis zum Fahrtbeginn kann bis zu einer halben Stunde betragen! Nahe dem Eingang Charles und Beacon Street begegnet man einer Bronzeskulpturengruppe von Nancy Schön, »Make Way for Ducklings«, inspiriert durch das gleichnamige Kinderbuch von Robert McCloskey, in dem eine Entenfamilie sich im Public Garden ansiedelt.

220 A2 zwischen Charles, Beacon, Boylston, Tremont und Park Street (Public Garden zwischen Charles, Beacon, Boylston und Arlington Street) Schwanenboote: 15. April–20. Juni tägl. 10–16, 21. Juni–Labor Day 10–17, Labor Day–Mitte Sept. Mo–Fr 12–16, Sa, So 10–16 Uhr 4,50 $ Red Line bis Park Street, Green Line bis Park Street, Boylston oder Arlington (für den Besuch der Schwanenboote)

## 17 Prudential Center – View Boston

Das 1964 fertiggestellte Prudential Center beanspruchte damals das höchste Gebäude auf dem nordamerikanischen Kontinent zu sein (das höhere Empire State Building auf Manhattan Island liegt ja eigentlich auf einer Insel). Heute bekleidet es nur Rang 44 der höchsten Gebäude der Vereinigten Staaten. Und in

Blick vom Einkaufszentrum im Prudential Center auf dessen Turm mit dem View Boston

Boston wird das 229 m hohe Gebäude vom gut 11 m höheren John Hancock Tower übertroffen.

Im 52. Stock des Prudential Center befindet sich eine Aussichtsplattform, die 2023 unter dem neuen Namen View Boston wiedereröffnet wurde. Hier hat man einen 360° Rundumblick über Boston bis nach Cape Cod und den Süden von New Hampshire. Der Panoramablick ist bei Einbruch der Dämmerung am schönsten, wenn die Lichter in der Stadt angehen. Danach geht es zu einem Drink auf der Cloud Terrace, einer Bar und Restaurant im 51. Stock.

Das Ticket für den Besuch der Aussichtsplattform schließt die Besichtigung von Boston 365 mit einem 3D-Modell der Stadt und Explore Boston mit interaktiven Tools zum Erkunden der Stadt ein.

Im Erdgeschoss des Gebäudes winkt eine noble Shopping Mall mit exklusiven Läden und zahlreichen Restaurants.

219 E2 800 Boylston Street 617 236 31 00 https://viewboston.com View Boston: tägl. 10–22 Uhr, Läden: Mo–Sa 11–20, So 11–19 Uhr. Restaurants schließen später ab 34.99 $ Green Line Zug B, C oder D bis Hynes / ICA oder Green Line Zug E bis Prudential

## 18 Fenway Park

Der 1912 erbaute Fenway Park, älteste Spielstätte der Major League, ist eine der wenigen verbliebenen inmitten eines Wohngebiets. Platzbedingt war die Distanz zwischen Home Plate (Endbase) und linker Spielfeldmauer zu gering für einen regelgemäßen Home Run, weshalb man das »Green Monster«, eine 11 m hohe Wand, anfügte.

Für Heimspiele der Red Sox (April–Sept.) sind Tickets schwer erhältlich. Immerhin gibt es wegen der beengten Verhältnisse keine »schlechten« Plätze: Alle Sitze liegen dem Spielfeld direkt gegenüber.

Bei Führungen »hinter die Kulissen« sieht man alles, von der Trophäe bis zur Pressetribüne. Man kommt dabei auf die Foul-Stange Pesky's Pole zu sprechen oder die exakte Größe des Green Monster. Doch für jeden Besucher gilt: Rasen betreten verboten! Touren finden täglich stündlich von 9 bis 16 Uhr statt, bis drei Stunden vor Spielbeginn.

218 C2 Lansdowne Street und Yawkey Way Ticket Office: 877 7 33 76 99. Touren: 617 2 26 66 66 Ticketpreise Red Sox: 80–300$. Die Tickets sind immer schnell ausverkauft. Am besten bestellt man sie telefonisch oder im Internet unter https://www.mlb.com/redsox/tickets Green Line bis Kenmore

## 19 Isabella Stewart Gardner Museum

Grundstock der Bestände des Museums war die Sammlung seiner Gründerin: Isabella Stewart Gardner (1840–1924) füllte ihr Wohnhaus im Stil eines venezianischen Palazzo mit 2500 Gemälden und Skulpturen. Neben alten Meistern wie Rubens, Rembrandt, Tizian (»Raub der Europa«), Botticelli (»Madonna mit Kind und Engel«), Raffael (dem ein ganzer Raum gewidmet ist) oder Giotto sammelte sie Werke befreundeter Zeitgenossen wie James McNeill Whistler und John Singer Sargent und französischer Impressionisten (Degas, Manet, Matisse).

Haus und Sammlung bestechen gleichermaßen: ein Gesamtkunstwerk, einschließlich des gepflegten französischen Gartens. Anfang 2012 erhielt die Villa mit dem von Star-Architekt Renzo Piano entworfenen Anbau eine spektakuläre moderne Erweiterung.

An Sonntagnachmittagen zwischen September und Mai finden hier Konzerte statt – eine Tradition, die die Besitzerin einst selbst begründete, als sie ihr Haus 1903 der Öffentlichkeit zugänglich machte.

218 B1 25 Evans Way (Nähe 280 Fenway) 617 5 66 14 01; Konzertkarten 617 2 78 51 56 www.gardnermuseum.org Mo, Mi, Fr 11–17, Do bis 21, Sa, So 10–17 Uhr 20 $, Kinder unter 18 Jahren frei, Konzertkarten (ab 40 $, Ermäßigung für Senioren und Kinder) berechtigen zum Museumseintritt Green Line Zug E bis Museum oder Orange Line bis Ruggles 39

## 20 Lexington & Concord

Lexington und Concord beanspruchen beide den Ruhm, Wiege der Revolution zu sein. Deren erster Schuss fiel in Concord: Am 19. April 1775 sammelten sich dort koloniale Milizen an der North Bridge und empfingen mit einem Kugelhagel britische Truppen, die ein Waffenlager zerstören sollten. An diesem Tag schlug lang schwelender Widerstand in offene Revolte um.

Beide Orte zeigen sich nun als aparte Vorortgemeinden Bostons mit Drugstores und Restaurants, durchsetzt von Inseln der Geschichte. Die Sehenswürdigkeiten in Concord sind meist zu Fuß erreichbar.

An die Schlacht von Lexington und Concord (S. 16) erinnert der Patriot's Day am 19. April, die North Bridge kann man jederzeit besichtigen. Im Minute Man Visitor Center (SR 2A zwischen Lexington und Concord) taucht man in die koloniale Ära ein und erhält Informationen über die schnelle Eingreiftruppe und jenen schicksalhaften 19. April. Eine Multimedia-Präsentation versucht, der britischen und kolonialen Sicht gerecht zu werden, der Battle Road Trail folgt dem Marschweg der Briten. Die North Bridge, wo die eigentliche Schlacht stattfand, liegt in einer Sektion des Minute Man National Historical Park nördlich von Concord.

Eine zweite Blüte erlebte Concord, als Schriftsteller wie Henry David Thoreau, Ralph Waldo Emerson, Margaret Fuller oder Bronson Alcott es 100 Jahre später zu einem

Der Park von Walden Pond bei Concord, wohin sich Thoreau zurückzog.

Zentrum der Transzendentalisten machten (S. 31). Ihre ehemaligen Wohnhäuser kann man besichtigen. Am beliebtesten bei Mädchen ist Orchard House, wo Louisa May Alcott aufwuchs. Das Anwesen ist Schauplatz ihres erfolgreichen Romans »Little Women« (dt. »Betty und ihre Schwestern«, S. 30).

Südlich von Concord liegt Walden Pond, wo Thoreau sich 1845 von der Welt zurückzog (S. 30). Trotz der Idylle von Park, Wanderwegen und des Nachbaus seiner Hütte ist die damalige Einsamkeit lang vorbei. Kommen Sie möglichst früh im Sommer oder Herbst (kaum Parkplätze)!

217 D5

**Minute Man Visitor Center**
250 N. Great Road, Lincoln (Osteingang des NP) 978 3 69 69 93 www.nps.gov/mima tägl. April–Okt. 9–17 Uhr frei

**Orchard House**
399 Lexington Road, Concord 978 3 69 41 18 www.louisamayalcott.org April–Okt. Mo–Sa 10–17, So 11–17, Nov.–März tägl. 11–16 Uhr (nur mit Führung) 15 $

**Walden Pond**
Route 126 (bzw. 915 Walden St.), Concord 978 3 69 32 54 www.mass.gov/dcr/parks/walden frei

## 21 Salem

Das knapp 32 km nördlich von Boston gelegene Salem eignet sich gut für einen Tagesausflug, es ist aber auch hübsch genug, um eine Nacht hier zu verbringen.

In den Kolonialzeiten wurde der Ort aufgrund seiner Lage schnell zu einem wichtigen Hafen, doch erst die Ereignisse von 1692 sicherten ihm einen Platz in der Geschichte: die berüchtigten Hexenprozesse, die in der Hinrichtung von 20 Männern und Frauen gipfelten.

Heute versucht man, das Beste aus der unrühmlichen Vergangenheit zu machen und mit diversen Sehenswürdigkeiten das 17. Jh. lebendig zu halten. Im Salem Witch Museum vermittelt ein audiovisuelles Display in Lebensgröße Einblick in die Hysterie, die die Stadt damals erfasst hatte. Es ist dargestellt, wie eines der Opfer mit Steinen zu Tode gedrückt wird. Ein noch direkteres Nacherleben vermittelt die Vorführung »Cry Innocent«: Hier wird der Hexenprozess von Bridget Bishop nachgestellt, wobei die Zuschauer die Rolle der puritanischen Jury-Mitglieder spielen.

Auch Salems einstige Bedeutung als Hafen ist dokumentiert: Das Peabody Essex Museum hat eine erstaunlich umfangreiche nautische Sammlung. Kapitäne brachten einst von ihren Fahrten um Kap Hoorn und das Kap der Guten Hoffnung interessante Objekte – böse Zungen sagen: Plunder – mit. Der Eintritt schließt den Zugang zu weiteren Sehenswürdigkeiten ein. Interessant ist das Yin Yu Tang, ein vollständiges Gebäude der Qing-Dynastie aus China, das im Hof des Museums wieder aufgebaut wurde.

## Als eine ganze Stadt verrückt spielte

»If it was the last moment I was to live, God knows I am innocent.« (Und wenn dies der letzte Augenblick meines Lebens ist, Gott weiß, dass ich unschuldig bin). Was alle der vielen Hexen-Attraktionen in Salem nicht wirklich zuwege bringen, gelingt dem einfachen Witch Trials Memorial hinter dem Peabody Museum: Das schauerliche Geschehen wird plötzlich greifbar und nachvollziehbar. Hier kann man auf rau behauenen Blöcken die Namen der Opfer der Hexenverfolgungen von 1692 lesen – und ihre letzten Worte. Ein magischer Moment der dunklen Art.

Das House of the Seven Gables (»Haus der sieben Giebel«), bekannt durch den gleichnamigen Roman von Nathaniel Hawthorne (S. 31), kann auch besichtigt werden. Es wurde als Geburtshaus des Autors deklariert (eigentlich in der Union Street) und dient heute als zentrale Hawthorne-Gedenkstätte.

217 E5 National Park Service Visitor Center: 2 New Liberty Street Salem Office of Tourism: 978 7 40 16 50 www.salem.org

**Salem Witch Museum**
19 ½ Washington Square 978 7 44 16 92 www.salemwitchmuseum.com tägl. 10–17 Uhr 17.50 $

**»Cry Innocent«**
32 Derby St. 978 8 10 25 88 www.historyalivesalem.org Ende Juni–Aug., 9.–31. Okt. tägl., Sept. nur Sa 26 $

**Peabody Essex Museum**
East India Square 978 7 45 95 00 www.pem.org Di–So 10–17 Uhr 20 $

**House of the Seven Gables**
115 Derby Street 978 7 44 09 91 www.7gables.org Juli–Okt tägl. 10–19, sonst 10–17 Uhr 25 $

## 22 Marblehead

Nicht nur zur Race Week im Juli zieht die selbst ernannte Jachthauptstadt Amerikas begeisterte Segler aus aller Welt an. Und sie hat mehr zu bieten als den legendären Hafen: Man kann zwischen Häusern des 17. und 18. Jh.s (oft mit Plaketten, die Bauherrn, Architekten und Entstehungsdatum nennen) in der Altstadt bummeln, in skurrilen Läden herumstöbern und in einem Restaurant mit Blick aufs Wasser essen.

Die Picknickziele Fort Sewall am östlichen und Crocker Park am westlichen Ende der Front Street liegen kaum eine Stunde Fußweg auseinander. Der Ort, in dem man früher nach dem Sommer die Schotten dicht machte, ist heute außerhalb der Saison etwas weniger überlaufen und somit durchaus attraktiv.

217 E5 62 Pleasant Street 781 6 31 28 68 www.marbleheadchamber.org

## 23 Gloucester

Das 1623 gegründete Gloucester war einer der großen Fischereihäfen Amerikas, woran die

Der »Mann am Steuerrad« ehrt die, die auf See ums Leben kamen.

Skulptur »Mann am Steuerrad« am Stacy Boulevard erinnert. Chartertouren zum Tiefseefischen oder zur Walbeobachtung knüpfen ans nautische Erbe an, auch kommerzieller Fischfang wird noch immer betrieben. Sachbuch (Sebastian Junger) und Film »The Perfect Storm« (»Der Sturm«, 2000, Wolfgang Petersen), in Gloucester angesiedelt, schildern voller Hochachtung den harten und gefährlichen Alltag der Fischer.

Heute noch ist hier die »Rocky Neck Art Colony« beheimatet, der berühmte Maler wie Winslow Homer, Fitz Henry Lane oder Mark Rothko angehörten. Mehr als 30 Künstler haben hier ihre Ateliers, einige stehen Besuchern offen (http://rockyneckartcolony.org/).

Als Hauptort der Halbinsel Cape Ann besitzt Gloucester die schönsten Strände, die von Boston aus in einem Tagesausflug erreichbar sind. Wingaersheek Beach gilt wegen seines ruhigen Wellengangs als Familienstrand, Good Harbor Beach im Osten geht hinaus auf den Atlantik.

217 E5

**Discover Gloucester**
PO Box 915, Gloucester, MA 01930 978 675 18 18
https://discovergloucester.com

**Cape Ann Chamber of Commerce**
33 Commercial Street
978 283 16 01
www.capeannchamber.com

Plimoth Patuxet Museums – Schauspieler präsentieren das Leben im 17. Jahrhundert.

## 24 Plymouth

Am 21. Dezember 1620 landeten hier 102 »Pilgerväter«, Männer, Frauen und Kinder. Sie wurden die ersten dauerhaften Siedler der späteren 13 Kolonien. Plymouth war weder ihr eigentliches Ziel gewesen noch ihre erste Landung: Süßwassermangel hatte sie aus Provincetown vertrieben, wo sie zuvor fünf Wochen gelebt hatten. Trotz wenig gastlicher Bedingungen in Plymouth überlebten genug Pilger: Die hier lebenden Wampanoag zeigten ihnen, wie man Mais anbaut.

Logischer Startpunkt für einen Rundgang ist Plymouth Rock am Hafen, Nähe Water Street, der vermutliche Landeplatz der Pilger. Den klassizistischen Portikus mit Granitsäulen vor dem mythenumwobenen Felsen entwarf 1920 die

# Die Mayflower

**Der amerikanische Gründungsmythos hat einen Namen: »Mayflower«. Ganz genau weiß man nicht, wie das Schiff ausgesehen hat, aber wer die 102 Passagiere und damit die »Gründungsväter, -mütter und -kinder« der USA waren, ist genau dokumentiert.**

1 Schiffstyp: Schiffe vom Typ der Galeone »Mayflower« waren im 16. und 17. Jh. gebräuchlich. Charakteristisch für diese Schiffe waren schlanker Rumpf, »Galion« (vorderer Aufbau) und Achterkastell (hinterer Aufbau). Ungefähre Daten der »Mayflower«: Länge: 28 m; Breite: 9 m; Tiefgang: ca. 4 m; Wasserverdrängung: 180 t.

2 Schaluppe: Damit wurden nach dem 11. November 1620 die Küsten um Cape Cod erkundet.

3 Oberdeck: Bei gutem Wetter kampierten und kochten die Passagiere hier oben.

4 Zwischendeck: Wo Erwachsene nicht aufrecht stehen konnten, drangvolle Enge und »dicke Luft« herrschte, verbrachten die Passagiere die meiste Zeit.

5 Laderaum: Hier waren die Habseligkeiten, Werkzeuge und der Proviant für ein Jahr für alle Passagiere verstaut.

1
2
3
4
5
©BAEDEKER

Architektengemeinschaft McKim, Mead and White.

Etwas außerhalb vermitteln Plimoth Patuxet Museums einen faszinierenden Eindruck von den Kindertagen der Kolonie. Es handelt sich um einen Nachbau der ursprünglichen Siedlung. Schauspieler in den Rollen damaliger Dorfbewohner backen Brot, pflanzen Mais, reparieren Zäune, hacken Holz oder scheren Schafe. Selbst »Governeur« William Bradford wohnt hier, und in einem Dorf jenseits der Palisaden leben die Wampanoag.

Zu dem Freilichtmuseum gehört die »Mayflower II«, ein maßstabsgetreuer Nachbau jenes Schiffes, das die Pilgerväter über den Atlantik brachte. Am State Pier ankernd, einen Block vom Plymouth Rock entfernt, wirkt sie sehr winzig – nicht einmal 30 m lang, also nur 30 cm in der Länge für jeden Passagier. Auch hier gibt es Führer in historischen Kostümen. Am 20. April 1957 segelte das Schiff von England los, um die Überfahrt der Pilger nachzustellen. Sie brauchte 66 Tage, also nur zwei Wochen weniger als das historische Vorbild.

217 E4

**Plimoth Patuxet Museums**
E Route 3 508 7 46 16 22
www.plimoth.org
April–Nov. tägl. 9–17 Uhr 33,95 $

**Mayflower II**
Plimoth Patuxet Museums, MA
508 7 46 16 22
www.plimoth.org
April–Nov. tägl. 9–17 Uhr
»Mayflower II«: 17,95 $; Kombiticket Schiff & Plimoth Patuxet Museums: 42,95 $

Die »Mayflower II« ist ein Nachbau des Schiffs, mit dem einst die Pilgerväter den Atlantik überquerten.

# Wohin zum ... Übernachten?

Preise für ein Doppelzimmer pro Nacht (ohne Steuern):

| | |
|---|---|
| $ | unter 170 $ |
| $$ | 170–300 $ |
| $$$ | über 300 $ |

**Boston Omni Parker House $$–$$$**

Eines der ältesten Hotels des Landes, zentral gelegen in Downtown, seit 150 Jahren Ort der Reichen und Berühmten, ob Präsident, Schriftsteller oder Filmstar. Lobby und 550 Zimmer wurden renoviert, die historische Substanz mit moderner Funktionalität verbunden. Snacks wie Parker House Rolls oder Boston Cream Pie gibt es noch immer in »Parker's Restaurant«.

220 B2 60 School Street
800 8 43 66 64
www.omnihotels.com
Park Street, Government Center

**The Boxer $$$**

Das mittelgroße Boutiquehotel auf einem extravaganten dreieckigen Grundstück steht für zeitgemäßes Styling. Bequeme, minimalistisch eingerichtete Räume gehen auf alle Gästewünsche ein. Gute Anbindung an öffentliche Verkehrsmittel, zu Fuß erreicht man North End, Faneuil Hall oder das Government Center. Die hoteleigene »Flat Iron Tapas Bar« offeriert eine internationale Auswahl kreativer Tapas.

220 B3 107 Merrimac Street
617 6 24 02 02 www.theboxerboston.com
Haymarket

**Charlesmark Hotel $$–$$$**

Klein und intim von klassisch-modernem »europäischen« Zuschnitt, am Copley Square, günstig gelegen zu den Läden und Restaurants an Newbury Street und Copley Place Mall. Das ehemalige Privathaus aus dem 19. Jh. bietet 40 behagliche Zimmer mit allem Komfort, zeitgemäß hell möbliert. Eingeschlossen im Zimmerpreis sind ein »Continental Breakfast«, WLAN und Satelliten-TV.

219 E2 655 Copley Square 617 2 47 12 12
www.charlesmarkhotel.com
Copley, Back Bay

**Commonwealth Hotel $$–$$$**

Das elegante Haus ist der Blickpunkt am belebten Kenmore Square. Es liegt in der Nähe der Back Bay und von vielen Sehenswürdigkeiten und grenzt ans Stadion Fenway Park. (Eines der 148 luxuriösen Zimmer ist dem Baseball gewidmet.) Aufmerksamer Service.

Die Brasserie »Eastern Standard« (S. 67) ist von frühmorgens bis Mitternacht ein beliebter Treff.

218 C2 500 Commonwealth Avenue
617 9 33 50 00 www.hotelcommon wealth.com Kenmore

**Fairmont Copley Plaza $$–$$$**

Hier steigen seit Jahrzehnten Präsidenten, High Society und Hochzeitspaare ab – zum Wahrzeichen macht es aber die anspruchsvolle Architektur des frühen 19. Jh.s. Besonders prunkvoll ist die goldene Lobby mit riesigen Kristalllüstern. Die Lage direkt am Copley Square ist günstig zum Sightseeing! Das Restaurant »Oak Room« serviert angeblich die besten Steaks der Stadt, die gleichnamige Bar ausgezeichnete Martinis.

219 E2 138 St. James Avenue
617 2 67 53 00 www.fairmont.com/copley-plaza-boston Copley, Back Bay

**Hilton Boston Downtown/ Faneuil Hall $$–$$$**

1928 wurde er als erster Wolkenkratzer im Stil des Art déco errichtet, heute weiß das Haus geschickt Atmosphäre mit zeitgemäßer Technik zu verbinden. Es liegt zentral im Business District und ist nur zehn Minuten vom Flughafen entfernt. In der Nähe befinden sich Waterfront, Faneuil Hall Marketplace, Freedom Trail und die Veranstaltungsarena TD Garden (S. 71).

220 C2 89 Broad Street 617 5 56 00 06
www.3hilton.com
State, Aquarium

**Intercontinental Boston $$–$$$**

Ausblicke auf Himmel und Hafen in edelstem Ambiente eröffnen die 22-stöckigen Zwil-

lingstürme im schnittigen Gebäude (2007) an der Waterfront. Großzügige Räume mit moderner Ausstattung und Wellness-Bädern. Breites gastronomisches Angebot: französisch die »Miel Brasserie Provencale«, japanisch das »Sushi-Teq« mit angegliederter Tequilabar. Im großzügigen Spa & Health Club (613 m²) gibt es Fitnessgeräte, Cardiotraining, ein beheiztes Schwimmbecken und Wellness-Angebote.
220 C1 510 Atlantic Avenue
866 3 44 87 69 www.intercontinental boston.com South Station

### Aka Back Bay Hotel $$$
In der ehemaligen Polizeizentrale im Herzen der Back Bay logiert heute ein Hotel. 222 Zimmer mit hochklassigen Betten und Duschen, CD-Player und Internet-Zugang. Eigenes Restaurant und zwanglose Bar. Ideal für Geschäftsreisende; durch eigenen Parkservice für Behinderte gut zugänglich.
219 F2 154 Berkeley Street
1 888 762 7034 https://www.stayaka.com Arlington Street

### Residence Inn Boston Harbor on Tudor Wharf $$–$$$
Das achtstöckige moderne Haus mit 68 Zimmern liegt im historischen Charlestown am Ufer. Zu Fuß erreicht man die USS »Constitution«, Bunker Hill, die Veranstaltungsarena TD Garden, das New England Aquarium und das Italoviertel North End. Extras: 12 Zimmer für Allergiker, beheizter Innenpool, Fitnessraum, Highspeed-Internet, Münzwaschsalon. Freitagabends werden kostenlos auf einer Großleinwand am Pier Filme gezeigt. Warmes Frühstücksbuffet.
220 B4 34–44 Charles River Avenue
617 2 42 90 00 www.marriott.com
North Station

## CAMBRIDGE

### Charles Hotel in Harvard Square $$$
Moderner Luxus, fünf Minuten zu Fuß von der Harvard University, schlichtes Mobiliar im eleganten Shaker-Stil – mit individuell gefertigten Quilts. Fitnessclub (für Gäste) sowie »Regattabar« mit Jazzclub. Gerühmt für die gute regionale Küche wird »Henrietta's Table« von Peter Davis.
Bei 218 nordwestl. A5 1 Bennett Street
617 8 64 12 00 www.charleshotel.com
Harvard

### Kimpton Marlowe $$–$$$
Modernes, achtstöckiges Boutiquehotel nahe dem Museum of Science und Harvard Square mit unnachahmlichem Blick über den Charles River auf die Bostoner Skyline. Es ist ideal für Familien: geräumige Zimmer mit WLAN und Sony Playstation, die älteren Kindern Spaß macht. Das zeitgemäße »Bambara« serviert kulinarisch anspruchsvolle regionale Küche.
220 westl. A4 25 Edwin H. Land Boulevard 617 8 68 80 00 www.hotelmarlowe.com Harvard Square

# Wohin zum ... Essen und Trinken?

Preise für ein Drei-Gänge-Menü
(ohne Getränke und Service):

| | |
|---|---|
| $ | unter 30 $ |
| $$ | 30–60 $ |
| $$$ | über 60 $ |

### 75 Chestnut $$
Das unprätentiöse Lokal am noblen Beacon Hill, eingeklemmt zwischen Antiquitätenläden, ist dem traditionellen Stil verpflichtet. Der intime Speiseraum mit dunklem Holz gliedert sich in gemütliche, voneinander abgegrenzte Bereiche. Die Speisekarte konzentriert sich auf regionale Produkte: Fischtöpfe, Krebsküchlein, Sandwiches oder Ochsenragout. Leckere Desserts. Reservierung sehr empfohlen!
219 F4 75 Chestnut Street 617 2 27 21 75
www.75chestnut.com Dinner tägl. 17–23, Brunch Sa, So. ab 10.30 Uhr Park Street

### Aquitaine $$$
Französisches Bistro im Herzen von South End, mit viel burgundrotem Leder und warmer Eichenvertäfelung. Auch die Küche geht keine Risiken ein: Filet au poivre und Sole

Meunière führen die Speisenkarte an. Zum Restaurant gehört eine Bar, die den ganzen Tag über geöffnet ist.
219 F1 569 Tremont St. 617 4 24 85 77 https://www.aquitaineboston.com Mo–Fr 11.30–15 Uhr, Dinner So–Do 17 bis 21, Fr, Sa 17–22 Uhr Back Bay

**The Beehive $$**

Typisch für die junge, fröhliche Bostoner Restaurantszene, im Gebäude des Boston Center for the Arts. Das Café mit Galerie (regelmäßig Livemusik) listet auf seiner Karte typisch amerikanische und mediterran inspirierte Gerichte auf: Chicken Tapas, portugiesischen Fischeintopf oder gegrillten Thunfisch mit Couscous. Am Wochenende gibt es einen populären Brunch.
Bei 219 F1 541 Tremont Street 617 4 23 00 69 www.beehiveboston.com Mo–Mi 17–24, Do 17–1, Fr 17–2, Sa 9.30–2, So 9.30–12 Uhr Back Bay

**Cantina Italiana $–$$**

Seit 1931 gibt es die Cantina im Italoviertel North End schon. Die bunte Neonwerbung verheißt einen freundlichen Empfang und die Karte ein leckeres Mahl: z. B. »Terrina di cozze« (Miesmuscheln in pikanter Sauce), »Bombolotti alla buongustaia« (Pasta mit Marinara-Sauce, Wurst, Parmesan und Ziegenkäse) oder Kalbsschnitzel mit Pilzsauce. Hinzu kommt eine gute Auswahl von Weinen aus Europa, Amerika, Australien und Neuseeland.
220 C3 346 Hanover Street 617 7 23 45 77 www.cantinaitaliana.com Mo, Di 16–22, Mi–Sa 12–23, So 12–22 Uhr Haymarket

**Charlie's Sandwich Shoppe $**

Sympathischer Nachbarschaftstreff mit 32 Sitzplätzen und langer Geschichte: Charlie's verwöhnt seit 1927 die Anwohner mit großartigen Omelettes, Waffeln und Sandwiches. Sammy Davis jr. war hier – genauso wie viele andere afro-amerikanische Musiker, die während der Segregation in Boston nur hier bewirtet wurden.
219 E1 429 Columbus Avenue, Back Bay 617 5 36 76 69 Mo, Di, Do–So 7–14 bzw. 15 Uhr, Fr. und Sa. auch abends bzw. nachts bis 5 Uhr morgens https://charliessandwichshoppe.com Back Bay

**Eastern Standard Kitchen and Drinks $$–$$$**

Das Lokal im Commonwealth Hotel schloss Anfang 2021 seine Pforten, nun wird es im Laufe des Jahres 2023 an dem unten genannten Standort wieder eröffnet. Die Karte orientiert sich am Bisherigen: von Deftig-Europäischem bis zu Meeresfrüchten und klassischer Neuenglandküche – Kalbsschnitzel, Hummer-Crêpes, Burger. In der Bar werden bezahlbare Weine, Cocktailklassiker und diverse Biersorten serviert.
220 B2 775 Beacon Street 617 5 32 91 00 https://www.easternstandardboston.com tägl. 7–2 Uhr Red Line bis Park Street

**Legal Sea Foods Restaurant $$**

Eins von 35 Lokalen einer Bostoner Restaurantkette, deren Devise absoluter Frische (»If it isn't fresh, it isn't legal«) seit über 40 Jahren funktioniert. Schlichtes Cantina-Ambiente mit hellen Holztischen prägt die ungezwungene Atmosphäre. Neuenglandklassiker (wie der Meeresfrüchteeintopf Clam Chowder, Crab Cake oder Boston Cream Pie) kommen auf den Tisch, andere Gerichte haben asiatische und kreolische Einschläge.
219 E2 100 Huntington Avenue 617 2 66 77 75 www.legalseafoods.com So–Do 11.30–21, Fr, Sa 11.30–22 Uhr Copley

Die Restaurantkette Legal Sea Foods ist dafür bekannt, dass ihre Produkte äußerst frisch sind.

**Mamma Maria $$$**
Definitiv eine Institution über die Grenzen von Little Italy im North End hinaus: Das Mamma Maria verwöhnt seine Gäste nicht nur mit kreativer italienischer Küche, sondern auch mit gleichbleibend hohem Niveau und hervorragendem Service.
220 C3 3 North Square, North End
617 5 23 00 77 https://www.mammamaria.com Mo–Do 17–21.15, Fr–So 16.30–21.30 Uhr State St. Station

**No 9 Park $$$**
Barbara Lynch, die sich am lokalen Gourmet-Himmel etabliert hat, lässt sich für ihre anspruchsvolle Küche von Italien und Frankreich inspirieren. Mit subtilem Geschmack gibt sie Traditionsgerichten überraschende Kicks: etwa Huhn mit »Pilzmarmelade« oder Confit vom Schweinebauch mit Curry-Kürbis. Tolle Desserts und die Weinauswahl der Sommelière Cat Silirie runden das Angebot ab. Günstiger und unter gleicher Leitung: B&G Oysters Ltd und The Butcher Shop (550 und 552 Tremont Street) im South End.
220 B2 9 Park Street 617 7 42 99 91 www.no9park.com Mi, Do, So 17–21, Fr, Sa 17–22 Uhr Park Street

**The Paramount $$**
Entspannter Nachbarschaftstreff am Rand des feinen Beacon Hill mit bemerkenswerter Bandbreite: Morgens gibt es Omelette und French Toast, abends kommen saftige Steaks, Pasta und hausgemachtes Risotto auf den Tisch. Interessant: der »Veggie Burger« nicht nur für Vegetarier!
220 A2 44 Charles Street 617 7 20 11 52 www.paramountboston.com Tägl. 8–16 und Dinner 16.30–21 Uhr Charles/MGH

**Parish Cafe & Bar $–$$**
Exklusive Sandwiches, kreiert von führenden Bostoner Küchenchefs, sind die Attraktion dieses Lokals. Toll sind The Schlesinger mit Räucherschinken, Käse und Mango-Chutney oder Flour BLT (Joanne Chang, »Flour Bakery + Café«): Bacon, Salat und Tomatenconfit auf Toast mit Basilikum-Mayonnaise. Dazu gibt's Suppen, Salate und eine Auswahl Vorspeisen, Cocktails, Wein und Bier.
219 F3 361 Boylston Street
617 2 47 47 77 www.parishcafe.com
Mo–Sa 11.30–14, So 12–14 Uhr Arlington

**Summer Shack $–$$**
Unprätentiöse Kantinenatmosphäre und beliebter Treffpunkt von Familien und Red-Sox-Fans: Die Seafood-Teller sind riesig, die langjährigen Kellner manchmal etwas unwirsch. Kurz: ein typischer Bostoner Geheimtipp mit hohem Erinnerungswert.
219 D2 50 Dalton St., Back Bay
617 8 67 99 55 Mo–Fr 16–22, Sa 11.30–14 und 17–22, So 11.30–22 Uhr Hynes Auditorium

**The Beacon und Stratus $$**
Im 51. Stock des Prudential Tower speist man in The Beacon in nettem Ambiente vor einmaliger Kulisse oder man nimmt in der Bar Stratus nur einen frisch gemixten Cocktail zu sich. Bar und Restaurant eröffnen erst im Laufe des Jahres 2023.
219 E2 800 Boylston Street
617 5 36 17 75 https://viewboston.com
tägl. 11–21 Uhr Prudential

**UNI $$–$$$**
Die eigenwilligen Kreationen von Ken Oringer, dem UNI-Besitzer und Küchenchef, verschlagen selbst verwöhnten New Yorkern die Sprache: Inspiriert von den japanischen Kneipen, den sog. Izakayas, präsentiert er in zeitgenössischem japanischen Ambiente kreative »nigiri«, »sashimi« und »maki rolls«. Dazu gibt es nicht nur Sake, sondern auch zahlreiche japanische Biersorten.
219 D2 370A Commonwealth Avenue
617 5 36 72 00 http://uni-boston.com/
So–Do 17.30–21, Fr–Sa 17.30–22 Uhr
Hynes/ICA

**BARS**

**Bleacher Bar $**
Diese Bar unter der Tribüne des Fenway Park ist zum Spielfeld hin offen und randvoll mit Red-Sox-Memorabilien – ein Muss für jeden Baseballfan! Dazu passt das typisch amerikanische Speisenangebot: diverse Biersorten und Burger, Pastrami oder

Brownie-Eisbecher. Freitag und Samstag gibt es Livemusik.
⊕218 C2 ✉82A Lansdowne Street ☎617 2 62 24 24 ⊕www.bleacherbarboston.com ⓘMo–Do 11.30–24, Fr, Sa 11.30–2, So 11.30–22 Uhr Ⓜ Fenway, Kenmore

**City-Bar $**
Gedämpftes Licht und riesige Ledersessel und -sofas bestimmen die Atmosphäre des coolen Treffs im Lenox Hotel. Neben Martinis oder Single Malt Whiskys sind es ausgefallene Cocktails (besonders auf Champagnerbasis), die ein vorwiegend jüngeres Publikum ansprechen: American Spirit (Old Overholt Rye-Whisky mit Apfel-Cidre) oder Emerald (pürierte Kiwi mit Champagner).
⊕219 E2 ✉61 Exeter Street ☎617 5 36 53 00 ⊕www.citybarboston.com ⓘtägl. 16–2 Uhr Ⓜ Copley

**Last Hurrah $**
In der bekannten Bar im Gebäude des Omni Parker House (S. 65) nahmen früher Politiker aus dem nahen State House gerne einen Absacker. Inzwischen avancierte sie zur bevorzugten Whisky-Bar des einflussreichen Finanznachwuchses. Man trifft sich hier in edlem Ambiente, Mahagoni und Ledermöbel dominieren. Der Renner ist neben Cocktails noch immer das 1855 im Hotel kreierte Dessert Boston Cream Pie. Ansonsten gibt es kleine Speisen wie Ceasar Salad oder Beef Stew.
⊕220 B2 ✉60 School Street ☎617 3 05 18 88 ⊕www.omnihotels.com ⓘtägl. 16–24, Speisen bis 22 Uhr Ⓜ Government Center, State Street

**Sevens Ale House $**
Das Traditionslokal mit Nischen und Dartscheibe ist seit nunmehr 90 Jahren eine feste Größe in der Stadt. Stammgäste kommen wegen der freundlichen Atmosphäre, wegen der guten und vergleichsweise günstigen Biere. Um die Ecke liegt das Cheers Pub (www.cheersboston.com), in dem die NBC-Kultserie »Cheers« (1982–1993) spielte.
⊕220 A2 ✉77 Charles Street ☎617 5 23 90 74 ⓘMo–Sa 11.30–1, So 12–1 Uhr Ⓜ Charles/MGH

## CAMBRIDGE

**Alden & Harlow $$–$$**
Hier kommt neue amerikanische Küche auf den Tisch: Kreativ gekocht wird nur mit saisonalen Zutaten aus der Region. Unser Tipp: die Merguez-Tortellini mit Nüssen und Pecorinokäse!
⊕Bei 218 nordwestl. A5 ✉40 Brattle St. ☎617 8 64 21 00 ⊕https://www.aldenharlow.com ⓘtägl. 17–23 Uhr Ⓜ Harvard

**The Druid $**
Winzig, urgemütlich, zwölf Biere vom Fass und tolle Livemusik: The Druid im Herzen von Inman Square ist seit vielen Jahren der irische Pub in Cambridge. Hier gibt es die besten Fish 'n' Chips diesseits des George River. Der Welt, sagen die Studenten ...
⊕218 nördl. B5 ✉1357 Cambridge St. ☎617 4 97 09 65 ⊕www.druidpub.com ⓘMo–Fr 12–2, Sa, So 11–2 Uhr (Küche bis 22 Uhr) Ⓜ Central Square

**Harvest $$$**
Seit bald 50 Jahren ist das Lokal das Aushängeschild für saisonale Neuengland-Spitzenküche. Seine Speisekarte bietet wunderbare Gerichte wie glasierte Schweinelende mit Shiitakepilzen, Fenchel und Süßkartoffeln. Lassen Sie aber unbedingt Platz für eins der köstlichen Desserts, z. B. Zitronen-Buttermilch-Tarte mit Heidelbeerkompott.
⊕Bei 218 nordwestl. A5 ✉44 Brattle Street ☎617 8 68 22 55 ⊕www.harvestcambridge.com ⓘMo–Fr 11.30–15 und 17–22, Sa 17–22, So 17–21 Uhr Ⓜ Harvard Square

**Cambridge Brewing Company $**
Natürlich liegt auch im Gravitationszentrum der berühmten Universitätsstadt das Hauptgewicht auf - Bier! Die nüchtern eingerichtete Trinkhalle bietet vom hausgemachten House Lager bis zum belgischen "Triple Threat" eine ganze Reihe hervorragender, im Sommer besonders süffiger Biere. Plus Burger, Sandwiches & Co. natürlich ...
⊕218 nordwestl. A5 ✉ 1 Kendall Square ☎617 494 1994 ⊕ https://www.cambridgebrewingcompany.com ⓘTägl. 11.30–21 oder 22 Uhr Ⓜ Harvard Square

## Wohin zum ... Einkaufen?

**DOWNTOWN**

Durch die Veränderungen in Downtown ist Macy's (450 Washington Street; ☎ 617 3 57 30 00; www.macys.com) heute das letzte Kaufhaus. In den drei Gebäuden des Faneuil Hall Marketplace (www.faneuilhallmarketplace.com) reicht das Angebot von T-Shirts und Souvenirs bis zu Anspruchsvollerem. Die Boston Pewter Company (South Market Building; ☎ 617 5 23 17 76; www.bostonpewtercompany.com) bietet Zinn, Schnitzereien, Tischgeschirr, Rahmen und Leuchter. Im Shop von Destination Boston (Quincy Market North, www.thecolorstores.com) gibt es ungezählte Souvenir- und Geschenkideen zum Thema Boston. Im Shop des Museum of Fine Arts (South Market Building; ☎ 617 7 20 12 66; www.mfashop.com) findet man ein breites Geschenkangebot.

**BACK BAY**

Im Shoppingcenter Copley Place (100 Huntington Avenue, zw. Dartmouth und Exeter Street) mit seinen rund 100 Läden finden sich bekannte Namen, etwa Tiffany & Co. (☎ 617 3 53 02 22; www.tiffany.com), Neiman Marcus (☎ 617 5 36 36 60; www.neimanmarcus.com), Louis Vuitton (☎ 617 4 37 65 19; www.louisvuitton.com) oder Gucci (☎ 617 2 47 30 00).

Im Prudential Center (88 Boylston Street; www.prudentialcenter.com) gibt es neben den beiden Kaufhäusern Saks Fifth Avenue (☎ 617 2 62 85 00; www.saksfifthavenue.com) und Lord & Taylor (☎ 617 2 62 60 00; www.lordandtaylor.com) viele Spezialgeschäfte bekannter Marken.

**NEWBURY STREET**

Die Newbury Street mit Läden, Cafés und Galerien verläuft zwischen Boston Common und Massachusetts Avenue. Neben illustren Namen wie Bulgari (Nr. 14) und Giorgio Armani (Nr. 22) findet man hier auch bezahlbare Ware führende Boutiquen wie Serenella (134 Newbury Street; ☎ 617 2 62 55 68; www.serenellausa.com/boston) mit italienischen Cocktailkleidern und Schmuck.

John Fluevog (Nr. 226, ☎ 857 350 333, www.fluevog.com), Rothy's Newbury (Nr. 211, ☎ 857 277 0785, www.rothys.com) und Allen-Edmonds (36 Newbury Street; ☎ 617 2 47 33 63; www.allenedmonds.com) wenden sich mit hochwertiger Kleidung und Schuhen an männliche Kunden, Alice and Olivia (166 Newbury Street; ☎ 617 2 97 90 59) mit Kleidung, Schuhen und Accessoires dagegen eher an die Damenwelt.

Unter den Galerien finden sich die Vose Galleries (238 Newbury Street; ☎ 617 5 36 61 76; www.vosegalleries.com), die seit 1841 auf amerikanische Impressionisten und die Hudson River School spezialisiert sind, und die DTR Modern Galleries (167 Newbury Street; ☎ 617 4 24 97 00; www.dtrmodern.com), die als größte Galerie der Ostküste alle großen Kreativen des 20. und 21. Jh.s führt.

**CAMBRIDGE**

Das Angebot bei Harvard Coop (1400 Massachusetts Avenue; ☎ 617 4 99 20 00; www.thecoop.com) reicht von Büchern bis Kleidung. An der Brattle Street reihen sich kleine Läden aneinander.

Die Cambridge Artists Cooperative (59A Church Street; ☎ 617 8 68 44 34; www.cambridgeartistscoop.com) verkauft Arbeiten lokaler Künstler.

## Wohin zum ... Ausgehen?

In Monatsmagazinen wie dem »Boston Magazine« (www.bostonmagazine.com) oder dem alternativen »Dig Boston« (https://digboston.com) erfährt man, was gerade läuft bzw.angesagt ist. Ebenfalls online findet man den Eventkalender des »Boston Globe« unter https://globeevents.splashthat.com.

## BALLETT

Das renommierte Boston Ballet, das im Citizens Bank Opera House (539 Washington Street; ☎ 617 6 95 69 55; https://www.citizensbankoperahouse.com) auftritt, gilt als eine der führenden Compagnien der USA.

## THEATER

Spielstätten sind das Wang (270 Tremont Street; ☎ 800 9 82 27 87; https://www.bochcenter.org), das Huntington (264 Huntington Avenue; ☎ 617 2 66 08 00; www.huntingtontheatre.org) und das Shubert (265 Tremont Street; ☎ 866 3 48 97 38; https://www.boston-theater.com).

In Cambridge zeigt das American Repertory Theatre (Loeb Drama Center, 64 Brattle Street; ☎ 617 5 47 83 00; www.americanrepertorytheater.org) populäre Shows. Karten gibt es telefonisch oder über Ticketmaster (☎ 617 9 31 20 00; www.ticketmaster.com). Zum halben Preis erhält man sie am selben Tag bei BosTix (Copley Square oder Faneuil Hall Marketplace; beide Di–Sa 10–18, So 11–16 Uhr) gegen Barzahlung (http://calendar.artsboston.org/categories/bostix-deals/).

## MUSIK

Das Boston Symphony Orchestra spielt in der Symphony Hall (301 Massachusetts Avenue; ☎ 617 2 66 12 00; www.bso.org). Potenzielle Stars von morgen zeigen das New England Conservatory (Jordan Hall, 290 Huntington Avenue; ☎ 617 5 85 11 00; www.necmusic.edu), das Berklee College of Music (Berklee Performance Center, 136 Massachusetts Avenue; ☎ 617 7 47 22 61; www.berklee.edu/BPC) und die Longy School of Music (27 Garden St, Cambridge; ☎ 617 8 76 09 56; www.longy.edu). Konzerte bietet zuweilen auch das Isabella Stewart Gardner Museum (S. 56).

Rock und Pop gibt's im TD Garden (☎ 617 6 24 10 00; www.tdgarden.com), Live-Folk im legendären Club Passim (47 Palmer Street; ☎ 617 4 92 76 79; www.club passim.org). Nach drei Jahren Corona-Pause

Der Basketballspieler Jaylen Brown (Nr. 7) bei einem NBA-Spiel der Boston Celtics.

finden ab Sommer 2023 wieder Jazzvorstellungen in der Regattabar im Charles Hotel (1 Bennett Street, Cambridge; ☎ 617 3 95 77 57; http://www.regattabarjazz.com) statt.

## SPORT

In der Oberliga spielen folgende Mannschaften: Red Sox (Baseball), Celtics (Basketball) und Bruins (Eishockey). Informationen zu Celtics und Bruins über TD Garden (www.tdgarden.com). Heimatstadion des Football-Teams der New England Patriots (»Pats«) ist in Foxboro, MA (☎ 1 800 5 43 17 76; www.patriots.com).

## GEFÜHRTE RUNDGÄNGE

Themenrundgänge: Boston by Foot (77 North Washington Street; ☎ 617 3 67 23 45; www.bostonbyfoot.org). Führungen durch das Italoviertel North End: North End Market Tours (☎ 617 461 57 72, www.bostonfoodietours.com).

Der pittoreske innere Hafen von Hyannis ist auch Startpunkt für Fähren zu den Inseln Nantucket und Martha's Vineyard.

# Cape Cod und die Inseln

**Das ist Cape Cod: Fischerdörfer, Whale Watching, aber auch das liberalste Städtchen nördlich von Key West!**

Seite 72–95

# Erste Orientierung

Cape Cod gehört zu den beliebtesten US-Urlaubszielen am Meer. Man kann an endlos langen Sandstränden relaxen, schwimmen und spazieren gehen, Fahrrad fahren, segeln oder Wale beobachten. Ebenso schön ist ein Streifzug durch geschichtsträchtige Orte, auf dem man nach Antiquitäten, Gemälden oder Kunsthandwerk stöbern kann. Die Route 6 durchschneidet das »Cape« exakt in der Mitte; viel schöner ist jedoch der Old King's Highway (S. 194), den malerische Küstendörfer säumen.

Die meisten amerikanischen Urlauber kommen Jahr für Jahr, mieten jeden Sommer dasselbe Cottage und besuchen denselben Strand und dieselben Restaurants. Deshalb wird man sich schwer einig, welcher Strand am schönsten, welches Restaurant am besten, welcher Ort am attraktivsten ist. Nur eines ist sicher: Es macht viel Spaß, die eigenen Favoriten zu entdecken.

Um die schier grenzenlose Fülle auf eine repräsentative Auswahl zu beschränken, konzentrieren wir uns auf vier Regionen, die sich für den Urlaub besonders gut eignen: Chatham hat sich den Charme eines kleinen neu-englischen Fischerdorfs bewahrt, da es abseits am östlichen »Ellenbogen« des Cape liegt. Das hippe Provincetown am äußersten nördlichen Ende besitzt wunderbare Strände, ausgezeichnete Galerien und ein heißes Nachtleben.

Und schließlich sind da noch die vorgelagerten Inseln Martha's Vineyard und Nantucket. Größer und geschäftiger, gilt Martha's Vineyard auch als lockerer, während es auf dem winzigen Nantucket eher beschaulich zugeht. Planen Sie die Reise früh, denn in der Saison wird es überall voll! Und falls Sie am Wunschort nicht zum Zuge kommen: In den größeren Orten Hyannis und South Yarmouth gibt es viele Motels, die zwar weniger charmant, dafür oft erheblich günstiger sind.

TOP 10

❹ ★★ Nantucket

❻ ★★ Provincetown

Nicht verpassen!

㉕ Cape Cod National Seashore

Nach Lust und Laune!

26 Whale Watching

27 Cape Cod Rail Trail

28 Chatham

29 Monomoy National Wildlife Refuge

30 John F Kennedy Hyannis Museum

31 Heritage Museums & Gardens

32 Martha's Vineyard

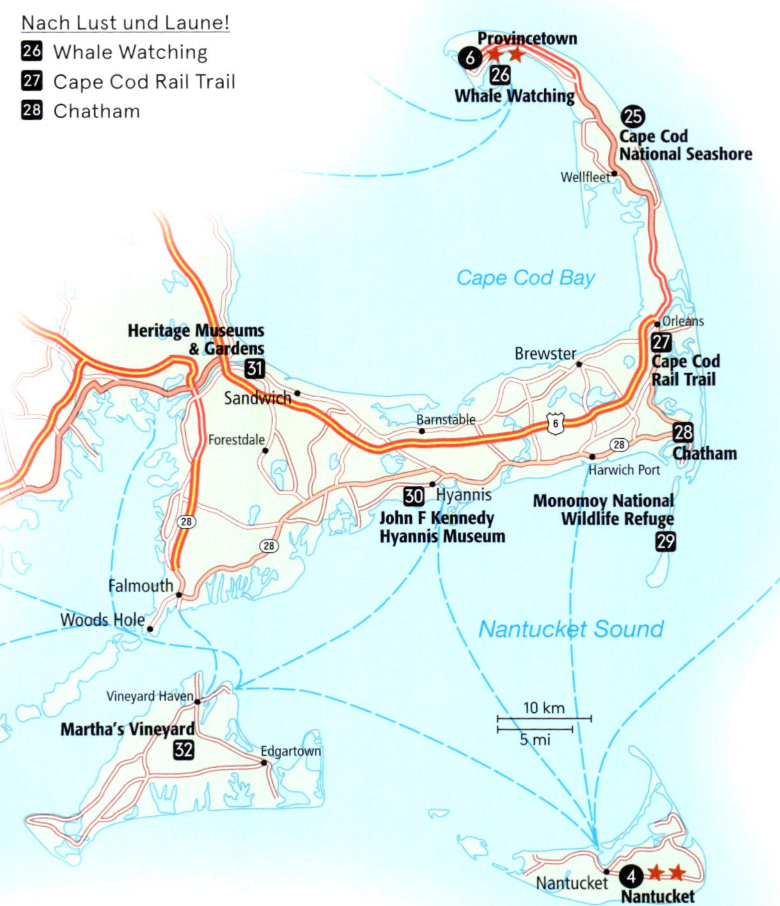

# Mein Tag am schönsten Ende der Straße

Orte am Ende einer Straße haben etwas Magisches. Und Provincetown hat noch mehr: Außenseiter, Einwanderer, Andersdenkende. Viel Spaß also! In den Dünen, am Strand und in »P-Town« selbst, mit Künstlern und Lebenskünstlern jeder erdenklichen Couleur.

### 7 Uhr: Morgenlicht und Salz auf der Haut

Wie der Hafen von P-Town aussieht, wissen Sie womöglich schon von den Postkarten. An die Wirklichkeit kommen die Karten jedoch nicht heran. Beginnen Sie am MacMillan Pier. Gehen Sie auf das Pier hinauf und genießen Sie den Blick. Nun geht's wieder zurück und am Ende des Piers nach rechts an den Strand. Zwischen alten Stelzenhäusern und ankernden Fischerbooten spazieren Sie nun durch ein Stilleben aus Gezeitentümpeln, Tang und Muschelbänken.

### 8 Uhr: Frühstück, portugiesisch

Die Portuguese Bakery erinnert nicht nur an das lusitanische Erbe – einst ließen sich Fischerfamilien von den Azoren hier nieder – sondern ist auch eine Institution: Die »malasadas« und »pasteis de nata« sind himmlisch. Suchen Sie sich einen Fensterplatz und genießen Sie das Treiben auf der erwachenden Commercial Street.

### 9.30 Uhr: Alles durchlüften

Leihen Sie sich einen Drahtesel bei Arnold's Bikes (S. 95) für den Tag und dann auf zum Pro-

Ciro & Sal's
20 Uhr
Ende
20 Uhr: Dinner Time!
6A
Bradford Street
Commercial Street
Pilgrim Monument
Arnold's Bikes
Start
Shop Therapy
Portuguese Bakery
8 Uhr
MacMillan Pier
Marine Specialities
The Canteen
Global Gifts
Bradford Street
6A
300 m
300 yd
Commercial Street
Loveland - The Bohemian Market
Relish Bakery & Sandwich Shop
8 Uhr: Frühstück, portugiesisch
16.30 Uhr: An den Sonnenuntergang denken
9.30 Uhr: Alles durchlüften
9.30 Uhr
Province Lands Bike Trail
16.30 Uhr
1 km
0,5 mi
Province Lands Bike Trail
Race Point Lighthouse
6
6A
Provincetown
Herring Cove Beach
6
6A

Schrill, bunt, kreativ – Shoppen in der Commercial Street mitten in Provincetown ist ein einzigartiges Erlebnis.

vince Lands Bike Trail! Der 8 km lange, mit weiteren Trails verbundene Radweg kurvt durch lichte Kiefernwäldchen und wellige Dünen zu schönen Blicken hinaus aufs Meer. Nett zu wissen: Wo Sie entschleunigen, haben schon Tennessee Williams, Jackson Pollock und andere große Kreative tief durchgeatmet.

### 11.30 Uhr: P-Town aus der Möwenperspektive

Dass das Pilgrim Monument an den ersten Landgang der Pilgerväter erinnert, ist klar. Aber warum man sich ausgerechnet einen italienischen Campanile dafür ausgesucht hat, wurde schon bei der Grundsteinlegung 1907 heftig diskutiert. Sei es wie es sei, der Rundumblick bis hinüber nach Boston wiegt die 112 Stufen und mehrere Dutzend Rampen locker auf!

### 13 Uhr: Lunch im Canteen an der Commercial Street

Lassen Sie sich nicht von der Schlange draußen entmutigen, Sie bekommen immer relativ schnell einen Platz in The Canteen. Der Service ist effektiv, und die Lobster und Oyster Rolls sind Spitze! Die Kundschaft ist P-Town pur: Normalos aus Boston, LGTB-Aktivisten aus Ohio und wettergegerbte Fischer aus, nun ja, P-Town!

### 14 Uhr: Bummeln heißt shoppen

Zunächst: Schnappen Sie sich bei Relish etwas leckeres Gebäck für später. Und dann auf zum Shoppen: Die Commercial Street ist ein einziger Basar. Vergessen Sie die üblichen Accessoires-Läden. Steuern Sie lieber Läden mit kreativen Namen an wie Geoff Semonian Wood Carving (1 Macmillan Wharf, tolle

Die Küstenlandschaft und eine Vielzahl von Fahrradstrecken machen das Radfahren auf Cape Cod zu einem Erlebnis.

The Canteen: In dieser »Kantine« ist dank tollem Ambiente und ebensolcher Stimmung immer etwas los – und das Publikum ist so vielfältig wie das Essen, das hier serviert wird …

handgeschnitzte Tiere u.a.), Marine Specialities (Nr. 235, einfach alles), Global Gifts (Nr. 212, Buddhas, Gebetsfähnchen, etc.) und Shop Therapy (Nr. 288, Hanf, ätherische Öle). In dem liebenswerten Ramsch zu stöbern, macht einfach Spaß!

### 16.30 Uhr: An den Sonnenuntergang denken

Nun schwingen Sie sich ein letztes Mal in den Sattel und radeln Sie zum Herring Cove Beach. Machen Sie einen Strandspaziergang zum Race Point Lighthouse – und lassen Sie sich unterwegs ruhig aufhalten: von den wechselnden Farben am Himmel, dem sanften Rollen des Meeres, und natürlich von Ihrem bei Relish gekauften Snack, den Sie irgendwo im Sand verzehren.

### 20 Uhr: Dinner Time!

Inzwischen haben Sie ein Permalächeln im Gesicht, ordentlich P-Town-Feeling getankt und das Rad wieder abgegeben. Der Alltag daheim ist Lichtjahre weit weg. Zeit fürs Abendessen, und zwar bei Ciro & Sal's (S. 93). Unser Tipp: die Tische am Kamin!

**Portuguese Bakery**
217 F4 ✉ 299 Commercial Street
☎ 508 4 87 18 03 http://provincetownportuguesebakery.four-food.com tägl. 8–17 Uhr

**The Canteen**
217 F4 ✉ 225 Commercial Street
☎ 508 4 87 38 00 www.thecanteenptown.com
tägl. 8–22 Uhr

**Relish Bakery & Sandwich Shop**
217 F4 ✉ 93 Commercial Street
☎ 508 4 87 80 77 ptownrelish.com
tägl. 8–15 Uhr

# ❹ ★★ Nantucket

| | |
|---|---|
| Was? | Ein Städtchen als Augenschmaus und das Meer immer und überall in Sicht |
| Warum? | Der Ausdruck »Reif für die Insel« muss mit Nantucket im Sinn geprägt worden sein |
| Wann? | Im Sommer zum Schwimmen, im Herbst für lange Spaziergänge und die Cranberry-Ernte |
| Wie lange? | Am besten für immer, aber zwei Tage reichen fürs Erste |
| Resümee | Hier will man unbedingt wieder her |

Das Brant Point Lighthouse am Great Point

Nantucket ist berühmt wegen vieler Dinge, die es »nicht« hat: So gibt es auf der Insel keine einzige Verkehrsampel. Dies sorgt zuweilen für Staus, wenn etwa die Fähre wieder einmal sage und schreibe 30 Autos auf einmal ausspuckt. Ansonsten ist das Fehlen der Verkehrslichter jedoch eher bezeichnend für die gemächliche Gangart auf dem Inselchen.

Kaum ein Ort ist der Zivilisation so nah und zugleich so fern. Trotz Highspeed-Fährverbindung sieht man hier kaum Tagestouristen – wer kommt, bleibt meist etwas länger. Hat man dies vor, sollte man allerdings reservieren, denn im Sommer werden freie Hotelzimmer knapp und selbst einfachste Unterkünfte sind dann sehr teuer.

Viele zahlen aber gern astronomische Preise (auch in Läden und Restaurants) für die Ruhe, die die Insel bietet. Sie ist einer der wenigen Orte Neuenglands, wo man selbst in den Sommerferien am Wochenende ein einsames Plätzchen am Strand findet. Den 130 Strandkilometern stehen nur ca. 900

Zimmer in Hotels, Pensionen und Privatunterkünften gegenüber. Bedenkt man, dass sich im Zentrum von Nantucket oft Hunderte von Menschen drängen, kann der Rest der Insel menschenleer sein. Einen ruhigen Strandabschnitt findet man leicht – zehn Minuten zu Fuß von jedem Parkplatz.

Der alte Seemann und die Blumen – Idylle pur auf Nantucket

## Inselleben

Nur ein paar Tage auf Nantucket, und man fühlt sich befreit. Die Gässchen von Nantucket Town, um 1800 bis 1830 ein Zentrum des Walfangs, sehen heute kaum anders aus als damals. Nur die Zahl der Geländefahrzeuge in den schmalen Straßen zeigt, dass das 19. Jh. längst vorbei ist. Der Fahrzeugverkehr bewegt sich gemächlich, der Enge halber, aber auch aus Rücksicht auf Fußgänger und Radfahrer. Von der Insel stammt übrigens einer der berühmtesten Seefahrer der amerikanischen Literatur: der Held aus Edgar Allan Poes Roman »The Narrative of Arthur Gordom Pym of Nantucket« (dt. »Der Bericht des Arthur Gordon Pym«, 1838).

Siasconset (sprich: Skonset) und Madaket, niedliche Weiler, bestehen nur aus ein paar Läden samt Bushaltestelle. Gegerbt von der salzigen Seeluft des Atlantiks, weisen ihre holzschindelverkleideten Häuser eine grausilbrige Patina auf.

## Die Strände

Auch die Strände von Nantucket dehnen sich wie ein schöner, warmer Sommertag. Children's, Jetties und Dionis Beach auf der Nordseite (zum Nantucket Sound hin) sind wegen ihres weichen Sands und der sanften Brandung beliebte Familienstrände. Am Jetties Beach gibt es zudem eine Imbissbude, Strandkorbverleih sowie am 4. Juli ein Feuerwerk.

Auf der zum Atlantik gelegenen Südseite, wo die Brandung stärker ist, findet man kaum Familien. Während der

Surfside Beach Teenies und jüngere Erwachsene anzieht, sind Madaket (im Westen) und Siasconset (im Osten) eher ruhigere Optionen. All diese Strände haben Rettungsschwimmer-Stationen – bei Madaket und Siasconset kann die Brandung zwar heftig werden, ist jedoch bei gebotener Vorsicht nicht übermäßig gefährlich.

Dahinter erstrecken sich kilometerlange, als Coskata-Coatue Wildlife Refuge geschützte Küstenstriche beiderseits der schmalen Landzunge Richtung Great Point. Erreichbar sind sie per Fahrrad oder im Rahmen der 2½-stündigen Natural History Tour im Geländewagen über Salzmarschen, wo man Austernfischer, Fischadler, Seehunde und die seltenen Regenpfeifer sieht – das ist nicht billig, doch seinen Preis wert.

### Cranberry-Ernte

Besonders schön ist es im Oktober, wenn auf Nantucket die Cranberry-Felder geflutet werden und sich durch Auftrieb die Moosbeeren, die man mittels spezieller Maschinen vom Busch trennt, zu einem rot schimmernden Teppich verdichten. Eine Besichtigung des Spektakels lässt sich z. B. über die Nantucket Conservation Foundation organisieren. Zwar werden heute nicht mehr wie zu Glanzzeiten 1,3 Mio. kg der antioxidantienreichen Früchte geerntet, doch die Tradition besteht fort.

Black-Eyed Susan's: 10 India Street, Tel. 508 3 25 03 08, www.black-eyedsusans.com, tägl. 7–13, Mo bis Sa 18–22 Uhr
Centre Street Bistro: 16 Fair Street, Tel. 508 9 01 18 58, www.nantucketbistro.com, Di bis Sa 11.30–14, So 8–13, Di–So 17.30–21 Uhr

### KLEINE PAUSE

Im **Black-Eyed Susan's** im Herzen von Nantucket gibt es bis 13 Uhr herzhaftes Frühstück, vor allem Omelettes und French Toast, und abends tolle Fusion Cuisine. Oder versuchen Sie das familiäre **Centre Street Bistro**, wo Sie bei leckerer Entenbrust oder gedünstetem Lachs schnell mit dem Nachbartisch ins Gespräch kommen!

217 F2

**Nantucket Department of Culture & Tourism**
25 Federal St., Nantucket
www.nantucket-ma.gov

**Natural History Tour**
Trustees of Reservations
508 2 28 67 99
www.thetrustees.org

**Nantucket Conservation Foundation**
118 Cliff Road 508 2 28 28 84
www.nantucketconservation.org

# ❻ ★★ Provincetown

| | |
|---|---|
| Was? | Die heißeste LGBT-Destination an der Ostküste |
| Warum? | Orte am Ende einer Straße haben das gewisse Etwas. Dieser ganz besonders |
| Wann? | Im September |
| Wie lange? | Mindestens zwei Tage |
| Resümee | Ein sympathisches Stück liberales Amerika |

Fragt man die Leute nach Provincetown, erhält man meist die Antwort, das sei doch der »Schwulenort« am Ende von Cape Cod. Doch das stimmt nur zum Teil, denn hier ist man nicht nur freundlich zu Homosexuellen. Ob Schwule, Lesben, Heteros, Paare oder Familien – alle lieben die tolerante Stadt. Nicht willkommen sind nur jene, die Probleme mit Toleranz haben. Wer die Devise »Leben und leben lassen« nicht unterschreiben will, sollte wegbleiben. Wem es dagegen egal ist, wer wen küsst, ist herzlich eingeladen.

Der Ort hat verschiedene Gesichter. Da ist einmal der Strand, wo sich im Sommer die meisten Besucher einfinden: Sonnenbaden, Schwimmen, Segeln, Surfen, Radeln auf Fahrradwegen und ruhigen Nebenstraßen oder Kitesurfen mit dem Lenkdrachen.

Im Sommer lockt Provincetown mit einem häufig ruhigen schönen Strand (oben) und netten Straßen zum Flanieren und Radfahren (links).

Daneben präsentiert sich Provincetown aber auch als Stadt der Kunstgalerien, die besonders im Ostteil florieren. Seit Charles Hawthorne 1899 die Cape Cod School of Art gegründet hat, besitzt »P-Town« eine Künstlerkolonie. Doch nicht nur Maler zog die reizvolle Gegend an, auch Eugene O'Neill begann seine Dramatikerkarriere hier, wo weniger strikte Regeln als am Broadway herrschten. Zu den »Ehemaligen« aus Provincetown gehören ferner die Schriftsteller John Dos Passos, Sinclair Lewis und Tennessee Williams sowie der Maler Robert Motherwell. Führende Galerien sind heute die Provincetown Art Association and Museum, die Rice Polak Gallery und die Berta Walker Gallery.

Und es gibt ein Provincetown, wo immer etwas los ist. Besonders an der Commercial Street, auf deren engen Gehsteigen in Sommernächten und an Wochenenden dichtes Gewimmel herrscht. Dass es sich hier nicht um eine einzige, riesige Fußgängerzone handelt, daran erinnert nur hin und wieder ein Radler oder Auto im Schritttempo. Hier spielt sich unbestreitbar alles ab, bis spät in die Nacht, wo die Läden oft bis 23 Uhr um potenzielle Kunden werben (allerdings am nächsten Morgen nicht vor 10, 11 Uhr wieder öffnen). Es ist brechend voll, wenn man vom einen zum anderen Ende flaniert – mit gelegentlichen Abstechern in skurrile Lädchen oder Clubs.

Fanizzi's: 539 Commercial Street, Tel. 508 4 87 19 64, www.fanizzisrestaurant.com, tägl. 11.30 bis 15.30 u. 16.15 bis 21 Uhr, So Brunch

**KLEINE PAUSE**

Direkt am Wasser gelegen, bietet **Fanizzi's Restaurant by the Sea** schöne Blicke auf die Cape Cod Bay. Schwerpunkt der Karte sind Fisch und Meeresfrüchte mit mediterran-amerikanischem Akzent. Tipp: der Sonntagsbrunch.

217 F4

**Provincetown Tourism Office**
260 Commercial St. 508 4 87 32 98
https://ptowntourism.com

**Provincetown Art Association and Museum**
460 Commercial Street
508 4 87 17 50 www.paam.org
Do–So 12–17 Uhr

**Rice Polak Gallery**
430 Commercial Street
508 4 87 10 52
www.ricepolakgallery.com
Fr–Mo 12–17 Uhr

**Berta Walker Gallery**
208 Bradford Street
508 4 87 64 11
www.bertawalkergallery.com
s. Website

## Die Leichtigkeit des Seins

Provincetown – nein, dies ist ganz sicher nicht Kansas. Oder Ohio. Oder Amerikas tiefer Süden. Leben und leben lassen, heißt die Devise in dem alten Walfängerhafen, der immer schon ein Refugium für Außenseiter und Andersdenkende gewesen ist. Es ist einfach schön, das mühelose und selbstverständliche Miteinander auf der Commercial Street zu erleben. Und einfach wunderbar, die natürliche Freundlichkeit in den Gassen, Bars und Restaurants zu spüren und zu erfahren. Hier ist es tatsächlich leichter als an den meisten anderen Orten, einmal eine Zeitlang den Alltag zu vergessen und sich ganz der Leichtigkeit hinzugeben.

# ㉕ Cape Cod National Seashore

| | |
|---|---|
| Was? | Endlose Strände, herrliche Dünen und fotogene Leuchttürme bis zum Abwinken |
| Warum? | Um zu erfahren, wie einst das ganze Cape aussah |
| Wann? | Im Frühjahr ist es bereits warm, aber noch nicht so viel los |
| Wie lange? | Ein Nachmittag |
| Resümee | Ein Besuch sorgt für mit Meeresluft vollgepumpte Lungen |

Das Old Harbor Life-Saving Station Museum liegt einsam am Race Point Beach.

Für viele beginnt das Cape Cod eigentlich erst hinter Orleans, wo man die Kurve kriegt ins Outer (oder Lower) Cape – zum Nationalpark Cape Cod National Seashore. Knapp ein Jahr nach seinem Amtsantritt erklärte Präsident John F. Kennedy den 64 km langen Streifen zum Küstenschutzgebiet.

Radfahren, wandern, angeln, sogar jagen kann man an ausgewählten Stellen im Nationalpark, doch was die meisten Besucher anzieht, sind Kilometer über Kilometer unberührter Sandstrände. Wo man letztlich sein Handtuch ausbreitet, wird in erster Linie von der Unterkunft abhängen. Wer in Chatham, Harwich, Orleans oder Brewster abgestiegen ist, landet wahrscheinlich am Nauset Beach, der sich als dünner Sandfinger an der Küste entlang erstreckt. Toiletten und Umkleidekabinen sind nur in der Saison geöffnet.

### Um Eastham

Wer in Eastham wohnt, hat die Wahl zwischen zwei Nationalparkstränden: Coast Guard und Nauset Light Beach (während der Saison mit Toiletten, Duschen und Umkleidekabinen). Von den beiden ist Nauset Light besser mit dem Auto erreichbar und daher meist belebter (trotz saftiger Parkgebühren!). Wer Dünen liebt, ist hier richtig. 30 m hohe Klippen überragen den Strand, den man über eine lange Holztreppe erreicht. Den Coast Guard Beach, wo man in der Saison weit weg parken muss (Shuttlebus-Service), erreicht man auch über einen hübschen, gut ausgebauten Radweg.

### Um Wellfleet

Wellfleet kennt man wegen seiner Strände unter lokaler Verwaltung, darunter den Marconi Beach. Weiter nördlich betreibt die Gemeinde Truro mehrere Strandabschnitte an der Ostküste. Der im äußersten Norden liegt nahe des vom Nationalparkdienst überwachten Head of the Meadow Beach. Auch wenn man hier mehr als für den Strand der Stadt bezahlt (höhere Parkgebühren!), bietet er Komfort wie Toiletten etc. Im Sommer versehen zudem Rettungsschwimmer ihren Dienst. Aber: Selbst im August ist der Ozean hier recht kalt!

Der Weg zu einem der Traumstrände an der National Seashore

### Um Provincetown

An der Spitze der Halbinsel folgen die Strände von Provincetown. Herring Cove wird meist von Familien und Wohnmobilbesitzern angesteuert, wegen einer Snack Bar (nur im Sommer) und des lang gezogenen Parkplatzes am Strand entlang. Als Juwel der National Seashore gilt der Race Point Beach: hohe Dünen, weicher Sand und tolle Brandung, Toiletten- und Duschanlagen. Im ehemaligen Gebäude der Rettungsschwimmer ist das Old Harbor Life-Saving Station Museum untergebracht.

### KLEINE PAUSE

Hummer oder Muscheln im **Moby Dick's Restaurant.**

Moby Dick's: 3225 Highway 6 (bei der Abzweigung Gull Pond Road), Wellfleet, Tel. 508 3 49 97 95, www.mobys.com, Anfang Mai–Mitte Okt. 11.30–20.30 Uhr

---

**Salt Pond Visitor Center**
217 F4 US6 und Nauset Road, Eastham, MA 508 2 55 34 21 www.nps.gov/caco tägl. 9–16.30 Uhr, im Sommer länger Parkplätze kosten Ende Mai–Sept. an Wochenenden u. Feiertagen Gebühren, Ende Juni–Anfang Sept. tägl. Das Parkticket gilt bis 24 Uhr für alle Nationalparkstrände.

**Province Lands Visitor Center**
217 F4 171 Race Point Rd., Provincetown, MA 508 4 87 12 56 Anfang Mai bis Ende Okt. tägl. 9–17 Uhr

## Nach Lust und Laune!

### 26 Whale Watching

Im Meer vor Provincetown tummeln sich im Sommer Schulen von Buckel- und Finnwalen, die man im Rahmen einer organisierten Ausfahrt beobachten kann. Natürlich gibt es keine Garantie, tatsächlich einen der bis zu 24 m langen Meeressäuger über der Wasseroberfläche auftauchen zu sehen. Mit Sicherheit jedoch wird man Walfontänen sichten, oft auch Seevögel, Delfine und viele andere Meerestiere.

Vom MacMillan Pier in Provincetown starten diverse Anbieter mit Touren unterschiedlicher Dauer: Am längsten im Geschäft (seit 1975) ist Dolphin Fleet Whalewatch, dessen Boote (wie bei anderen Veranstaltern mit gut ausgestatteter Bar) ein Forscherteam des Center for Coastal Studies mit Informationen über die Wale und deren Lebensraum begleitet.

Gegen Nässe und Feuchtigkeit auf See sowie den kühlen Wind helfen Regenjacke und Pullover. Vergessen Sie Ihr Fernglas nicht!

Provincetown ist ein hervorragender Startpunkt für oft erfolgreiches Whale Watching.

**Dolphin Fleet Whalewatch of Provincetown**
217 F4 Informationen und Tickets: 307 Commercial Street, MacMillan Pier, Provincetown, MA ☎ 800 8 26 93 00, 508 2 40 36 36 www.whalewatch.com
Mitte April–Okt. 2–10 Abfahrten tägl.
70 $; Kinder unter 4 Jahren frei

### 27 Cape Cod Rail Trail

Was kann man mit einer alten Bahntrasse Sinnvolleres machen, als sie in einen Radweg zu verwandeln? Der Cape Cod Rail Trail (42 km) führt von der Route 134 in South Dennis durch Harwich, Brewster, Orleans, Eastham und South Wellfleet mit Abzweigung hinab nach Chatham – eine gute Möglichkeit, all die hübschen kleinen Orte der Umgebung zu besuchen, oder diejenigen, die man auf einem gewählten Abschnitt des Trails passiert. (Weitere Radwege kreuzen zu Einkaufsmöglichkeiten oder Stränden.)

In allen Städten auf Cape Cod gibt es Radverleihe. Einer ist der Idle Times Bike Shop mit drei Niederlassungen am Rail Trail, wo man auch Helme, Kindersitze, Fahrradträger und -anhänger mieten kann sowie kostenlose Parkplätze vorfindet.

Das Cape Cod Museum of Natural History in Brewster ist vor allem für Familien mit Kindern einen Abstecher wert: Es widmet sich der lokalen Tier- und Pflanzenwelt. Das zum Museum gehörende Aquarium zeigt Bewohner des Cape Cod, vom Aal über die Ohrenqualle bis hin zur

Zierschildkröte. Interessante Informationen über Wale sind eine gute Grundlage für eine anschließende Ausfahrt zum Whale Watching.

217 F3

**Idle Times Bike Shop**
217 F4 188 Bracket Road, North Eastham, MA. 508 2 55 82 81 und 29 Main Street, Orleans, MA 508 2 40 11 22 www.idletimesbikes.com tägl. 9–17 Uhr (diese beiden Filialen haben das ganze Jahr über geöffnet, eine weitere in Wellfleet nur im Sommer) 4-, 8-, 24-Stunden- und Wochentarife; Ermäßigung für Kinderfahrräder

**Cape Cod Museum of Natural History**
217 F3 869 Main Street, Brewster 508 8 96 38 67 www.ccmnh.org Juni–Sept. tägl. 10–15, April, Mai, Okt.–Dez. Mi–So 10–15, Feb., März Do–So 11–15 Uhr 15 $

## 28 Chatham

Direkt am »Ellenbogen« des Cape liegt das feine Chatham. Hierher gerät man nur, wenn man es gezielt ansteuert – einer der Gründe, warum viele den Ort so lieben. Er vermittelt den Eindruck einer typischen Stadt des Cape. Bis heute betreibt man dort eine ansehnliche kommerzielle Fischereiflotte (die allerdings – wie überall – zu kämpfen hat), und in der Main Street finden sich immer noch mehr skurrile Läden in der Hand individueller Besitzer als Shops mit T-Shirt-Massenware. Im Sommer spielt am Freitagabend eine Blaskapelle (kostenlos) im Kate Gould Park. Die vielversprechenden Talente stammen aus dem Ort, während das Publikum (oft zu Tausenden) von der ganzen Cape-Region hierher strömt. Seien Sie also rechtzeitig da!

Chatham ist zudem Anlaufpunkt für Besucher des Monomoy National Wildlife Refuge (s. unten).

217 F3 2377 Main Street, Chatham, MA 800 71 55 67 www.chathaminfo.com

## 29 Monomoy National Wildlife Refuge

Mit über 300 Zugvogelarten ist Monomoy Island ein Revier für Ornithologen. Auch Seehunde halten sich hier gern auf, und Kegelrobben trifft man so oft wie sonst selten am Atlantik.

Auf dem Weg zum 1110 ha großen Schutzgebiet geht es zunächst zum Leuchtturm, dann weiter nach Morris Island. Im dortigen Visitor Center erhält man Pläne und Informationen zum Wildbestand, darunter eine Vogelliste. Die Monomoy Island Ferry in Stage Harbour bringt Besucher zur gleichnamigen Insel und zurück.

217 F3 Wikis Way, Morris Island, Chatham, MA 508 9 45 05 94 www.fws.gov/northeast/monomoy

**Monomoy Island Ferry**
774 722 1336
www.monomoyislandferry.com
Betrieb Mitte Mai–Mitte Okt.; Zeiten telefonisch bestätigen lassen!

## 30 John F Kennedy Hyannis Museum

Mag der Glanz der Kennedys auch langsam verblassen, John F. hat noch immer einen Platz im Herzen vieler Amerikaner. »JFK« verbrachte seine Ferien in der Gegend von Hyannis, wo ein einfaches kleines Museum an den 35. US-Präsidenten erinnert: mit etwa 80 Fotos der Zeit zwischen 1934, seiner Jugend, und 1963, dem Jahr des tödlichen Attentats auf Kennedy, und einem Video.

217 F3 · 397 Main Street, Hyannis, MA · 508 7 90 30 77 · www.jfkhyannismuseum.org · Mai Mo–Sa 10–17, So 12–17, Juni–Okt. Mo–Sa 9–17, So 12–17, sonst Do–Sa 10–16 Uhr · 14 $

## 31 Heritage Museums & Gardens

Diese Kombination aus Museum, französischem Park und skurriler Sammlung in Sandwich steckt voller Überraschungen. Die weitläufige Anlage (40 ha) ist ein Testament der vielseitigen Interessen seines Gründers J. K. Lilly III und seiner Familie. Eine Getreidemühle aus New Orleans (1800) wurde hierher versetzt und wieder aufgebaut. Ein Oldtimer-Museum logiert im Nachbau einer Rundscheune aus dem Hancock Shaker Village (S. 112).

Highlights der Sammlung sind neben einem Ford Model T (1913) und einem Duesenberg Model J (1930) zahlreiche andere Vehikel aus einer Zeit, in der man Autos noch als »pferdelose Karossen« zu bezeichnen pflegte. Der Park steht das ganze Jahr in Blüte, mit Taglilien, Erika oder den berühmten Dexter-Rhododendren. Kinder lieben das restaurierte Karussell von 1912 (kostenlose Fahrten!).

217 E3 · 67 Grove Street, Sandwich, MA · 508 8 88 33 00 · www.heritagemuseumsandgardens.org · April–Okt. tägl. 10–17 Uhr · 22 $, Parken: frei · Blossoms Cafe

## 32 Martha's Vineyard

Größer, populärer und näher bei Cape Cod gelegen als Nantucket ist das benachbarte Martha's Vineyard – ein Vorteil oder Nachteil, je nach Perspektive.

Attraktion der Insel sind die herrlichen Strände. Touristen konzentrieren sich auf der in der Seemannssprache »Down-Island« genannten Inselseite (NO) mit drei Orten höchst individuellen Charakters. Vineyard Haven dient ganzjährig als Fährhafen, das Restaurant »Black Dog Tavern« (Beach Street Extension, Tel. 508 6 93 92 23) kennt man auch wegen seiner T-Shirts mit Hundelogo. Im feinen Edgartown gibt es Galerien, schicke Läden und schöne Häuser aus dem 19. Jahrhundert. Oak Bluffs mit seinen Cafés und Musikschuppen geht erstaunlicherweise auf Methodisten-Versammlungen in einem »Eichenwäldchen« (»oak grove«) zurück. Was 1835 als Zeltlager begann, wuchs sich zu einem Ort mit 300 kleinen »Zuckerbäcker«-Häuschen aus, die heute die größte Attraktion des Ortes sind.

Zieht es Sie tiefer ins Inselinnere, zu einsamen Stränden, die nur Eingeweihte kennen, dann durchqueren Sie mit dem Fahrrad das »Heidehuhn-Reservat« Correllus State Forest, nehmen Sie die Fähre zur kleinen Insel Chappaquiddick oder besuchen Sie das Fischerdörfchen Menemsha. Doch wofür Sie sich auch entscheiden, versäumen Sie nicht die eindrucksvollen Lehmklippen bei Aquinnah an der Westküste in ihrem wechselvollen Farbenspiel.

Mit der Fähre erreicht man die Insel in ca. 45 Minuten vom Festland. Die einzige ganzjährige Verbindung, die zudem Fahrzeuge transportiert, unterhält die Steamship Authority von Woods Hole am Südende des Cape Cod (www.steamshipauthority.com). Weitere Fähren für Sommergäste verkehren von Hyannis (https://www.hylinecruises.com/), Falmouth (Island Queen: www.islandqueen.com; Falmouth Edgartown Ferry: www.falmouthferry.com); New Bedford (SeaStreak/Martha's Vineyard: https://seastreak.com/ferry-routes-and-schedules/between-new-bedford-marthas-vineyard-ma/), Quonset Point, RI (Martha's Vineyard Fast Ferry: www.vineyardfastferry.com) oder New York (Seastreak: www.seastreak.com).

Alternativ zur Überfahrt bestehen Flugverbindungen zum Martha's Vineyard Airport durch Cape Air (www.capeair.com) von Boston, Hyannis, New Bedford und Nantucket aus, während der Saison auch von Providence.

Die vielfarbigen Klippen von Aquinnah im Südwesten von Martha's Vineyard.

Familien mit Kindern, die mit der Fähre von oder nach Woods Hole kommen, können dort das Woods Hole Science Aquarium besuchen. Das älteste Aquarium der USA ist ein Forschungszentrum der NOAA und zeigt ca. 140 Meerestierarten des Atlantiks. In »Touch Tanks« kann man sie berühren, zudem Seehunde bei der Fütterung beobachten.

217 E2 ✉ 24 Beach Street, Vineyard Haven, MA ☎ 508 6 93 00 85
www.mvy.com

**Woods Hole Science Aquarium**
✉ 166 Water Street ☎ 508 4 95 20 01
http://aquarium.nefsc.noaa.gov
Juni–Aug. Di–Sa 11–16, Sept.–Mai Mo–Fr 11–16 Uhr frei

# Wohin zum … Übernachten?

Preise für ein Doppelzimmer pro Nacht (ohne Steuern):

| | |
|---|---|
| $ | unter 170 $ |
| $$ | 170–300 $ |
| $$$ | über 300 $ |

### SANDWICH

**Isaiah Jones Homestead $$–$$$**
Romantik durchweht das über 160 Jahre alte viktorianische Gebäude mit eleganten Wandpaneelen und geschmackvollen Antiquitäten. Es ist mit viel Liebe zum Detail ausgestattet, ob flauschiger Bademantel, edle Wäsche oder frische Blumen. Es gibt sieben Zimmer (einige mit Kamin und Whirlpool) und in der renovierten Remise zwei Suiten, dazu einen eleganten Garten.
217 E3 165 Main Street, Sandwich, MA
800 5 26 16 25 oder 508 8 88 91 15
www.isaiahjones.com

### CHATHAM

**Captain's House Inn $$–$$$**
Das Gebäude, heute ideal als Rückzugsort für Gestresste, ließ 1839 ein Clipper-Kapitän für seine zukünftige Braut errichten. Englischer Garten mit Brunnen und hübscher Küchengarten. 16 gemütlich eingerichtete Räume verteilen sich auf Hauptgebäude sowie ehemaliges Pförtnerhaus und Ställe.
217 F3 369 Old Harbor Road, Chatham, MA 508 9 45 01 27
www.captainshouseinn.com

### EASTHAM

**Whalewalk Inn & Spa $$–$$$**
Vor über 180 Jahren für den Kapitän eines Walfängers errichtete, stilvolle Unterkunft, ausgestattet mit Orientteppichen, englischen Antiquitäten des 19. Jh.s und einer Waterford-Kristallsammlung. Die 16 Räume verteilen sich auf sechs Gebäude, darunter Haupthaus, ehemalige Scheune, »Spa Penthouse« oder das schnuckelige »Salt Box Cottage«. Ein stilvolles Spa mit Wellness Center bietet entspannende Anwendungen nach dem Training im Fitnessraum.
217 F4 220 Bridge Road, Eastham, MA
508 2 55 06 17 www.whalewalkinn.com

### PROVINCETOWN

**Crowne Point Historic Inn and Spa $$$**
Der ehemalige Kapitänssitz aus dem 19. Jh. mit umlaufender Veranda, viktorianischen Möbeln und Hartholzböden atmet historischen Charme der alten Welt. Das Haus wurde 2023 von Forbes als eines der zehn besten Hotels auf Cape Cod ausgezeichnet. Die 40 Zimmer (alle mit Zugang zur Veranda) sind ausgestattet mit TV, DVD- und CD-Player (in der höheren Kategorie zusätzlich mit Whirlpool und eigener Terrasse). Bistro mit kreativer Küche, Tages-Spa.
217 F4 82 Bradford Street, Provincetown, MA 508 4 87 67 67
www.crownepointe.com

**Bradwood Inn $$**
Die Veranda des viktorianischen Gebäudes von 1845 an der Commercial Street hat eine auffällige Mauer aus Schiffsballast. Mit viel Geschick und ohne Zugeständnisse an zeitgemäßen Komfort wurde das historische Aussehen bewahrt. Zwölf Zimmer, einige mit Balkon, Kamin oder eigenem Whirlpool, ausgestattet mit WLAN, TV-Gerät und Kühl-

Im Bistro des Crowne Point Historic Inn werden auch leckere Meeresfrüchte-Gerichte serviert.

schrank. Gemeinschaftsraum für die Gäste mit Flügel und gemütlichem Kamin.
217 F4 174 Commercial Street, Provincetown, MA 508 4 87 15 26 www.brasswoodptown.com

**NANTUCKET**

**Seven Sea Street Inn $$–$$$**
Mitten im historischen Herzen von Nantucket Town, in einer baumgesäumten Nebenstraße, liegt das moderne B & B mit »Witwensteig«-Veranda, das durch geschickt gewählte Stilmöbel eine koloniale Atmosphäre erzeugt. In einigen der 15 Zimmer (sechs davon in einem Nebenhaus) verleihen Bolleröfen kühlen Inselabenden Gemütlichkeit und Wärme. Ein gutes kontinentales Frühstück mit Canberry-Müsli und Muffins wird auf der Terrasse oder im Gemeinschaftsraum serviert.
217 F2 7 Sea Street, Nantucket, MA 508 2 28 35 77 www.sevenseastreetinn.com

**Sherburne Inn $$–$$$**
Das adrette Gebäude wird seit Mitte des 19. Jh.s als Hotel genutzt. Es gibt acht Zimmer mit teils alten Möbeln, Bildern und Orientteppichen, eines mit offenem Kamin. Am beliebtesten ist die Nr. 8 mit verziertem Kingsize-Bett und einem eigenen Balkon. Das kontinentale Frühstück wird morgens in einem »Frühstückskorb« serviert.
217 F2 10 Gay Street, Nantucket, MA 855 6 52 01 37 oder 508 2 28 44 25 https://www.nantucketresortcollection.com/sherburne-inn

**MARTHA'S VINEYARD**

**Faraway Martha's Vineyard $$$**
Das ehemalige Kelley House wurde im Juli 2023 unter neuem Namen wiedereröffnet. An die bis 1742 zurückreichende Geschichte erinnern Ziegelkamine, Holzpaneele und maritimes Dekor. 58 Zimmer verteilen sich auf vier historische Gebäude. Außenpool, Spa und ein Outdoor-Sushi-Restaurant.
217 E2 23 Kelley Street, Edgartown, MA 855 7 48 67 47 https://www.farawaymarthasvineyard.com

## Wohin zum … Essen und Trinken?

Preise für ein Drei-Gänge-Menü (ohne Getränke und Service):

| | |
|---|---|
| $ | unter 30 $ |
| $$ | 30–60 $ |
| $$$ | über 60 $ |

**SANDWICH**

**Seafood Sam's $**
Von diesem Restaurant gibt es auch Filialen in Falmouth und Yarmouth. Typisch für Cape Cod, hält man sich an Fisch und Meeresfrüchte, schnell und unkompliziert serviert, wenn man an Sonnentagen am liebsten draußen speist. Auf der Karte steht neben Pasta und Sandwiches Hummer in diversen Zubereitungen.
217 E3 6 Coast Guard Road (am Cape Cod Kanal) 508 8 88 46 29 https://www.sea foodsams.com/ tägl. 11–21 Uhr

**CHATHAM**

**Viera on Main $$–$$$**
Das zwanglose, aber dafür anspruchsvolle Restaurant an Chathams belebter Main Street kauft seine Zutaten frisch von einheimischen Fischern, Gärtnern und Landwirten und verwandelt sie in köstliche Delikatessen wie Wildschwein Bolognese mit Ricottakäse und gebackenem Kabeljau. Umfangreiche Weinkarte.
217 F3 595 Main Street 508 9 45 50 33 https://www.vieraonmain.com tägl. 17–21, Fr–So auch 15–17 Uhr

**PROVINCETOWN**

**Ciro & Sal's $$–$$$**
Etablierter Italiener in einem von der Commercial Street abzweigenden ruhigen Seitengässchen. Vom großen Speiseraum im Obergeschoss blickt man hinunter auf den Garten. Der gemütliche Weinkeller (Weinangebot mit Schwerpunkt Italien, Frankreich, Kalifornien) ist rustikal mit Chiantiflaschen dekoriert. Norditalienische Küche mit

monatlich wechselnden Abendangeboten (»Nightly specials«). Auf der regulären Speisekarte dominieren Fisch und Meeresfrüchte, Huhn und Kalb in diversen Zubereitungen sowie klassische Pastagerichte.
217 F4 4 Kiley Court 508 4 87 64 44 www.ciroandsals.com tägl. 17–22 Uhr

**Front Street Restaurant $$–$$$**
Seit Anfang der 1990er-Jahre serviert Küchenchefin Donna Aliperti hier ambitionierte, mediterran beeinflusste Küche. Behagliche Atmosphäre mit Separées und blanken Holztischen. Wechselnde Menüs neben beliebten Klassikern (mit Tee gebeizte Ente; Lammkarree in Kräuterkruste; geschmorte Short Ribs auf Kichererbsenpolenta). Bis spät am Abend Barbetrieb.
217 F4 230 Commercial Street 508 4 87 97 15 www.frontstreetrestaurant.com Mitte Mai–Dez. Mi–Mo 17.30–21 Uhr, sonst wechselnde Öffnungszeiten

**Lobster Pot $$**
Zwei Gasträume mit Blick aufs Meer und ein auffälliges Hummerlogo: Das Lokal ist eine Institution in Provincetown und das schon seit 1979. Für Seafood-Fans ist es ein Muss. Die Gerichte sind asiatisch, französisch oder portugiesisch inspiriert oder ganz traditionell (Clam Chowder) und bieten auch manches für Vegetarier und Fleischfreunde. In der Bar »Top of the Pot« gibt es Cocktails und Snacks. Lockere, lebhafte Atmosphäre.
217 F4 321 Commercial Street 508 4 87 08 42 www.ptownlobsterpot.com April–Nov. tägl. 11.30–22 Uhr

**The Mews $$–$$$**
Zwei Lokale mit legerem Dresscode (Speiserestaurant im Erdgeschoss, lebhafte Café-Bar darüber) im Galerienviertel von Provincetown mit Blick über den Hafen. Fixes Speisenangebot (Menü mit Filet und Salaten) und Specials wie Hummer mit geschmorten Süßkartoffeln oder mit Gewürzen eingeriebenes Lammkarree mit Kräuterpolenta. Beliebt zum Sonntagsbrunch.
217 F4 429 Commercial Street 508 4 87 15 00 https://mewsptown.com Di–Sa 17–22 Uhr

**NANTUCKET**

**The Brotherhood of Thieves $–$$**
Die »Bruderschaft der Diebe« (nach einer Kampfschrift von 1844 gegen Sklaverei-Anhänger) gehört zu den populärsten Lokalen auf Nantucket. Auf der umfangreichen Karte: Clam Chowder, Meeresfrüchteauflauf, Fisch-Tacos, gebratene Jakobsmuscheln oder geschmorte Lammkeule. Die Kellerbar ist gemütlich und dunkel-rustikal, oben gibt es fünf kleine Speiseräume mit Blick über die Broad Street. Im Innenhof speist man im Sommer lässig im Freien, an Sommerabenden auch mit Unterhaltungsangebot.
217 F2 23 Broad Street 774 3 25 58 12 https://www.brotherhoodnantucket.com tägl. 11.30–24 Uhr

**LoLa $$**
Avocado Maki, Gnocchi Bolognese, Shim Lo Mein mit Zuckerschoten, Thunfisch Burger: Eine Köstlichkeit jagd die andere, und zwar in einem lichten, geschmackvoll eingerichteten Raum oder in der Sonne auf der Terrasse. Nicht minder vielseitig: die erstklassige Weine und Sakes führende Getränkekarte.
217 F2 15 S Beach Street 508 3 25 40 01 www.lola41.com, Mi–So ab 17 Uhr

**The Pearl $$$**
Ungezwungenheit trifft auf gehobenen Anspruch, ob man im Barbereich auf der Terrasse eine Kleinigkeit zu sich nimmt, während die Leute vorbeiflanieren, oder sich unten ein romantisches Candlelight-Dinner gönnt. Die Küche verwendet ausschließlich frische Bio-Produkte regionaler Farmen und Händler. Nur mit Reservierung!
217 F2 12 Federal Street 508 2 28 97 01 https://www.pearlnantucket.com Mi–So 17–22 Uhr

## Wohin zum … Einkaufen?

Gute Adressen zum Shoppen in Dennis sind die **Scargo Stoneware Pottery & Art**

In der Commercial Street von Provincetown reihen sich nette Lädchen aneinander.

**Gallery** (30 Dr Lord's Rd. S; ☎ 508 3 85 38 94) und in Orleans das Töpferstudio **Kemp Pottery** (9 Cranberry Highway; www.kemppottery.com). Weitere Informationen über Töpferkunst in Cape Cod hat **Cape Cod Potters** (www.capecod potters.com).

Antiquitäten bietet in Cape Cod **The Mews at Brewster** (2926 Route 6A, Brewster; ☎ 508 8 96 48 87). Weitere gute Adressen, wo man unversehens fündig werden kann, erhalten Sie auf der informativen Webseite der **Cape Cod Antique Dealers Association** (www.ccada.com).

In Provincetown stellen Künstler über die **Provincetown Art Association and Museum** (460 Commercial Street; ☎ 508 4 87 17 50; www.paam.org; Do–Sa 12–17 Uhr; Eintritt 15 $) aus. Die **Julie Heller Gallery** (2 Gosnold Street; ☎ 508 4 87 21 69; www.juliehellergallery.com) vertritt u. a. Bill Behnken, John Cassin und Christie Scheele. Zeitgenössische Kunst zeigt die **Rice/Polak Gallery** (S. 84) sowie die **Albert Merola Gallery** (424 Commercial Street; ☎ 508 4 87 44 24; www.albertmerolagallery.com).

In Nantucket erhält man Antiquitäten und Kunsthandwerk bei **Four Winds Craft Guild** (15 Main Street; https://fourwindscraftguild.com). Wunderschöne, traditionell beeinflusste Wollpullover, Sweater und Mützen für Damen und Herren gibt es bei **Nantucket Whaler** (5 Old S. Wharf; ☎ 617 9 42 53 77; https://www.nantucketwhaler.com).

## Wohin zum … Ausgehen?

### THEATER

Bekannte Adressen sind das **Cape Playhouse** in Dennis (820 Main Street, SR 6A; ☎ 508 3 85 39 11; www.capeplayhouse.com) und das **Provincetown Theater** (238 Bradford Street; ☎ 508 4 87 74 87; https://provincetowntheater.org).

### FAHRRADFAHREN

In Cape Cod gibt es ausgewiesene Radwege (S. 88). Der Fahrradverleih **ECOtourz LLC** (20 Jarves St., Sandwich; ☎ 508 8 88 16 27; www.ecotourz.net) verleiht Räder stunden-, tage- oder wochenweise. Empfehlenswert in Provincetown: **Arnold's** (329 Commercial Street; ☎ 508 4 87 08 44; www.provincetownbikes.com). Radkarten zum Download gibt es unter www.dennischamber.com.

### SEGELN

Bootsverleih und Segelunterricht bietet **Flyer's Boatyard** (131A Commercial Street, Provincetown; ☎ 508 4 87 08 98; www.flyersrentals.com).

### GOLF

Informationen über Golfplätze auf Cape Cod sowie heiße Tipps zu bezahlbaren Unterkünften hat das **Cape Cod Chamber of Commerce** (5 Patti Page Way, Centerville MA; ☎ 508 3 62 32 25; www.capecodchamber.org). Hier befindet sich auch das **Cape Cod Welcome Center**.

Hinter dem eher betulich wirkenden Ziegelsteinäußeren des MASS MoCa in North Adams verbirgt sich spektakuläre moderne Kunst.

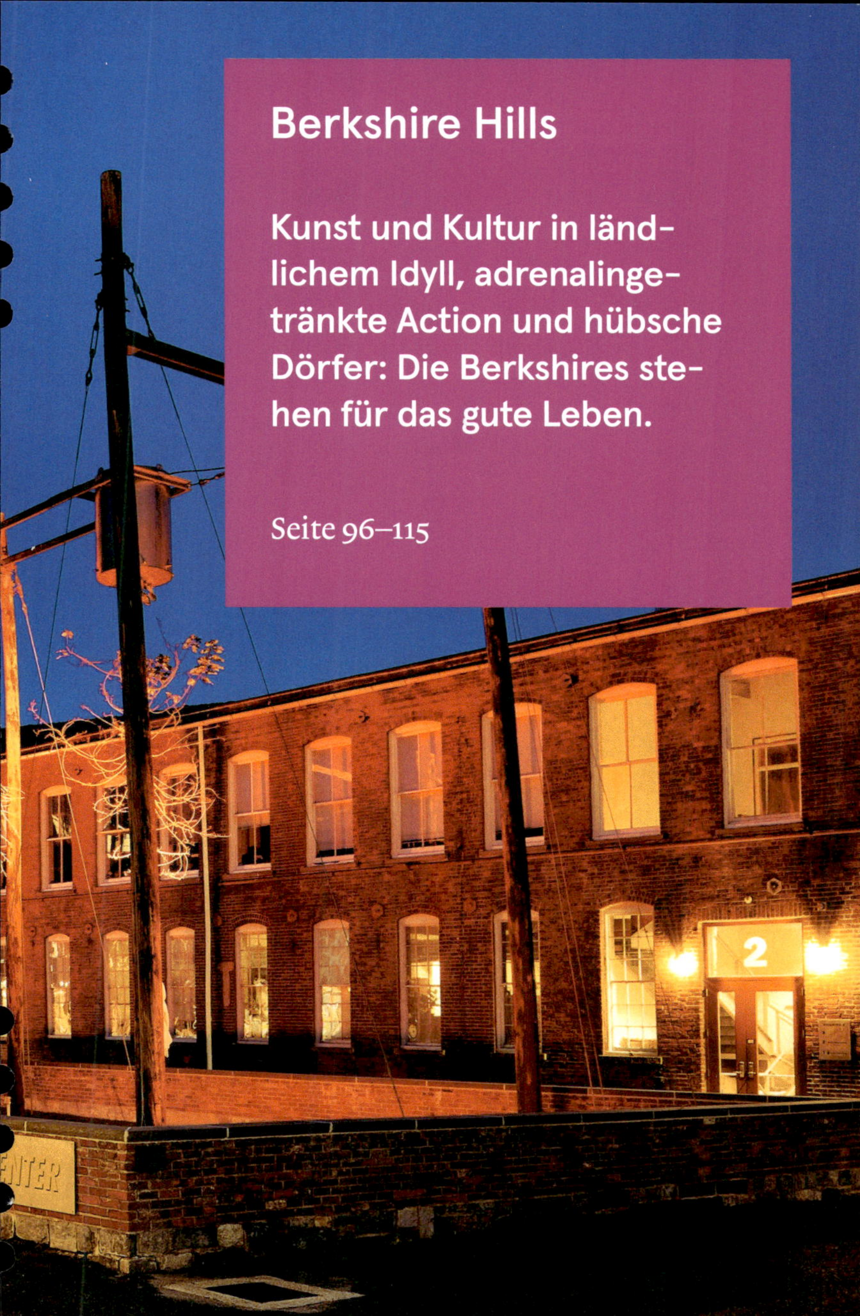

# Berkshire Hills

**Kunst und Kultur in ländlichem Idyll, adrenalingetränkte Action und hübsche Dörfer: Die Berkshires stehen für das gute Leben.**

Seite 96–115

# Erste Orientierung

**Das sanfte Hügelland im Nordwesten von Massachusetts, das zu den Nördlichen Appalachen gehört, war mit seinem frischen Klima im 19. Jh. ein beliebtes Feriendomizil der Ostküstenelite. Zu seinen heutigen Kulturevents ist dagegen jeder willkommen.**

Tanglewood ist seit 1937 Sommerquartier des Boston Symphony Orchestra. Und wie könnte man einen Sommerabend angenehmer verbringen als mit einem Picknick auf dem Rasen, untermalt von virtuos dargebotener Konzertmusik? Das Jacob's Pillow Dance Festival in der Nähe zieht zu seinen Open-Air-Vorstellungen Spitzenstars des klassischen und modernen Tanzes an. Juli und August sind die angesagtesten Monate in den Berkshires. Zimmer sind dann trotz doppelter bis dreifacher Preise kaum zu bekommen.

Nach der Open-Air-Saison zieht die Szene nach drinnen. 1999 eröffnete das MASS MoCA: In North Adams wurden ehemalige Fabrikhallen in einen der größten Tempel moderner Kunst des Landes verwandelt. Einen Besuch lohnen auch das Clark Art Institute sowie das Williams College Museum of Art in Williamstown am nördlichen Ausläufer der Berkshire Hills, die im Herbst besonders attraktiv sind – ob beim Wandern auf dem weltberühmten Appalachian Trail oder während der Antiquitätenjagd in Sheffield und Great Barrington.

TOP 10

8 ★★ Jacob's Pillow Dance Festival

Nicht verpassen!

33 Tanglewood
34 Appalachian Trail

Nach Lust und Laune!

35 Norman Rockwell Museum
36 The Mount
37 Hancock Shaker Village
38 The Clark Art Institute
39 Williamstown Theatre Festival
40 MASS MoCA

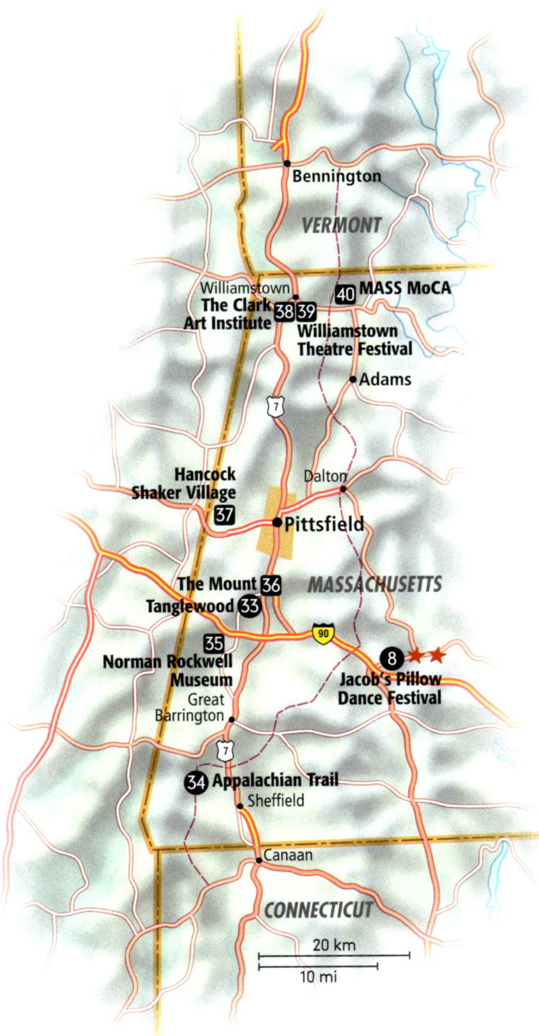
Bennington
VERMONT
Williamstown
The Clark Art Institute
38
39
40
MASS MoCA
Williamstown Theatre Festival
Adams
7
Dalton
Hancock Shaker Village
37
Pittsfield
The Mount
36
Tanglewood
33
MASSACHUSETTS
90
35
Norman Rockwell Museum
8
Jacob's Pillow Dance Festival
Great Barrington
7
34
Appalachian Trail
Sheffield
Canaan
CONNECTICUT
20 km
10 mi

# Mein Tag bei Tarzan und bei wilden Wilden

Viele Renoirs, von Baum zu Baum klettern und am Ende des Tages die schönste Aussicht in Massachusetts erleben: Dass die Berkshires nur etwas für kulturbeflissene Babyboomer sind, ist nur ein Gerücht.

**8 Uhr: Safe Haven?**
»Haven« bedeutet Oase, Hafen, Zufluchtsort. Sie werden sich für Ersteres entscheiden, sobald Ihnen der himmlische Duft von frischem Backwerk in der Nase kitzelt. Vormittags ist die Haven Café and Bakery der kulinarische Mittelpunkt von Lenox: Smoked Salmon Scramble oder Burrito mit Avocado Purée, French Toast oder Santa-Fé-Omelett? Sie haben die Wahl.

**9 Uhr: Hinauf auf die Bäume!**
Eines vorweg: Dies ist nicht das Set von Ninja Warrior Germany! Auch wenn die acht Hindernisrouten durch das Blätterdach des Ramblewild Aerial Park bei Lanesborough zunächst danach aussehen. Wenn Sie schon als Kind kein Kletternetz auslassen konnten, sind Sie hier genau richtig. Falls nicht, werden die munteren Guides Sie schnell von Ihrem inneren Tarzan überzeugen!

**12.30 Uhr: Hausmacherkost 2.0**
Nachdem Sie drei Stunden lang Muskeln strapaziert haben, die Sie bis dahin noch gar nicht kannten, ist der Water Street Grill im Collegestädtchen Williamstown genau richtig zum Auftanken. Die

13.30 Uhr: Ab ins Clark!
Williamstown
38
Water Street Grill
Clark Art Institute
13.30 Uhr
7
2
MASS MoCA
40
North Adams
PUBLIC eat+drink
Ende
Mt. Greylock
1064 m
5 km
3 mi
Ramblewild
Aerial Park
7
9 Uhr
9 Uhr: Hinauf auf die Bäume!
Lanesborough
Pittsfield
20
8 Uhr: Safe Haven?
7
8 Uhr
Lenox
Haven
Café and Bakery
Start

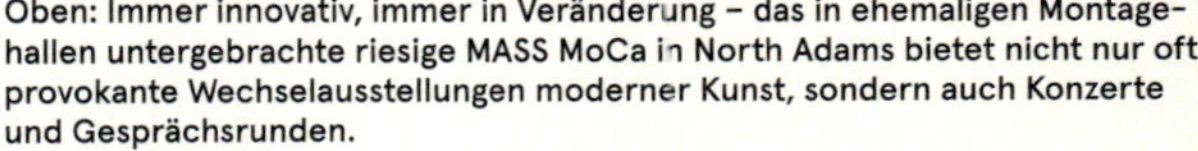
Oben: Immer innovativ, immer in Veränderung – das in ehemaligen Montagehallen untergebrachte riesige MASS MoCa in North Adams bietet nicht nur oft provokante Wechselausstellungen moderner Kunst, sondern auch Konzerte und Gesprächsrunden.

Atmosphäre ist relaxt, die Speisekarte mit unprätentiösen, aber hübsch präsentierten Gerichten – Smoked Meat, Tilapia, Hamburger und Fish 'n' Chips – wohl gefüllt. Oder probieren Sie die Regenbogenforelle oder die Fish Tacos!

### 13.30 Uhr: Ab ins Clark!

Auch wenn Sie mit Kunst wenig am Hut haben: Das ㊳ Clark Art Institute ein paar Hundert Meter weiter wird Sie begeistern! Konzentrieren Sie sich am besten auf die Impressionisten. Das Clark besitzt allein 30 Renoirs! Oder Sie statten den amerikanischen Malern einen Besuch ab – und erweisen dem berühmten Porträt George Washingtons – der erste US-Präsident schaut ein wenig unwirsch drein – von Gilbert Stuart die Ehre.

### 15 Uhr: Alle Kunst ist ziemlich nutzlos!

Vielleicht fällt Ihnen das berühmte Zitat von Oscar Wilde ein, wenn Sie durch die riesigen Ausstellungsräume des ㊵ MASS MoCA im benachbarten North Adams wandern! Verwunderlich wäre es nicht: Was Sie in den über zwei Dutzend einstigen Montagehallen »Wildes« zu sehen bekommen, knabbert an den Grenzen Ihrer Wahrnehmung und kann Sie ratlos zurücklassen. Es kann Sie allerdings auch zum Nachdenken und Reflektieren inspirieren. Vielleicht sogar mit der Hilfe der verantwortlichen Kreativen, denen Sie hin und wieder bei der Arbeit zuschauen können.

**Links: Der von Star-Architekt Tadao Ando konzipierte Anbau des Clark Art Institute, das Clark Center, wurde 2014 eröffnet und bietet Platz für Wechselausstellungen. Oben: Der Veterans War Memorial Tower auf dem Gipfel des Mount Greylock.**

### 17.30 Uhr: Auf dem Dach von Massachusetts

Mit Outdooraktivitäten fing Ihr Tag an, mit Natur geht er zu Ende: Verlassen Sie North Adams auf dem Hwy. 2 zurück Richtung Williamstown. Etwa nach einem Drittel der Strecke zweigt nach links die Notch Road zum Mount Greylock (S. 115) ab (ausgeschildert), und nach vielen Kurven erreicht man schließlich den Gipfel. Der Blick von dem mit über 1000 m höchsten Berg von Massachusetts ist spektakulär und reicht bei gutem Wetter über 100 km weit.

### 19.30 Uhr: Best in Town

Das PUBLIC eat+drink in North Adams ist der würdige Abschluss dieses Tages. Die Brasserie serviert neue amerikanische Küche – bio, frisch, aus der Umgebung. Sollten Sie wenig Hunger haben, wählen Sie aus den »Mids« (mittlere Portionen) oder »Smalls« (kleine Portionen). Und vergessen Sie nicht die tollen Craftbiere!

**Haven Café and Bakery**
216 A4 8 Franklin Street, Lenox
413 637 89 48 http://havencafebakery.com
Mo, Di, Do, Fr 7.30–15, Sa & So 8–15 Uhr

**Ramblewild Aerial Park**
216 A5 110 Brodie Mountain Road, Lanesborough 844 472 62 53 http://ramblewild.com Anfang Sept. tägl. 9-18.30, Frühjahr und Herbst 9-17 Uhr

**Water Street Grill**
216 A5 123 Water Street, Williamstown
413 458 2175 www.waterstgrill.com
tägl. 11.30–1 Uhr

**PUBLIC eat+drink**
216 A5 34 Holden Street, North Adams 413 664 44 44
www.publiceatanddrink.com
Mo–Mi 16–24, Do–So 11.30–24 Uhr

# 8 ★★ Jacob's Pillow Dance Festival

| | |
|---|---|
| Was? | Das Festival zeigt die Palette menschlicher Ausdrucksformen |
| Warum? | Die informelle Atmosphäre ermöglicht Kunstgenuss pur |
| Wann? | Von Mitte Juni bis Ende August |
| Wie lange? | Einen Nachmittag oder Abend |
| Was noch? | Ein Filmarchiv präsentiert den Weg des Festivals bis zum heutigen Weltniveau |
| Resümee | Ein verzauberndes Erlebnis in den Wäldern |

Der Begründer des Jacob's Pillow Dance Festivals Ted Shawn bei einer Aufführung 1957

Was Tanzpionier Ted Shawn vor 90 Jahren ins Leben rief, um Modern Dance als ernsthafte Kunst für Männer durchzusetzen, ist heute eines der bedeutendsten Sommer-Tanzfestivals der USA. Alle großen Namen der amerikanischen Tanzszene – u. a. Twyla Tharp, Mark Morris, Merce Cunningham, das Dance Theater of Harlem – gaben sich hier bereits neben vielen internationalen Kompagnien ein Stelldichein.

Ende des ersten Festivalsommers 1933 war das Publikumsinteresse so immens, dass manch einer keinen Platz bekam. 1942 war das erste feste Theater errichtet, trotz Kriegseinschränkungen stürmten die Massen zu Fuß und Pferd den dicht bewaldeteten Hügel bei Becket, um die Vorführungen in Ballett-, Ausdruckstanz und Modern Dance zu sehen.

Das Festival bietet weiterhin erstrangige Darbietungen und ist immer noch ein Top-Ereignis, besonders an Sommerwochenenden. Kümmern Sie sich also je nach Attraktivität der Vorstellung entsprechend früh um Tickets! Das Sommerprogramm wird im Januar veröffentlicht, der Kartenverkauf im Internet beginnt im April.

Der Choreograf Brian Brooks zusammen mit der Tänzerin Wendy Whelan vom New York City Ballet bei einem Auftritt auf dem Festival.

Zudem werden einem interessierten Publikum vor und nach den Vorstellungen Diskussionen angeboten, dazu gibt es Sonderveranstaltungen wie Lesungen, kostenlose Ausstellungen und Führungen.

### KLEINE PAUSE

Im **The Pillow Café** kann man unter einem Zeltdach dinieren (man sollte unbedingt reservieren). Im **Pillow Pub**, wo Sandwiches, Salate und kleine Snacks, Tee, Kaffee und Gebäck serviert werden, erhält man auch für ein Picknick eine kleine Imbiss-Auswahl. Ferner gibt es die **Pillow Coffee Bar,** die Getränke bereithält. Oder aber man verzehrt Mitgebrachtes an einem der Picknicktische auf dem weitläufigen Gelände.

Restaurants: Tel. 413 2 43 99 19, www.jacobspillow.org/pillow-dining

216 A4 ✉ 358 George Carter Road, Becket, MA. Fahren Sie von Becket ca. 13,3 km auf der Route 20 nach Osten. Nach Querung der Autobahn die zweite Straße links abbiegen in die George Carter Road; nach 1 km erreicht man auf der rechten Seite die Einfahrt zu Jacob's Pillow.

☎ Tageskasse: März–Aug. 413 2 43 07 45; Auskünfte rund ums Jahr: 413 2 43 99 19 🌐 www.jacobspillow.org ⏱ Mitte Juni–Aug. Abends beginnen die Aufführungen gegen 20, nachmittags gegen 14 Uhr. Genaue Zeiten auf der Website oder telefonisch.

# ㉝ Tanglewood

| | |
|---|---|
| Was? | Hohe Kunst kombiniert mit Gaumenfreuden |
| Warum? | Wenn man in der Gegend ist, ist ein Konzertbesuch einfach Pflicht |
| Wann? | An einem lauen Sommerabend |
| Wie lange? | Drei Stunden |
| Resümee | Hier erlebt man einen ganz besonderen Abend |

Eine Decke auf dem Rasen, groß genug für zwei, und einen Picknickkorb mit frisch gebackenem Brot, aromatischer Käseauswahl, leckeren Salaten und Pasta-Gerichten. Eine Flasche edlen Weins, genüsslich im Mondschein geteilt. Fehlt eigentlich nur noch die passende Musik – wie wäre es mit dem Boston Symphony Orchestra?

Was zu schön klingt, um wahr zu sein, bietet Tanglewood als führendes Sommerfestival des Landes, das maßgeblich zu dem Ruhm beitrug, den die Berkshire Hills heute genießen. Vor seiner Zeit als Open-Air-Ensemble beschloss das Boston Symphony Orchestra, dem sein städtisches Domizil für Konzerte im

Oben: Das Boston Symphony Orchestra im Koussevitzky Music Shed. Rechts: Picknick mit Musik in Tanglewood

Juli und August zu heiß wurde, in den Berkshires Sommersitz zu nehmen. Temperaturen und Luftfeuchtigkeit bleiben dort besonders nachts erträglich. Die günstige Lage (nur zwei Stunden von Boston und drei Stunden von New York) überzeugte wohlhabende Kunstfreunde beider Städte, die seither Sommer für Sommer hierherpilgern – und die Stars der Klassikszene reizt der Ort genauso wie ihr Publikum.

### Unterm Dach geht's auch

Ein Picknick auf dem Rasen ist sicher romantisch, wer aber einen Sitzplatz vorzieht, muss länger im Voraus planen. Etwas teurer wird es ebenfalls im 1938 vom Star-Architekten Eliel Saarinen entworfenen Koussevitzky Music Shed (benannt nach dem ehemaligen BSO-Musikdirektor Sergej Koussevitzky); dafür hat man einen guten Blick auf die Bühne und ist im Fall des Falles auch vor Regen geschützt. Wenn Sie lieber im Freien kampieren, warten Sie besser die aktuelle Wettervorhersage ab – nicht dass die Sandwiches nass werden!

Der Spielplan wird bereits im Winter publiziert, und wer sich vormerken lässt, genießt eine privilegierte Platzwahl. Doch auch im offiziellen Vorverkauf im Frühjahr (wechselndes Datum; vgl. Website unten) gibt es noch gute Plätze, selbst im Juni erhält man in der Regel noch Tickets (Ausnahme: Top-Ereignisse am Wochenende). Wenn Sie sich eine Veranstaltung mitten in der Woche aussuchen, haben Sie deutlich mehr Ellenbogenfreiheit, und auf dem Parkplatz machen sich weniger Geländewagen breit. Einen Platz im Music Shed ergattern Sie oft noch am Vortag eines Konzerts, wenn es wochentags stattfindet.

**KLEINE PAUSE**

Manche Delikatessläden bieten fertige Gourmet-Picknicks an, etwa **Haven Cafe & Bakery.**

Haven: 8 Franklin Street, Lenox, MA, Tel. 413 6 37 89 48, www.havencafebakery.com, Mo, Di, Do & Fr 7.30–15, Sa & So 8–15 Uhr

---

ⓘ

216 A4 West Street, Lenox, MA, 2,3 km westlich auf der 183 von Lenox. Postadresse: Symphony Hall, 301 Massachusetts Avenue, Boston, MA

Theaterkasse und Information: 617 2 66 14 92, 888 2 66 12 00 oder Ticketmaster: 800 3 47 08 08

www.bso.org

Konzerte: Etwa 30 $ für Rasenplätze bis etwa 140 $ im überdachten Koussevitzky Music Shed. Rasenplätze für Kinder bis 17 Jahre frei. Keine Kinder unter 5 Jahren im Koussevitsky Music Shed und der Seiji Ozawa Hall

Mitte Juni–1. Sept.-Wochenende jeden Abend; Sa, So auch nachmittags

# 34 Appalachian Trail

| | |
|---|---|
| Was? | Wanderweg durch die Appalachen, dessen Neuengland-Abschnitt zu den schönsten des ganzen Trails gehört |
| Warum? | Unterwegs trifft man tolle Menschen und lernt, Herausforderungen anzunehmen |
| Wann? | Ende August bis Mitte September |
| Wie lange? | 5 Tage |
| Resümee | So wenig braucht man, um rundum zufrieden zu sein |

Der Appalachian Trail ist einer der reizvollsten und bekanntesten Fernwanderwege der USA. 1921 bis 1937 von freiwilligen Helfern angelegt und 1968 zum National Scenic Trail erklärt, schlängelt er sich 3498 km durch das gleichnamige Gebirge von Georgia bis hinauf nach Maine. Jahr für Jahr nehmen ihn zwei- bis dreitausend Hartgesottene unter die Stiefel – allerdings halten nur ein paar Hundert die vier bis fünf Monate bis zum Schluss durch.

Aber nicht jeder will sich solchen Extremen aussetzen. Da sich der Trail auch durch die Berkshires zieht, kann man hier einen angenehmen Tagesmarsch auf der Route zurücklegen. Sie erreicht in den White Mountains ihre höchsten Höhen und verläuft in den bis zu 1000 m hohen Berkshire Hills auf durchschnittlich 300 bis 400 m.

### Guter Startpunkt: Beartown State Forest

Einen guten Einstieg für eine Wanderung bietet der Beartown State Forest. Verlassen Sie Great Barrington im Norden (US 7/SR 23) und folgen Sie der SR 23 etwa 8 km Richtung Osten. Links in die Blue Hill Road abbiegen, dann folgen Hinweisschilder auf den Parkeingang an der Benedict Pond Road. Am gleichnamigen ruhigen See kann man schwimmen, angeln oder einfach ein Stündchen am Ufer spazieren gehen. Folgen Sie dem Rundweg um den See; am Ostufer kreuzt er den Appalachian Trail (weiße Markierung an den Bäumen). Im Laufe der Wanderung trifft man immer mal auf Ehrgeizige, die sich den Trail in ganzer Länge vorgenommen haben.

Links: Der Rundweg um den Benedict Pond (2,4 km) ist eine schöne kurze Wanderung.

Unten: Der Appalachian Trail verläuft oft durch sanftes Weideland.

## October Mountain State Forest

Einen weiteren Zugang zum Appalachian Trail finden Sie im October Mountain State Forest (von der Interstate 90 auf die Route 20 nach Lee. In Lee rechts in die Center Street abbiegen und den Hinweistafeln zum Parkeingang folgen). Informieren Sie sich dort bei der Parkverwaltung und entscheiden Sie sich: nach Lust und Laune umherwandern oder den Trail nehmen – er führt strikt geradeaus, man muss also die ganze Strecke wieder auf demselben Weg zurückwandern!

Guido's Fresh Marketplace: 760 S. Main Street, Great Barrington, MA, Tel. 413 5 28 92 55, www.guidosfreshmarketplace.com, Mo–Sa 9–19, So 10–18 Uhr

### KLEINE PAUSE

Bevor es losgeht, erhält man in **Guido's Fresh Marketplace** in Great Barrington sämtliche Zutaten, die man für ein feines Picknick benötigt.

216 A4

**Beartown State Forest**
69 Blue Hill Road, Monterey, MA
413 5 28 09 04
https://www.mass.gov/locations/beartown-state-forest tägl. Sonnenauf- bis -untergang
8 $ pro Auto

**October Mountain State Forest**
256 Woodland Road, Lee, MA
413 2 43 17 78
www.mass.gov/dcr/parks/western/octm.htm
tägl. Sonnenauf- bis -untergang
frei

## Nach Lust und Laune!

### 35 Norman Rockwell Museum

Wer beim Bummeln auf der Main Street in Stockbridge das Gefühl bekommt, durch ein Bild zu wandern, liegt nicht ganz falsch: In Stockbridge lebte nämlich der Maler Norman Rockwell, bekannter Illustrator der »Saturday Evening Post«, von 1953 bis zu seinem Tod 1978 – und seither hat sich nur wenig verändert.

Die umfangreichste Sammlung seiner Werke besitzt das außerhalb von Stockbridge gelegene Museum. Ob man Rockwells romantisierende Bilder des amerikanischen Alltagslebens – Arztbesuche, Geschwisterrivalität oder Baseballszenen – nun als Kunst schätzt oder als Kitsch abtut, ist jedem selbst überlassen.

Rockwells 323 Umschlagentwürfe für die »Saturday Evening Post« aus den Jahren 1916 bis 1963 werden hin und wieder in Sonderausstellungen präsentiert. Andere Zeichnungen zeigen sein hier am Ufer des Housatonic River wiederaufgebautes Atelier.

Mit der aus vier Bildern bestehenden Serie »Vier Freiheiten« warb der Maler um Unterstützung für den Zweiten Weltkrieg, während manche seiner Arbeiten aus den 1960er-Jahren die Rassentrennung und andere, weniger schöne Seiten des US-Alltags aufgriffen. Sehr bekannt ist Rockwells Bild »The Problem We All Live With«, das die Einschulung des ersten schwarzen Mädchens in einer bislang Weißen vorbehaltenen Schule zeigt.

Nach seinem Tod wurde Rockwell auf dem Stockbridge Cemetery an der Main Street bestattet.

216 A4 9 Glendale Rd., Stockbridge, MA 413 298 41 00 www.nrm.org Museum: Mo, Di, Do–So 10–17 Uhr. Atelier: Mai–Nov. 20 $

### 36 The Mount

Der klassizistische Wohnsitz der Schriftstellerin und Pulitzer-Preisträgerin Edith Wharton (1862–1937; »Age of Innocence«, dt.: »Zeit der Unschuld«) ist ihr eigenes Werk. Auf diesem Gebiet weit mehr als eine Dilettantin, schrieb sie nach Veröffentlichung des Bestseller-Romans »The House of Mirth« (1905): »Ich bin entschieden eine bessere Landschaftsarchitektin als Romanautorin, und dieser Ort, der meine eigene Handschrift trägt, übertrifft das ›Haus der Freude‹ weit.« The Mount ist eines der seltenen Beispiele unter den National Historic Landmarks, das von einer Frau entworfen wurde. Edith Wharton lebte nur bis zu ihrer Scheidung 1913 in dem Haus, danach in Frankreich.

Später logierte hier die Theaterorganisation Shakespeare & Company, die heute ein 12 ha großes Gelände in Lenox nahe dem Ortszentrum besitzt. Neben Werken des großen Dichters zeigt man dort auch ganz moderne Stücke und lockt so

Magischer Moment

## Er konnte auch anders

Wie leicht man sich doch vorschnell ein Urteil bildet! Da besucht man das Norman Rockwell Museum, das Amerikas beliebtesten Illustrator gebührend würdigt, und pflegt bei der Besichtigung seiner berühmten Heile-Welt-Bilder natürlich auch die eigenen Vorurteile, die man angesichts seiner berühmtesten Werke aufgebaut hat. Doch dann passiert es, und ein Schauer läuft einem den Rücken hinunter – denn plötzlich steht man vor Rockwells Bildern zum Thema Rassentrennung. Und diese skizzieren wesentlich nachdrücklicher als es jedes Foto könnte die Unmenschlichkeit der Segregation.

jedes Jahr von Ende Mai bis Mitte September Theaterfreunde an.

↗216 A4

**The Mount**
✉2 Plunkett Street, Lenox, MA
☎413 5 51 51 11 🌐www.edithwharton.org
🕐Mai–Okt. tägl. 10–17 Uhr 🎫20 $

**Shakespeare & Co.**
✉70 Kemble Street, Lenox, MA
☎Tageskasse: Mai–Anfang Sept.
413 6 37 33 53 🌐www.shakespeare.org

## 37 Hancock Shaker Village

Fragt man Amerikaner, was ihnen bei Shakern in den Sinn kommt, erhält man sofort zur Antwort: Ehelosigkeit. Die Gemeinschaft (deren Name sich vom rituellen »Schütteltanz« ableitet) führte traditionell ein bescheidenes Leben im Zeichen des protestantischen Arbeitsethos und entwickelte dabei in ihrer Blütezeit um 1840 große handwerkliche Kunstfertigkeit. Ihre schlichte, streng geregelte Lebensweise fand Anhänger bis in die 1950er-Jahre.

Nach dem Ende der Shaker-Ära wurde deren Gemeinde in Hancock (einst eine der bedeutendsten der USA) zum Freilichtmuseum ihrer Kultur. Etwa 20 Gebäude verteilen sich auf 303 ha Grund, es gibt ein breites Angebot an Veranstaltungen, Gastronomie und Waren aus Shaker-Produktion.

Noch immer die originale Ausstattung: Küche der Shaker im Brick Dwelling

Das markanteste Gebäude ist die Runde Steinscheune (Round Stone Barn) von 1826 mit ihrer für die damalige Zeit revolutionären Agrartechnik: Von der Mitte aus konnte eine Person über 50 Kühe füttern und anschließend leicht melken. Auch das Ziegelwohnhaus (Brick Dwelling), 1830 von 100 Männern und Frauen in nur zehn Wochen erbaut, ist wegen seiner Ausstattung mit originalem Mobiliar interessant. Shaker-Frauen betrieben im Erdgeschoss eine große Gemeinschaftsküche. In den Privaträumen im oberen Stock lebten Männer und Frauen streng getrennt. Nur bei Besprechungen und Gottesdiensten trafen sich beide Geschlechter.

Alle Gebäude, Wiesen und Felder stehen Besuchern offen. Einen lebendigen Eindruck vom damaligen Alltag der Shaker-Gemeinde vermitteln Vorführungen ihrer traditionellen Handwerkstechniken. Für einige werden Kurse angeboten, auch für Yoga.

↗216 A4 ✉PO Box 927, Route 20, MA (westl. der Kreuzung von Route 20 und 41) ☎800 8 17 11 37 oder 413 4 43 01 88 🌐www.hancockshakervillage.org 🕐Mitte April–Okt. tägl. 11–16 Uhr 🎫20 $

## 38 The Clark Art Institute

Das »Clark« in Williamstown besitzt hochrangiges Kunsthandwerk, Grafiken und Gemälde, darunter Meisterwerke der Kunstgeschichte: aus England Constable, Turner und Gainsborough; aus Frankreich Impressionisten wie Claude Monet (»Die Klippen von Etretat«), Auguste Renoir (»Zwiebeln«) oder Edgar Degas (»Ballettunterricht«). US-Kunst ist vertreten mit Meisterwerken von Winslow Homer, Mary Cassatt oder John Singer Sargent.

Das Hauptgebäude hat sich seit der Eröffnung 1955 kaum verändert: Kleine Ausstellungsräume mit Blick auf Wiesen und einen Teich schaffen eine Atmosphäre wie in einem Privathaus. Das Stone Hill Center im Neubau von Star-Architekt Tadao Ando lockt an warmen Tagen mit einer schönen Caféterrasse. Nach mehreren Jahren emsiger Ausbauarbeiten präsentiert sich das Clark heute um moderne Gebäude und einen künstlichen See erweitert.

216 A5 225 South Street, Williamstown, MA ☎ 413 4 58 23 03 www.clarkart.edu Juli–Aug tägl. 10–17, sonst Di–So 10–17 Uhr 20 $

## 39 Williamstown Theatre Festival

In der Universitätsstadt Williamstown steigt jeden Sommer ein Theaterfestival. Aufführungen (klassisch bis Avantgarde), Lesungen und Workshops finden dann an verschiedenen Orten statt. Seit 1955 zieht es Touristen in diesen verschlafenen Teil der Berkshires, dadurch entwickelte sich das Festival zum Modell für Sommertheater im ganzen Land. Immer wieder kommen Spitzenstars und -regisseure aus New York und Hollywood.

216 A5 1000 Main Street, Route 2, PO Box 517, Williamstown, MA ☎ 413 4 58 32 00 (24 Std.) www.wtfestival.org Ende Juni–Ende Aug. Aufführungen der Main Stage: Di–Fr 20, Sa 20.30 Uhr. Matineen: Do 15, Sa 16, So 14 Uhr Tickets für die Main Stage: 30–60 $

## 40 MASS MoCA

Als gelungenes Beispiel erfolgreicher Wiederbelebung alter Industrieruinen zählt das Massachusetts Museum of Contemporary Art in North Adams heute zu den führenden Zentren zeitgenössischer Kunst in den USA. In Fabrikgebäuden des 19. Jh.s mit 10 000 m² Fläche, die flexibel einteilbar ist, logieren 19 Galerien. Hier lassen sich auch riesige Installationen verwirklichen, die die klassische Trennung von Disziplinen wie Musik, Tanz, Film oder Theater aufheben. Als Dauerausstellung zeigt »A Wall Drawing Retrospective« 105 riesige Wandbilder des Künstlers Sol LeWitt (1928–2007).

216 A5 1040 MASS MoCA Way, North Adams, MA ☎ 413 6 62 21 11 www.massmoca.org Juli–Sept. Mi–Mo 10–18, Okt.–Juni Mi–Mo 10–17 Uhr 20 $

# Wohin zum ... Übernachten?

Preise für ein Doppelzimmer pro Nacht (ohne Steuern):

| | |
|---|---|
| $ | unter 170 $ |
| $$ | 170–300 $ |
| $$$ | über 300 $ |

**STOCKBRIDGE**

**Inn at Stockbridge $$$**
Das ehemalige Sommerhaus eines Millionärs, ein Gebäude im georgianischen Stil (8 Zimmer), wurde von den Besitzern u. a. um ein Cottage mit vier Suiten erweitert.
✈216 A4 ✉30 East Street ☎888 8 19 23 73, 413 2 98 33 37 ⊕www.stockbridgeinn.com

**LENOX**

**Brook Farm Inn $$$**
Das umgebaute Farmhaus aus dem 19. Jh. liegt in einem ruhigen Wohngebiet. Die 15 Zimmer haben ein eigenes Bad, die beiden vorderen Räume mit antiker Einrichtung und Himmelbett sind besonders hübsch. Morgens hängen die Besitzer das »Gedicht des Tages« aus, gegen 16 Uhr servieren sie Tee in der Bibliothek.
✈216 A4 ✉15 Hawthorne Street ☎800 2 85 76 38, 413 6 37 30 13 ⊕www.brookfarm.com

**The Cornell Inn $$**
Das historische Cornell Inn liegt mitten in Lenox und nur 15 Autominuten vom Norman Rockwell Museum und der Lenox Library entfernt. Zu den Annehmlichkeiten des vergleichsweise preiswerten Hotels gehören die geschmackvoll indische und europäische Dekors vereinenden Zimmer, ein Business Center und kostenlose Zeitungen.
✈216 A4 ✉203 Main Street ☎413 6 37 48 00 ⊕www.cornellbb.com

**WILLIAMSTOWN**

**1896 House $–$$**
Mit 7 ha Fläche (samt Ententeich, Bach und Brücken) beidseits der US 7 ist das ehemalige Gasthaus an der Peripherie von Williamstown ein toller Rückzugsort. Auf dem Gelände gibt es neben einem Restaurant zwei anspruchsvollere Motels. Im »Barnside Luxury Inn« sechs Luxussuiten mit Stilmöbeln.
✈216 A5 ✉910 Cold Spring Road (Rt 7) ☎888 9 99 18 96, 413 4 58 18 96 ⊕www.1896house.com

# Wohin zum ... Essen und Trinken?

Preise für ein Drei-Gänge-Menü (ohne Getränke und Service):

| | |
|---|---|
| $ | unter 30 $ |
| $$ | 30–60 $ |
| $$$ | über 60 $ |

**GREAT BARRINGTON**

**Barrington Brewery & Restaurant $–$$**
Die populäre Kleinbrauerei bietet spezielle, selbst gebraute Biersorten. Im angegliederten familiären Lokal mit viel Holz erhält man dazu passend eine Auswahl kleinerer, meist deftiger Gerichte (Burger, Sandwiches und Seafood) neben frischen Salaten.
✈216 A4 ✉420 Stockbridge Road ☎413 5 28 82 82 ⊕www.barringtonbrewery.net ◷Mo, Mi, Do 11.30–21, Fr, Sa 11.30–21.30, So 11.30–20.30 Uhr

**STOCKBRIDGE**

**Red Lion Inn $–$$$**
Historische Adresse für die schnelle Mahlzeit oder das anspruchsvolle Dinner im großen Speisesaal mit Dresscode. Im Innenhof kann man im Sommer draußen essen, der rustikale Pub bietet täglich Livemusik.
✈216 A4 ✉30 Main Street ☎413 2 98 55 45 ⊕www.redlioninn.com ◷tägl. 7–10.30, 12–14.30 und 17.30–21 Uhr

**LENOX**

**Bistro Zinc $$$**
Das edel-moderne französische Bistro mitten in Lenox ist Teil einer anspruchsvollen

Restaurantgruppe. Holzböden, riesige Fenster, lange Bar und die typischen kleinen Tischchen. Das Speisenangebot (Mittags- und Abendkarte) wird von französischen Klassikern dominiert; saisonal wechselnde mehrgängige Menüs am Abend.
216 A4 56 Church Street
413 6 37 88 00 www.bistrozinc.com
tägl. 11.30–15, 17.30–22 Uhr

#### WILLIAMSTOWN

**Mezze Bistro & Bar $$**
Zeitgenössische US-Küche im freundlichen Bistrostil mit Blick auf eine friedvolle Weidelandschaft. Aus der Küche kommen internationale Gericht aus saisonalen Produkten, zubereitet mit griechisch-marrokanischem Touch und in vielen kleinen Portionen.
216 A5 777 Cold Spring Rd.
413 4 58 0 12 34 www.mezzerestaurant.com So–Do 17–21, Fr–Sa 17–21.30 Uhr

## Wohin zum ... Einkaufen?

#### ANTIQUITÄTEN

An der US 7 gibt es zahlreiche Antiquitätenläden. In Great Barrington lohnen sich das **Great Barrington Antiques Center** (964 S Main Street; 413 6 44 88 48; www.greatbarringtonantiquescenter.com) und **Elise Abrams Antiques** (11 Stockbridge Road; 413 5 28 32 01; www.elisabramsantiques.com).

Ziele für Schnäppchenjäger sind auch Lenox, Sheffield, Stockbridge und Williamstown.

#### KUNSTHANDWERK/GESCHENKE

Glassammler steuern in Lenox die **An American Craftsman Gallery** (22 Walker Street; 413 6 37 44 95 www.anamericancraftsman.com) an. Das **Hancock Shaker Village** (S. 112) bietet Shaker-Produkte, die Shops des **MASS MoCA** (S. 113) und des **Clark Art Institute** (S. 113) offerieren Bücher, Poster oder nette Geschenke mit Motiven aus ihren Sammlungen.

#### OUTLET-VERKAUF

Bei **Lee Premium Outlets** (US 20 East; www.primeoutlets.com) kann man das eine oder andere Schnäppchen machen. 60 Designer-Outlets (COACH Factory, Cole Haan, Michael Kors, Nike Factory Store und Under Armour) bieten hier Nachlässe bis 65 %.

## Wohin zum ... Ausgehen?

#### WANDERN UND FAHRRADFAHREN

Wanderkarten, Fahrradpläne und Informationen bietet das Department of Conservation and Recreation (www.mass.gov/dcr).

Wanderwege findet man in Naturreservaten wie **Bartholomew's Cobble** bei Ashley Falls und **Monument Mountain** über Great Barrington (Ausblicke auf Devil's Pulpit!). Vom **Mount Greylock** (1064 m) sieht man an klaren Tagen fünf US-Bundesstaaten.

Kanus und Bikes für aufwendigere Touren vermieten z. B. **Berkshire Outfitters** (www.berkshireoutfitters.com) in Adams oder **Zoar Outdoor** (800 5 32 74 83; www.zoaroutdoor.com) in Charlemont.

#### HISTORISCHE WOHNHÄUSER

Der Bildhauer Daniel Chester French (1850 bis 1931) verbrachte seinen Urlaub in **Chesterwood** (4 Williamsville Road, Kreuzung SR 183, Stockbridge; 413 2 98 35 79; www.chesterwood.org).

**Naumkeag** (Prospect Hill Road, Stockbridge; 413 2 98 32 39; www.thetrustees.org) ist ein repräsentatives Sommer-Cottage im Shingle Style.

#### »LAUBJÄGER«

Farbenprächtig wie Vermont und New Hampshire (S. 19) zeigen sich im Herbst auch die Berkshires. Besonders der Mohawk Trail (SR 2 zwischen North Adams und Greenfield; www.mohawktrail.com) zieht im Oktober »leafpeeper« an.

Ländliches Indian-Summer-Idyll in dem kleinen Städtchen Craftsbury im nördlichen Vermont.

# Vermont

**Mit seinen Bergen, den netten Städtchen und der wohl umweltfreundlichsten Politik gehört Vermont zu den attraktivsten Bundesstaaten.**

Seite 116–139

# Erste Orientierung

Vermont ist etwas ganz Besonderes. So gibt es im grünsten Bundesstaat der USA nur eine einzige Stadt mit mehr als 20 000 Einwohnern, und per Gesetz wurden in den idyllischen Landschaften der Green Mountains Werbetafeln verboten. Auch Hunderte guter Milchlädchen und Käsereien tragen ihren Teil zur Atmosphäre bei. Was auch immer den Charme Vermonts ausmacht, man spürt ihn gleich bei der Ankunft.

Woodstock und Manchester gehören zu den beliebtesten Zielen in Vermont. Manchester im Südwesten kann sich einiger der besten Gasthäuser und Fischgründe im Nordosten der Staaten rühmen. Woodstock im Zentrum wiederum ist Mittelpunkt zahlreicher Outdoor-Aktivitäten. Beide Bezirke verbindet eine landschaftlich äußerst reizvolle Route (S. 198). Sie ist, wie ganz Vermont, am schönsten im Herbst, wenn das Laub sich in allen Schattierungen prächtig verfärbt, man allerdings auch Spitzenpreise für Unterkünfte zahlen muss.

Im Sommer ändern sich die Maßstäbe. Der Bundesstaat besitzt lediglich zwei Highways mit beschränktem Zugang, dazu Hunderte von Nebenstraßen, Schotter- und Wanderwegen. Dann tauscht jeder die Aktenmappe gern gegen einen Rucksack ein, nimmt Angelrute statt Handy und Wanderkarte statt Notebook, um auf dem Pferderücken oder Fahrrad von einem Inn zum nächsten zu ziehen, falls er nicht lieber in einem glasklaren Bach Forellen fischt.

Doch Vermont hat auch noch viel mehr zu bieten als Natur und sportliche Aktivitäten. In Burlington, verglichen mit Boston und New York eher »Städtchen« als »Metropole«, steppt nachts der Bär. Festivals im ganzen Staat zelebrieren Ahornsirup oder Marmelade, Mozart oder Jazz. Da die Einheimischen Theater, Kino und Restaurantbesuche lieben, ist beinahe überall auch dafür gesorgt.

TOP 10

9 ★★ Fly fishing

Nicht verpassen!

41 Hildene

42 Marsh-Billings-Rockefeller National Historical Park

Nach Lust und Laune!

43 Long Trail

44 Bennington Museum

45 Skyline Drive

46 Emerald Lake State Park

47 Quechee Gorge

48 VINS Nature Center

49 Shelburne Museum

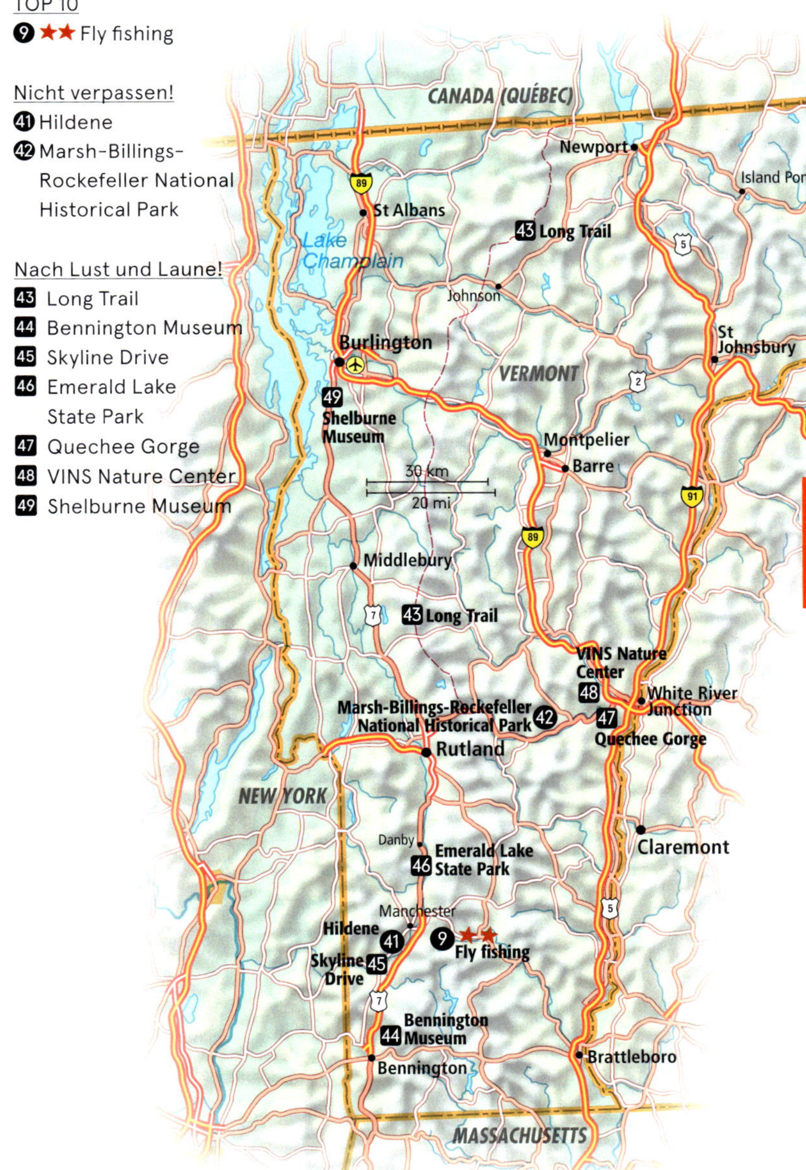

# Mein Tag im »echten« Vermont!

Ein hübsches Tal, ein gepflegtes Städtchen mit anspruchsvollem Shopping und hohe Berge, wohin man schaut. Stowe im Herzen der Green Mountains ist zu jeder Jahreszeit ein beliebtes Reiseziel. Und zeigt Ihnen die Quintessenz von Vermont.

### 8.30 Uhr: Das Wichtigste zuerst

Stowe wurde vor über 200 Jahren gegründet, und Butler House ist fast ebenso alt. In Butler's Pantry, dem urgemütlichen, auch Nicht-Gästen geöffneten Restaurant der Pension, gibt es Hausgemachtes: Bagel-Sandwiches mit Vermonter Käse, tolle Omelettes und besten, vor Ort gerösteten Kaffee.

### 9 Uhr: Schmugglern auf der Spur

Nicht dass es jetzt gefährlich würde. Aber auch lange nachdem Waffen- und Alkoholschmuggler sowie entflohene Sklaven auf dem Weg nach Kanada hier durchgezogen sind, ist Smugglers Notch, ein enger, von steilen Felsen umgebener Pass 15 Autominuten nordwestlich von Stowe, ein faszinierendes Stück Vermont. Der schmale Highway 108 kurvt um hausgroße Felsklötze herum, Schilder weisen den Weg zu Höhlen, in denen einst »heiße« Ware versteckt wurde. Machen Sie eine Wanderung, z. B. den Trail zum Sterling Pond und zurück.

### 11 Uhr: Was Sie schon immer wissen wollten ...

... aber nie zu fragen wagten! Das Film-Musical »Meine Lieder – Meine Träume« (»The Sound of Music«) mit Julie Andrews ist ein Schmacht-

9 Uhr: Schmugglern auf der Spur

11 Uhr: Was Sie schon immer wissen wollten …

12.30 Uhr: Im Reich der grünen Göttin

Auf dem Dach von Vermont: Der Blick vom Mount Mansfield, dem höchsten Berg des Bundesstaats, ist schlicht überwältigend.

fetzen und die Fangemeinde größer, als man denkt. Deshalb können auch Sie sich getrost outen und die Trapp Family Lodge besuchen. Denn in Stowe ging die echte Trapp-Familie nach ihrer Flucht vor den Nazis 1941 vor Anker und eröffnete die Lodge. Nehmen Sie an der interessanten History Tour um 11 Uhr teil.

### 12.30 Uhr: Im Reich der grünen Göttin

So heißt zwar nur das Café, aber der Lunch im Green Goddess Café ist wirklich einfach göttlich. Genießen Sie ein Sandwich und fragen Sie die Besitzer nach Einkaufstipps an der Main Street. Vielleicht werden sie Shaw's General Store (Nr. 54) für Outdoorklamotten und Souvenirs aus Stowe empfehlen, oder The Boutique (Nr. 38) für stilbewusste, bezahlbare Damenmode. Auf jeden Fall sollten Sie auch bei Ferro Estate & Custom Jeweller (Nr. 91) vorbeischauen. Dort warten nicht nur international bekannte Schmuckfirmen, sondern auch Designer aus Vermont auf Sie.

### 14.30 Uhr: Nachmittags Tundra

Stowes Hausberg ist der Mount Mansfield, mit 1335 m der höchste Berg von Vermont. Sie können ihn erklettern, mit der roten Skyride Gondola »bezwingen« oder bequem auf der Auto Toll Road hinauffahren. Während der kurvenreichen, ca. 7 km langen Fahrt über die Baumgrenze öffnen sich spektakuläre Blicke auf die Green Mountains, den Lake Champlain und die Adirondack Mountains im Bundesstaat New York. Lassen Sie den Wagen auf dem Parkplatz etwas

Oben: Ein kleiner Spaziergang rund um die Trapp Family Lodge ist durchaus lohnend, das Gelände ist sehr schön gestaltet.

Links: Souvenirs gefällig? Dann auf in den Shaw's General Store an der Main Street in Stowe!

unterhalb des Gipfels stehen, streifen Sie sich eine warme Jacke über und nehmen Sie einen der Trails zu weiteren Aussichtspunkten.

### 18 Uhr: Gut essen und feiern

Typisch Stowe ist die kleine, aber feine Auswahl guter Restaurants. Kehren Sie im Plate ein und genießen Sie die kalifornisch inspirierte Küche. Falls Sie danach noch die Energie aufbringen, halten Sie sich ans Tres Amigos. Dort werden nicht nur mexikanische Spezialitäten serviert, sondern auch Bands aus Vermont – und zwar auf der Rusty Nail Stage.

**Butler House/Butler's Pantry**
214 B4 · 128 Main Street, Stowe
802 253 29 55 · https://www.butlerspantrystowe.com · Mo, Do–So 8–12 Uhr

**Trapp Family Lodge**
214 B4 · 700 Trapp Hill Road, Stowe
802 253 85 11 · www.trappfamily.com

**Green Goddess Café**
214 B4 · 618 Main Street, Stowe
802 253 52 55 · www.greengoddessvt.com
Mo–Fr 7.30–15, Sa, So 8–15 Uhr

**Mount Mansfield Auto Toll Road**
216 B4 · Juni–Mitte Okt. tägl. 9–17 Uhr (wetterabhängig!) · Pkw, Fahrer und bis zu fünf Beifahrer 28 $

**Plate Restaurant**
216 B4 · 91 Main St, Stowe
802 253 26 91
www.platestowe.com
Mi–So 17–21 Uhr

**Idletyme Brewing Company**
216 A4 · 1859 Mountain Road, Stowe
802 253 47 65
https://idletymebrewing.com
tägl. 11.30–21 Uhr

## ❾ ★★ Fly fishing

| | |
|---|---|
| Was? | Fliegenfischen |
| Warum? | Allein das Ausrollen der Angelschnur ist Ästhetik pur |
| Wann? | Im Spätsommer und Herbst |
| Wie lange? | So lange man möchte |
| Resümee | Die Erinnerungen an die edelste Nebensache der Welt bleiben lang im Gedächtnis |

Die klaren Gewässer rund um Manchester sind ideal zum Fliegenfischen.

Das Gebiet um Manchester eignet sich mit seiner Vielzahl von Seen, Flüssen und Bächen, gepaart mit einem breiten Angebot an Ausrüstern und Kursen, hervorragend als Ziel für Freunde des Fliegenfischens. Ein eigenes Museum darf da nicht fehlen.

### Getting Started

Der Flagshipstore von Orvis in Manchester Village ist erster Anlaufpunkt, das Bassin im Inneren, mit einem Außenteich verbunden, ideal, um Anfängern die richtige Wurftechnik zu demonstrieren und über verschiedene Köder zu informieren. Selbst absolute Amateure sollten diesen Laden ansteuern. Von Mitte April bis Mitte Oktober werden dort Einführungskurse ins Fliegenfischen angeboten, die selbst blutige Neulinge befähigen, einen großen Fang zu landen. Diese Kurse sind zwar nicht gerade billig, beinhalten jedoch auch Ausrüstung, Verpflegung sowie die notwendigen Lizenzen.

Der Flagshipstore von Orvis in Manchester

Mit modernster Ausrüstung versehen, waten Sie in den Batten Kill River (S. 135; Bachforellen), fahren Richtung Norden zum Lake St. Catherine (Barsche, Hechte) oder nach Westen zum Harriman Reservoir (Seeforellen). Sollten Sie danach bereit sein, alle weiteren Urlaubspläne über den Haufen zu werfen, machen Sie sich auf in das als Fly-fishing-Paradies geltende Somerset Reservoir im Süden des Green Mountains National Forest.

## Museal aufbereitet

Echte Fans zieht es auch ins American Museum of Fly Fishing mit allen erdenklichen Informationen zum Thema »Fliegenfischen«. Die Sammlung des Museums umfasst u. a. 1000 Ruten und sage und schreibe 20 000 Köder! Der älteste wurde bereits 1789 gebunden.

**KLEINE PAUSE**

Alles für ein Picknick mit sämtlichen Schikanen bietet das **Zoey's Deli & Bakery** im Zentrum von Manchester.

Zoey's Deli & Bakery: 539 Depot Street, Manchester, VT, Tel. 802 3 62 00 05, https://www.zoeys.com, Mo, Mi–So 8.30–15 Uhr

---

**Orvis**
214 A1
4180 Main Street, Manchester, VT
802 3 62 37 50
www.orvis.com
Mo–Fr 10–18, Sa 9–18, So 10–17 Uhr
Eintägiger Kurs für Anfänger 279 $, zweitägiger Angelkurs für 489 $, inkl. Ausrüstung und Angelgebühr für den Batten Kill River

**American Museum of Fly Fishing**
214 A1 4070 Main Street in Manchester Village 802 3 62 33 00
https://www.amff.org Juni–Okt. Di–So 10–16 Uhr, sonst Di–Sa 10–16 Uhr
Erwachsene: 5 $, Kinder: 3 $

**Vermont Fish and Wildlife Department**
214 B3 1 National Life Dr., Davis 2, Montpelier, VT 802 8 28 10 00
www.vtfishandwildlife.com

# Battenkill River: À la Brad Pitt

Seit dem Hollywoodfilm »Aus der Mitte entspringt ein Fluss«, mit Brad Pitt in einer der Hauptrollen, wissen auch Laien um den ästhetischen Reiz des Fliegenfischens. Bis zu den Hüften in einem klaren, vom dunklen Wald umgebenen Flüsschen zu stehen, die Leine in weiten Bögen auswerfen, all das zu genießen, ist etwas ganz Besonderes. Die Schönheit der Natur zu erleben – und dazu diese unglaubliche Ruhe. Das ist beinahe schon Meditation – oder Zen. Die dicke Regenbogenforelle zu fangen, gerät da fast zur Nebensache.

# Hildene

| | |
|---|---|
| Was? | Sommerresidenz des Präsidentensohns Robert Todd Lincoln |
| Warum? | Hildene gilt den Amerikanern als Nationalheiligtum |
| Wann? | Nachmittags |
| Wie lange? | Drei Stunden |
| Was noch? | Die für den leckeren Hildene Cheese verantwortlichen Ziegen besuchen |
| Resümee | Hier bekommt man ein personalisiertes, typisch amerikanisches Geschichtsverständnis präsentiert |

In Vermont gibt es kaum Sommerhäuser Prominenter. Eine der wenigen Ausnahmen bildet Hildene, ein repräsentativer Landsitz mit 24 Zimmern im damals modischen Stil des »Georgian Revival« samt zugehörigen Ländereien bei Manchester.

Robert Lincoln war lange Präsident der Pullman Palace Car Company. Daher kann man auf Hildene auch einen Eisenbahnwagen besichtigen.

## »Musikalischer« Sommersitz

Hildene entstand im Jahr 1905 als Sommerhaus für Robert Todd Lincoln, den Sohn des Präsidenten Abraham Lincoln. Er liebte Vermont besonders, das er 40 Jahre lang regelmäßig besucht hatte, bevor er sich dort diesen Landsitz errichten ließ: ein in jeder Hinsicht eindrucksvolles Gebäude und verglichen mit den extravaganten »Cottages«, die Multimillionäre wie die Astors oder die Vanderbilts zur selben Zeit in Newport hinterließen, sicher menschlicher im Maßstab. Außergewöhnlich ist die Orgel der Bostoner Firma Aeolian-Skinner von 1908 mit 1000 Pfeifen, die man – wie die Luftsäulen für die Blasebälge im Keller – in Einbauschränken im Treppenhaus verbarg. Wird die Orgel gespielt, verbreiten sich ihre Klänge deshalb im ganzen Haus. Lincoln selbst verbrachte bis zu seinem Tod im Jahr 1926 hier den Sommer, seine Nachkommen bis 1975.

Hildene wurde von Robert Todd Lincolns Nachfahren bis 1975 genutzt.

## Rundgang in Haus und Garten

Ein Video im Welcome Center bereitet auf den Besuch vor, der neben einer Vorführung der Orgel einen Blick in die Gesellschaftsräume, mehrere Schlafzimmer und den Dienstbotentrakt beinhaltet. Rührend ist der Zylinder des Vaters Abraham Lincoln – einer von dreien, die erhalten geblieben sind. Hinter dem Gebäude erstreckt sich ein französischer Garten, dessen Formbeete die Glasfenster von Kathedralen nachahmen. Mitte Juni blühen dort in spektakulärer Anordnung etwa 1000 Pfingstrosen. Doch auch außerhalb ihrer Blütezeit gibt es hier genug zu sehen. Dank einer Restaurierung präsentieren sich Schnittblumen- und Küchengarten wieder wie vor hundert Jahren. Auf 170 ha Wiesen und Landwirtschaftsflächen werden Tiere nach traditioneller Art gehalten, z. B. dem Prinzip der Umtriebsweide folgend. Die Ziegenscheune für die Käseproduktion dagegen wird ganz modern mit Solarenergie betrieben!

Marsh Tavern: Equinox Resort, Tel. 802 3 62 47 00, https://www.equinoxresort.com, tägl. 11.30–22 Uhr

### KLEINE PAUSE

In der **Marsh Tavern** im Equinox Resort (S. 135) kann man stilvoll, aber ungezwungen zu Mittag speisen.

214 A1 SR 7A, Manchester, VT
800 5 78 17 88
www.hildene.org

Mo, Do–So 10–16.30 Uhr; Feiertage geschl. 23 $. Führungen auf Anfrage

# 42 Marsh-Billings-Rockefeller National Historical Park

| | |
|---|---|
| Was? | Vermonts einziger Nationalpark, der sich dem Verhältnis von Landwirtschaft und Naturschutz widmet |
| Warum? | Wunderschöne Aussichten, lehrreiche Erfahrungen |
| Wann? | Während der Laubfärbung Ende September |
| Wie lange? | Von mittags bis abends |
| Resümee | Ein Schutzgebiet der etwas anderen Art |

Wer glaubt, im Marsh-Billings-Rockefeller-Nationalpark warten Mammutbäume, tiefe Täler, umherwandernde Büffelherden oder Blockhütten, wird ziemlich überrascht sein. Obwohl er kleiner ist als seine berühmteren Brüder in anderen Teilen der USA, beeindruckt er mit 225 ha malerischer Landschaft, in der man vieles sehen und erfahren kann.

Eine Kuh in der Billings Farm and Museum

Offiziell klassifiziert als unter dem Schutz der US-Bundesregierung stehender »National Historical Park«, bietet er weite Flächen unberührter Wälder. Sie unterliegen der Pflege und Obhut von Parkrangern, die Besucher gern mit Rat und Tat unterstützen.

## Panoramablick vom Mount Tom Forest

Frederick Billings (Namensgeber einer Stadt in Montana) pflanzte in den 1870er-Jahren auf ehemaligem Farmland Tausende von Bäumen und legte ein Netz aus 32 km Transport- und Wanderwegen an – bis heute landesweit ein Musterbeispiel bewirtschafteten Schutzwalds. Vom Faulkner Park im Ort führen Wege zum kleinen See »The Pogue«, andere schlängeln sich gemächlich zum Gipfel des Mount Tom hinauf: Hier bietet sich ein Panoramablick auf das darunter liegende Woodstock und (bei schönem Wetter) auf mehrere

Brücken über den Ottauquechee River. Im Winter mutieren die Wirtschaftswege zu gepflegten Ski-Loipen, unterhalten von einer Betreibergesellschaft (Woodstock Inn and Resort's Nordic Center).

### Die Arbeitsfarm: Billings Farm and Museum

Obwohl nicht Teil des Nationalparks, spielte auch der Farmbetrieb eine Rolle bei der Entwicklung des weiträumigen Areals. Kindern wird besonders die Arbeitsfarm gefallen oder das pädagogisch ausgerichtete Museum, das dem auf Selbstversorgung abzielenden Betrieb der für die Landschaft Vermonts typischen Hügelfarmen des 19. Jh.s gewidmet ist. In einer »Milchscheune« kann man zusehen, wie eine Herde Jersey-Kühe gemolken wird, und nebenan vielleicht ein neu geborenes Kälbchen streicheln. Zudem gibt es einen Stall mit Hühnern, eine Schafweide und selbstverständlich einen Pferdestall.

Das restaurierte Farmhaus aus dem Jahr 1890 ist etwas für Erwachsene. Damals seiner Zeit voraus, verfügte es bereits über ein Leitungssystem im Innern, fließendes Wasser sowie zahlreiche Wirtschafts- und Privaträume. Besonders interessant: die Molkerei im Erdgeschoss, in der aus frischer Milch Butter und Sahne entstanden.

Herrliches Landschaftsidyll südlich von Woodstock.

## Wechselnde Besitzer: Marsh-Billings-Rockefeller Mansion

Zum Park gehört auch der 1805 für die Familie von George Perkins Marsh errichtete Wohnkomplex. Der Schriftsteller und Naturschützer wuchs in diesem Haus auf, das er 1869 an den Rechtsanwalt und Finanzmann Frederick Billings veräußerte. Dessen Familie renovierte das Anwesen zweimal, bevor es 1954 an Mary F. und Laurance S. Rockefeller fiel. 1992 stiftete die Milliardärsfamilie schließlich Wälder und Wohngebäude der US-Regierung, die beides in einen National Historical Park umwidmete.

Kürbisse sind typisch für die Landwirtschaft in Vermont.

Das Herrenhaus ist im Innern ausgestattet mit Antiquitäten, Tiffany-Fenstern und asiatischem Porzellan. Unter den 400 Gemälden der Kunstsammlung finden sich Werke von Albert Bierstadt (dem deutschstämmigen Maler des amerikanischen Westen) und Thomas Cole (Mitglied der Hudson River School).

Der Zugang zum Mount Tom Forest ist frei, Mountainbikes, Schneemobile und sonstige Fahrzeuge mit Motor sind darin nicht erlaubt. Ein günstiges Kombi-Ticket berechtigt zum Besuch von Billings Farm and Museum und Marsh-Billings-Rockefeller Mansion.

### KLEINE PAUSE

So können Sie die Region auch kulinarisch erfahren: Decken Sie sich mittags im **Woodstock Farmers' Market** mit regionalen Produkten wie Obst, Gemüse, Käse und frisch gebackenem Brot ein und suchen Sie sich dann ein schönes Plätzchen für ein Picknick.

Woodstock Farmers' Market: Route 4, 1,6 km westlich von Woodstock, Tel. 802 4 57 36 58, www.woodstockfarmersmarket.com, Di–So 9–18 Uhr

214 B2 54 Elm Street, Woodstock, VT 802 4 57 33 68
Ende Mai–Okt. tägl. 9–17 Uhr
Führungen Marsh-Billings-Rockefeller Mansion und Gärten: 8 $, Mount Tom Forest: frei

**Billings Farm and Museum**
214 B2 SR 12 Ecke River Road, Woodstock, VT 802 4 57 23 55
www.billingsfarm.org
April–Okt. tägl. 10–17, Nov.–Feb. Sa, So 10–16 Uhr 17 $; Kinder (4–15 Jahre) 10 $, Senioren 15 $

## Nach Lust und Laune!

### 43 Long Trail

Der 435 km lange Fernwanderweg ist der älteste der USA. Vom Green Mountain Club zwischen 1910 und 1930 angelegt, durchzieht er Vermont auf ganzer Länge von Massachusetts bis Kanada. Im Süden des Bundesstaats fällt er auf etwa 160 km mit dem Appalachian Trail zusammen, was diesem Teilstück besonderen Zulauf beschert. Am Sherburne Pass (bei Killington) trennen sich beide zwar wieder, doch die Schönheit des Long Trail macht so manchen Wanderer abspenstig, der eigentlich geplant hatte, dem Appalachian Trail bis zu seinem Ende nach Maine zu folgen.

Den Long Trail säumen etwa 70 Hütten, Unterstände und einfache Zeltplätze. Auf ganzer Länge kann man von fast jedem Punkt eine schöne Tagestour unternehmen. Von Manchester aus empfiehlt sich die Anfahrt über die Route 11, etwa 10 km östlich von Manchester Center. Nehmen Sie die Abzweigung linker Hand zum Ausgangspunkt des Weges. Wandern Sie Richtung Norden zum Bromley Mountain, Richtung Süden zum Stratton Mountain, 64 km sind es nach Süden bis Massachusetts, 370 km nach Norden bis Kanada.

Sorgen Sie für bequemes Schuhwerk, Trinkwasser und Insektenschutz und denken Sie an die Kamera. Sie werden nicht nur unberührte Seen zu Gesicht bekommen und zerklüftete Gipfel, die aus dichten, grünen Hartholzwäldern aufragen, sondern auch Rotwild, Waschbären, bei etwas Glück sogar einen der seltenen Wanderfalken. Der Führer »Long Trail Guide« des Green Mountain Club enthält detaillierte Pläne und Beschreibungen.

Der Long Trail, der Vermont auf ganzer Länge durchzieht, ist ein Paradies für Wanderer.

214 A3-B5

**The Green Mountain Club**
4711 Waterbury-Stowe Road, Waterbury Center, VT ☎ 802 2 44 70 37
www.greenmountainclub.org

### 44 Bennington Museum

Eher ein Geheimtipp mit skurriler Sammlung, präsentiert man hier u. a. die Bennington Flag, die als eine der ältesten Flaggen der USA angeblich bei der gleichnamigen Schlacht am 16. August 1777 wehte: Sie zeigt 13 rot-weiße Streifen sowie die Zahl 76 in der linken oberen Ecke. Zudem findet man Keramik und Möbel der Region neben einer

Wasp-Limousine von 1924. Den Höhepunkt der Sammlung bilden die Werke der naiven Malerin »Grandma« Moses (1860–1961), einer Farmersfrau aus der Umgebung, die erst im Alter von 70 zu malen anfing. Ihre naiven Darstellungen des Landlebens in Vermont hängen heute in zahlreichen Museen – die größte Kollektion jedoch besitzt man in Bennington!

214 A1 75 Main Street, Bennington, VT 802 4 47 15 71 https://benningtonmuseum.org Juni–Okt. Mo, Di, Do–So 10–16 Uhr, April, Mai, Nov., Dez. Di. und Mi geschl. 15 $

## 45 Skyline Drive

Wenn Sie den Ausblick vom Gipfel eines der Green Mountains genießen möchten, ohne vorher mühevoll einen ganzen Tag hinaufsteigen zu müssen, fahren Sie einfach den mautpflichtigen Skyline Drive (Zufahrt an der SR 7A südlich von Manchester) hinauf. Schnell erreichen Sie den 1173 m hohen Mount Equinox. Die 8 km lange Straße auf seinen Gipfel bietet atemberaubende Ausblicke, allerdings ist man dort – wie meist auf gut ausgebauten Straßen – selten allein.

214 A1 1A St. Bruno Drive, Arlington, VT 802 3 62 11 14 www.equinoxmountain.com Ende Mai–Okt. Mo–Mi 9–17 Uhr, Do bis So 9 Uhr bis 35 Min. vor Sonnenuntergang Pkw mit Fahrer: 25 $, Mitfahrer kosten 5 $ pro Person. Keine Busse oder Wohnmobile

## 46 Emerald Lake State Park

13 km nördlich von Manchester beginnt der Park (174 ha), dessen See zwar nicht – wie sein Name suggeriert – die Farbe von Smaragden hat, aber dennoch ein Juwel ist. Da Motorboote darauf verboten sind, kann man schwimmen, fischen und rudern oder die ausgezeichneten Campingplätze nutzen. Wer keine Lust dazu hat, durchstreift auf schönen Wanderwegen die darüberliegende Hügellandschaft.

214 A1 US 7, East Dorset, VT 802 3 62 16 55 www.vtstateparks.com Ende Mai–Mitte Okt. tägl. 10 Uhr bis Sonnenuntergang 4 $

## 47 Quechee Gorge

Zwar ist die durch eiszeitliche Erosion in Jahrtausenden 50 m tief ins Flusstal des Ottauquechee River gegrabene Quechee Gorge nicht, wie gern behauptet, eine Art kleiner Grand Canyon der Ostküste, doch überaus beeindruckend. Ein angenehmer Wanderweg (0,8 km) führt von der Straße hinab auf Flussniveau, wo es sogar eine Badestelle gibt. Schöne Sicht auf die Gorge hat man von der die Schlucht überspannenden Brücke.

**Quechee State Park**
214 B2 US 4, Quechee, VT. Parkplätze bei Quechee Gorge Gifts & Sportswear auf der Nordseite der Straße 802 2 95 29 90 www.vtstateparks.com

## 48 VINS Nature Center

Raubvögel sind Anliegen und Attraktion im 19 ha großen Nature Center des Vermont Institute of Natural Science, einem Lebensraum von Arten wie Stein- oder Weißkopfseeadler, Virginia-Uhu, Schnee-eule oder Sägekauz, Rotschwanzbussard oder Wanderfalke. Man erhält Informationen über ihre Verbreitung und bestaunt Darbietungen ihrer Flug- und Jagdkünste. Daneben trifft man auf Singvögel wie den Rosenbrust-Kernknacker und den Zedernseidenschwanz. Auch eine Audiotour wird angeboten.

214 B2 ✉ US 4, nahe Quechee Gorge, VT ☎ 802 3 59 50 00
🌐 www.vinsweb.org
🕐 April–Okt. tägl. 10–17, Nov.–April tägl. 10–16 Uhr 🎟 19 $. Kinder- und Seniorenermäßigung. Sonderführungen

## 49 Shelburne Museum

153 km (zwei Fahrstunden) von Manchester entfernt, lohnt das einzigartige Museum einen Besuch nicht nur an Regentagen. Gegründet 1947 von der Sammlerin Electra Havemeyer Webb, gilt es mit gutem Grund als »Smithsonian Neuenglands«. Denn neben Malerei und angewandter Kunst besitzt es eine der exquisitesten Sammlungen amerikanischer Volkskunst.

Zu seinen über 150 000 Schaustücken gehören kunstvoll geschnitzte Ködertiere, Quilts, Wetterfahnen und andere Americana. Sie konkurrieren mit traditionelleren

Das »Lighthouse« im Shelburne Museum stand einst direkt am Lake Champlain.

Museumsexponaten wie Gemälden und Grafiken bekannter Künstler, darunter Rembrandt, Monet, Degas, Winslow Homer, Andrew Wyeth und Grandma Moses.

Die Bestände verteilen sich auf 39 Gebäude im weitläufigen Museumsareal (18 ha), einige davon sind selbst eine Attraktion: wie Bahnhof (1890), Schulhaus, Rundscheune (1901), Leuchtturm, Gefängnis oder Gemischtwarenladen aus dem 18. Jahrhundert. Kurios mutet der imposante Dampfer »Ticonderoga« an, der, zum National Historic Landmark erklärt, im Trockenen »vertäut« liegt.

214 A4 ✉ US 7, Shelburne, VT
☎ 802 9 85 33 46
🌐 www.shelburnemuseum.org
🕐 Mitte Mai–Okt. tägl. 10–17, Jan.–April Mi–So 10–17 Uhr 🎟 25 $. Kinder bis 5 Jahre: frei, von 5–12 Jahren: 12 $

# Wohin zum … Übernachten?

Preise für ein Doppelzimmer pro Nacht (ohne Steuern):

| | |
|---|---|
| $ | unter 170 $ |
| $$ | 170–300 $ |
| $$$ | über 300 $ |

### MANCHESTER

**The Chalet Motel $**
Dieses Motel bietet eine preiswerte, familiengerechte Unterkunft im Herzen der Green Mountains: 43 geräumige, komfortable Zimmer, modern und zeitgemäß, manche mit Doppel- oder französischen Betten, andere mit ausziehbarem Schlafsofa. Sämtliche Räume verfügen über TV, Kühlschrank, Kaffeemaschine und Telefon. Ein beheizter Außenpool hält Kinder und Eltern bei Laune, desgleichen ein Spielzimmer. Günstig ist zudem die Lage: in der Nähe mehrerer Designer-Outlets, des Anwesens Hildene oder des Golf Greens des Manchester Country Club.
214 A1 1875 Depot Street
802 3 62 16 22
https://www.wyndhamhotels.com

**The Equinox Resort and Spa $$$**
Das weitläufige Haus aus dem Jahr 1769 mit Säulenvorhalle verfügt über die Luxuseinrichtungen eines Top-Hotels: Concierge-Service, aufwendiges Spa sowie anspruchsvoller Golfplatz mit 18 Löchern. In der British School of Falconry können sich Gäste mit trainierten Raubvögeln in die Kunst der Falknerei einweisen lassen oder sich auf einer zweitägigen Tour auf dem Batten Kill River über neue Angeltechniken informieren. Es gibt gleich mehrere Restaurants: »Chop House« (Steaks und Salate) und »Marsh Tavern« (Neuenglandküche). Die mit dunklem Holz vertäfelte »Falcon Bar« serviert zu Wein und Drinks lokale Käsespezialitäten.
214 A1 SR 7A (3567 Main Street)
802 3 62 47 00
https://www.equinoxresort.com

**Manchester View $$–$$$**
Seit 1950 erzielt das klassische neuenglische »Country Inn« regelmäßig Spitzenbewertungen. Einige Räume (Zimmer und Suiten von Standard bis Deluxe) sind nach Schriftstellern benannt, so der Robert Frost Room in einer umgebauten Scheune, in dem sich historische Ausstattung wie Badarmaturen mit modernem technischen Komfort verbinden. Neben dem Pool können Hotelgäste die Golf- und Tenniseinrichtungen des nahegelegenen Manchester Country Club nutzen.
214 A1 77 High Meadow Way
800 5 48 41 41 oder 802 3 62 27 39
https://www.manchesterview.com

### DORSET

**Dorset Inn $$–$$$**
Schon seit Ende des 18. Jh.s werden in dem herrschaftlichen Gebäude Gäste begrüßt. Alle Zimmer sind sehr gemütlich eingerichtet und individuell ausgestattet. Einge der Zimmer haben einen Whirlpool im Bad. Zwei Restaurants gehören zu dem Haus.
214 A1 8 Church Street
802 8 67 55 00
https://www.dorsetinn.com

### WOODSTOCK

**The Braeside Lodging $–$$**
Etwa 1,5 km nordöstlich von Woodstock an einem ruhigen Hügel liegt dieses Motel, nahe beim Marsh-Billings-Rockefeller National Historical Park sowie Billings Farm and Museum. Sämtliche 12 Zimmer verfügen über eigenen Eingang, TV-Gerät, Kühlschrank, kostenlosen Internetzugang und Klimaanlage.
214 B2 908 East Woodstock Road
802 4 57 13 66 https://www.braesidelodging.com

**The Shire $–$$**
Attraktives Motel mit kolonialem Flair, von dem aus Sie schnell zu Fuß Woodstock mit seinen Läden und Restaurants erreichen. Die 42 hellen Gästezimmer sind komfortabel im typischen Neuenglandstil möbliert, die

meisten mit Ausblick auf den Ottauquechee River. Schöner Außenbereich mit Schaukelstühlen und Blick auf den Fluss.
214 B2 46 Pleasant Street
1 802 4 57 22 11 https://www.shirewoodstock.com

**Woodstock Inn and Resort $$–$$$**

In Komfort und Küche jeder Stadtresidenz vergleichbar, ist dies alles andere als ein Dorfgasthof – ein großzügig dimensioniertes Haus, vom Flügel in der Lounge bis zu den 142 Zimmern unterschiedlicher Kategorien. Die meisten Hotelgäste nutzen die Sportmöglichkeiten (Golf, Tennis oder Squash) sowie die Spa-Einrichtungen. Im Winter haben sie freien Zugang zum hoteleigenen Nordic Center (Skilanglauf, So–Do). Mehrere Restaurants.
214 B2 14 The Green
888 3 38 27 45 oder 1 802 3326853
https://www.woodstockinn.com

## QUECHEE

**The Quechee Inn at Marshland Farm $–$$**

Die Quechee Gorge in Fußnähe, eine ehemalige Farm aus dem 18. Jh. hoch über dem Ottauquechee River ist heute ein komfortabler Übernachtungsbetrieb mit 25 Zimmern. Diejenigen im Altbau mit Dielen aus Pinienholz, gemütlich-ländlichem Dekor und Blick über den Fluss besitzen am meisten Atmosphäre. Hierher kommt man zur Erholung, zum Wandern oder Skilanglauf auf 18 km Wegen. Großzügiges Frühstücksbüfett mit Rührei, »bacon«, Pfannkuchen, Muffins und Früchten. Hauptmahlzeiten à la carte mit frischen regionalen Zutaten. Umfangreiche Karte mit heimischen und Importweinen.
214 B2 1119 Quechee Main Street
802 2 95 31 33 https://www.quecheeinn.com

## VERGENNES

**Strong House Inn $$**

In der Nähe von Shelburne Museum, Teddybären-Fabrik (S. 138) und Lake Champlain günstig gelegen, ist dieses hübsche Anwesen von 1834 mit seinen weißen Holzgebäuden selbst eine Reise wert. Die Zimmer sind mit Antiquitäten eingerichtet, teils mit funktionierendem Kamin, bei jeglichem Komfort, wie Highspeed-Internetzugang. Besondere Arrangements für Anhänger des Quiltens auf der Website.
214 A3 94 West Main Street
802 8 77 33 37 https://www.stronghouseinn.com

## WARREN

**Pitcher Inn $$$**

Neun Zimmer der luxuriösen, geschmack- und stimmungsvollen Herberge liegen im Hauptgebäude, zwei Suiten in einer umgebauten Scheune. Mit viel Liebe zum Detail wurden Gemeinschaftsräume und Gästezimmer eingerichtet: Mit Kunstwerken und Antiquitäten illustrieren sie jeweils ein Thema aus der Historie Vermonts. Einige Zimmer verfügen über offene Kamine. Der Küchenchef verwendet für seine Kreationen ausschließlich regionale Zutaten, neben Lämmern, Wachteln oder Kaninchen aus Vermont auch uralte Bio-Tomatensorten, Bio-Eier oder Produkte kleiner Käsereien. Besondere Arrangements für private Feiern.
214 A3 275 Main Street 802 4 96 63 50
https://www.pitcherinn.com

Der Neuengland-Charme des Woodstock Inn ist kaum zu überbieten.

# Wohin zum ... Essen und Trinken?

Preise für ein Drei-Gänge-Menü (ohne Getränke und Service):

| | |
|---|---|
| $ | unter 30 $ |
| $$ | 30–60 $ |
| $$$ | über 60 $ |

**MANCHESTER**

**Pearl's Place & Pantry $$**

Tolle Mischung aus traditioneller Südstaatenküche und klassischem amerikanischen Barbecue: Beste Weine und Biere begleiten köstliche Gourmant-Gerichte wie Creole Gumbo, Mardi Gras Pasta und New Orleans Steak Frites. Gemütliche Atmosphäre, besonders freundliche Gastgeber. In der zugehörigen Bar gibt es eine kleine Auswahl an Speisen und eine lange Cocktail-Liste.
214 A1 1942 Depot Street
802 3 67 30 98 https://www.pearlsplacevt.com Mo, Do–So 17–21 Uhr

**Chantecleer $$$**

Das Restaurant von Michel Baumann in einer ehemaligen Scheune kombiniert europäische und asiatische Einflüsse und beeindruckt mit einer für ländliche Lokale ungewöhnlichen Qualität: viel frischer Fisch und Wild neben Gerichten wie Seezunge mit Kapern und Zitrone oder Weinbergschnecken mit Haselnussbutter. Ausgefeilte Desserts.
214 A1 8 Read Farm Lane, 5,5 km nördlich von Manchester, in East Dorset
802 3 62 16 16 https://chantecleerrestaurant.com Mi–Sa ab 17.30 Uhr

**Mulligans $–$$**

Klassisches amerikanisches Pub-Food in großzügigen Portionen, allen voran gewaltige Burger, Sirloin Steaks und neuenglische Lobster Rolls. Bei den Getränken ganz oben: Guinness vom Fass! Wer das nicht mag, wählt eines der elf anderen Biere vom Fass. Reservierungen werden nicht akzeptiert.
214 A1 3912 Route 7A 802 3 62 36 63
https://www.mulligans-vt.com
Mo–Do, Sa, So 12–20, Fr 12–21 Uhr

**Mistral's at Toll Gate $$$**

In dem romantischen Restaurant sind die Fenstertische mit Blick aufs Wasser immer schnell belegt. Die exquisite, traditionell französische Küche mit Gerichten wie Chateaubriand béarnaise wechselt saisonal. Die Weinkarte (oberes Preissegment!) wurde wegen herausragender Qualität vielfach ausgezeichnet. Reservierung wird empfohlen.
214 A1 10 Toll Gate Road 802 3 62 17 79
https://mistralsattollgate.com
Do–Mo 18–21 Uhr

**WOODSTOCK**

**Angkor Wat $–$$**

Kambodscha und Thailand in heimeliger Neuengland-Atmosphäre: Das hübsche kleine Restaurant an der Pleasant Street ist 15 Jahre nach seiner Eröffnung so etwas wie ein Nachbarschaftstreff geworden. Gekocht wird ohne Öl zum Anbraten und nur mit Produkten aus der Umgebung. Besonders gut: die Entenbrust.
214 B 2 61 Pleasant Street
802 4 57 90 29 https://angkorwatvt.com
Di–So 16–20.30 Uhr

**Mountain Creamery $**

Die Sodabar mit nostalgischem Flair und Früchte-Pies, Gebäck und selbst gemachtem Eis auf der Karte ist beliebter Zwischenstopp für Familien mit Kindern. Kleine Gerichte morgens und mittags, wie Sandwiches mit Käse überbacken oder mit Thunfischaufstrich (Tuna Melt).
214 B2 33 Central Street 802 4 57 17 15
https://www.mountaincreameryvt.com
tägl. 7–15 Uhr (im Sommer länger)

**The Prince and the Pauper $$–$$$**

Seit nunmehr 50 Jahren bereichert The Prince and the Pauper die Restaurantszene von Woodstock. Frische regionale Herkunft ist Trumpf in dem mehrfach ausgezeichneten Lokal. Auf der Karte stehen internationale wie amerikanische Klassiker. Täglich wechselndes Festpreis-Menü.
214 B2 24 Elm Street 802 4 57 18 18
https://www.princeandpauper.com
Di–Sa 17–21 Uhr

Delikates Muschelgericht im The Mill at Simon Pearce.

### QUECHEE

**The Mill at Simon Pearce $$-$$$**
Elegantes Restaurant in einer umgebauten Wassermühle, in der auch Künstler arbeiten (S. 138). Wechselnde Karte, z. B. Kabeljau mit Meerrettichkruste oder Ente mit Mango-Chutney. Frisch gebackenes Brot und exzellente Weinkarte. Reservierung ist unbedingt erforderlich.
✢214 B2 ✉The Mill, 1760 Quechee Main Street ☎802 2 95 14 70
🌐https://www.simonpearce.com
🕐Mi–So 11.30–14.45 und 17.30–20.30 Uhr

## Wohin zum … Einkaufen?

### GENERAL STORES

Von den traditionellen Gemischtwarenläden für den Bedarf der Landbevölkerung haben nur wenige überlebt, z. B. der **Vermont Country Store** (SR 100; ☎800 5 47 78 49; www.vermontcountrystore.com) in Weston mit Ableger in Rockingham (SR 103; ☎802 4 63 22 24). Weniger kommerzielle Läden werden fast ausschließlich von Einheimischen genutzt (telefonische Wegbeschreibung teilweise erforderlich!), wie der **South Woodstock Country Store** (☎ 802 4 57 30 50, www.southwoodstockcountrystore.com) in South Woodstock. Der **JJ Hapgood Store** (305 Main Street, Peru; ☎ 802 8 24 48 00) hatte 1987 einen Kurzauftritt in dem Diane-Keaton-Film »Baby Boom«.

### LANDESTYPISCHE PRODUKTE

Käse und Ahornsirup verkaufen kleine Läden auf dem Land. Mehr Spaß macht der Besuch in ihren Produktionsstätten, die nicht immer einfach zu finden sind.

Die **Sugarbush Farm** (☎802 4 57 17 57; www.sugarbushfarm.com) in Woodstock verkauft eine breite Palette handgefertigter Hartkäsesorten neben Ahornsirup aus dem eigenen Sugarhouse. Interessante Einkaufsquellen sind auch das **Sugar Shack** in Arlington (☎802 3 75 67 47), die **Dwight Miller Orchards in** East Dummerston (☎802 2 54 91 11) oder die **Richardson Farm** bei Woodstock (☎802 4 17 12 20). Nähere Informationen zum Einkauf von Ahornsirup unter: www.vermontmaple.org.

### KUNSTHANDWERK

In Vermont blüht das (Kunst-)Handwerk. Die Kooperative **Northeast Kingdom Artisans Guild** verkauft die Produkte ihrer 100 Mitglieder (430 Railroad Street, St. Johnsbury; www.nekartisansguild.com), in Middlebury das **Frog Hollow Vermont State Craft Center** (85 Church St; www.froghollow.org) Arbeiten von 250 Kunsthandwerkern.

Überregional bekannt, betreibt der irische Glasdesigner **Simon Pearce in Vermont die Werkstatt »The Mill in Quechee«** (US 4, Quechee; www.simonpearce.com): Hier arbeiten Töpfer und Glasbläser in einer umgebauten Wassermühle, die zugleich als Showroom für edles Mobiliar, hochwertiges Glas und vieles andere dient.

Die »Geburt« von Teddybären enthüllt die **Vermont Teddy Bear Company** in Shelburne (6655 Shelburne Rd., Shelburne; www.vermontteddybear.com; Eintritt 5 $ nur geführte Touren, tägl. 10–16 Uhr).

#### DESIGNER-OUTLETS

In den Manchester Designer Outlets (Manchester Center; www.manchesterdesigner outlets.com) findet man die Produkte einer breiten Auswahl hochwertiger Designer-Labels. Angelegt wie ein kleines Dorf inklusive Restaurants, eignen sich die Geschäfte ideal zum Stöbern – als willkommene Abwechslung zu den austauschbaren städtischen Shopping-Malls: Schuhe, Handtaschen und Accessoires, Bücher, Karten, Schmuck oder Möbel – alles mit deutlichem Preisabschlag (laut Eigenwerbung bis zu 70 %).

## Wohin zum … Ausgehen?

#### WANDERN UND FAHRRADFAHREN

Wandertouren, maßgeschneidert in Schwierigkeitsgrad und Dauer, mit Übernachtung in feinen Inns, versprechen **Country Inns Along the Trail** (☎802 2 47 33 00; www.innto inn.com) in Brandon; **Vermont Inn-to-Inn Walking** (☎833 4 66 24 66; www.vermontinn toinnwalking.com) in Chester. Fahrradtouren (mit Gepäcktransport durch den Veranstalter) bucht man bei **VBT Bicycling Vacations** (☎800 2 45 38 68; www.vbt.com) oder **POMG Bike Tours of Vermont** (☎ 855 4 45 54 61; www.pomgbike.com) in Richmond. **Discovery Bicycle Tours** (☎800 2 57 22 26; www. disco verybicycletours.com) bietet Wochenend- und Mehrtagestouren.

#### SKIFAHREN

Im Winter bevölkern ca. 5 Mio. Skifans die 20 Feriengebiete der Region, darunter **Killington** (www. killington.com) mit einem breiten Angebot an Abfahrten und Loipen. Beliebtes Familienziel ist **Okemo Mountain Resort** (www.okemo.com), während **Stratton** (www. stratton.com) eher die verwöhnten New Yorker anzieht. Das sportliche **Stowe** weiter nördlich ist mit anspruchsvollen Double-Diamond-Abfahrten eher etwas für Skiprofis. Eine gute Adresse auch für Anfänger ist dagegen die **Stowe Mountain Resort Ski and Snowboard School** (www.stowe.com).

Auch Skilanglaufzentren hat Vermont zu bieten: 80 km gepflegte Loipen in die Einsamkeit findet man in der Umgebung des **Blueberry Hill Inn** in Goshen (www.blueber ryhillinn.com), mitten im Green Mountain National Forest.

#### WASSERSPORT

Angeln, Kanu fahren und segeln kann man beispielsweise auf dem **Lake Champlain**. Vermont Vacation listet auf seiner Webseite alle Seen und Flüsse im Bundesstaat, auf denen Wassersport möglich ist, mitsamt Anbietern, Wasserski- und Bootsvermietungen (https://www.vermontvacation.com).

#### ANGELN

Angler über 15 benötigen einen Angelschein (»fishing licence«; bei Gemeinden, Ausrüstern, Fischerei- und Jagdaufsehern). Das Vermont Fish and Wildlife Department bietet dazu einen »Fish & Wildlife Guide« (www.vtfis handwildlife.com). Ausrüster: **The Battenkill Angler** (Manchester Center; www. battenkillangler.com; Full-Service-Ausstatter fürs Fliegenfischen). Das **Hawk Inn and Mountain Resort** (www.hawkresort.com) bei Ludlow ist spezialisiert auf Fliegenfischen am Black River.

#### REITEN

Reitunterricht ebenso wie Ausritte unterschiedlicher Dauer in die Natur bieten die **Kedron Valley Stables** (Route 106, South Woodstock; ☎802 4 57 14 80; www.kedron. com) oder die **Pond Hill Ranch** (1683 Pond Hill Ranch Road; ☎802 4 68 24 49; www. pondhillranch.com) in Castleton an (dort April–Okt. einstündige Ritte in die Green Mountains).

#### GOLF

Auf Golfer warten 67 gepflegte Plätze (niedrige Gebühren). Nähere Infos gibt es bei der **Vermont Golf Association** (www.vtga.org).

Das zauberhaft gelegene Southeast Lighthouse auf Block Island (Rhode Island) hat seit seiner Erbauung 1875 schon so manchem Sturm getrotzt.

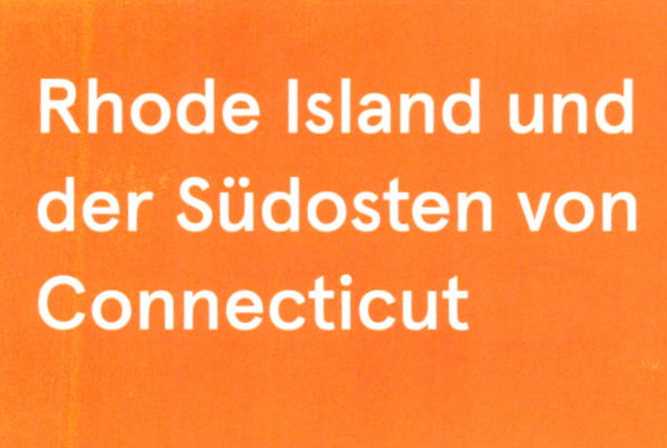

# Rhode Island und der Südosten von Connecticut

Rhode Island und Connecticut sind winzig – und bieten dennoch tolle Landschaften.

Seite 140–161

# Erste Orientierung

**Von der Fläche her der kleinste Bundesstaat der USA, bietet Rhode Island, das den Beinamen »Ocean State« trägt, mit einer mehr als 600 km langen Küstenlinie dennoch alles, was das Herz einer Wasserratte begehrt – und noch viel mehr.**

Sehenswert ist schon allein das Städtchen Newport mit dem klangvollen Beinamen »America's First Resort«. Gegründet 1639 von einer Gruppe religiöser Außenseiter, wurde es reich durch Handel und Schifffahrt.

Ende des 19. Jh.s, als die Million noch etwas wert war, setzte der große Umschwung ein: Milliardärsfamilien wie die Vanderbilts, Astors und andere erkoren den hübschen Ort zum Treffpunkt ihrer Jachtregatten, Tennismatches und teuren Partys und ließen sich unglaublich luxuriöse, in falscher Bescheidenheit »Summer Cottages« genannte Sommerresidenzen errichten. Heute sind diese »Hütten« das Ziel ganzer Heerscharen von Touristen.

Von der schönsten Seite (und übervoll mit Gästen) präsentiert sich Newport an sonnigen Sommerwochenenden, wenn die Strände zum Baden einladen und das Newport Jazz Festival veranstaltet wird. Nur eine knappe Fahrtstunde davon entfernt bietet der Südosten von Connecticut (drittkleinster Bundesstaat der USA) mit dem Schifffahrtsmuseum Mystic Seaport und zwei riesigen Kasinos ein paar Attraktionen ganz anderer Art.

TOP 10

❺ ★★ The Breakers

Nicht verpassen!

㊿ Rough Point

51 Beaches of Newport

Nach Lust und Laune!

52 Touro Synagogue

53 International Tennis Hall of Fame

54 Kingscote

55 The Elms

56 Chateau-sur-Mer

57 Rosecliff

58 Marble House

59 Fort Adams State Park

60 Providence

61 Mystic

62 Foxwoods & Mohegan Sun

# Mein Tag auf der Insel der einfachen Freuden

Das Glück liegt 16 km vor Newport und ist winzig. Theoretisch kann man Block Island an einem Vormittag umradeln, doch es geht hier nicht um Tempo, sondern um Badestrände und Klippen, kaum berührte Natur, Leuchttürme und das blaue Meer.

### 7 Uhr: In 55 Minuten ins Inselparadies

Parken Sie Ihr Auto für den Tag am Point Judith Terminal in Galilee (RI) und spazieren Sie auf die alte Block Island Ferry. Bleiben Sie während der Überfahrt an Deck und genießen Sie die salzige Meeresluft.

### 8.30 Uhr: Mit dem Rad durch den Süden der Insel

Welcome! Holen Sie im Old Harbor Bike Shop Ihr zuvor reserviertes Rad ab. Vor Ihnen liegen gut 25 leicht hügelige Kilometer. Zunächst geht's auf der Spring Street nach Süden. Die 1661 Farm oder Abrams Animal Farm, wie sie auch noch häufig bezeichnet wird, gleich hinter dem Hotel Manisses, ist ein sympathischer Streichelzoo mit Kamelen, Kängurus und Lemuren. Einen Blick wert ist das wenig später folgende, 1857 eröffnete Spring House Hotel mit seinem viktorianischen Ambiente. Erklimmen Sie den Turm des Southeast Lighthouse und genießen Sie den Blick auf Ihr nächstes Etappenziel, die fotogenen Mohegan Bluffs. Steigen Sie dort die hölzerne Treppe zum 60 m tiefer liegenden Strand hinab und verweilen

7 Uhr: In 55 Minuten ins Inselparadies

13 Uhr: In den »hohen Norden«

8.30 Uhr: Mit dem Rad durch den Süden der Insel

Eine Treppe führt zu schönen Blicken auf die Klippen der Mohegan Bluffs.

Der »Historic District« Old Harbor ist ein beliebtes Touristenziel, das zum Bummeln und Shoppen einlädt. Dieser »lobster man« bietet seinen Kunden z. B. lebende Hummer an.

Sie ein wenig in dieser eindrucksvollen Kulisse. Danach geht es durch das grüne Inselinnere nach Norden. Letzter Stopp vor der Mittagspause: das kleine, aber feine Naturschutzgebiet Rodman's Hollow mit seinen kaum berührten Wäldern und Blicken auf die steile Küste.

### 12 Uhr: Halbzeit beim einäugigen Dick

Dead Eye Dick's ist die beste Adresse für hungrige Radler. Vergessen Sie die Kalorien, bestellen Sie die Lobster Rolls und genießen Sie beim Essen den Blick von der Terrasse aufs Wasser!

### 13 Uhr: In den »hohen Norden«

Block Islands beste Strände warten! Der 7 km lange Crescent Beach, der vielleicht schönste der insgesamt 25 Strandkilometer der Insel, lockt mit breitem Strand und immer neue Blau- und Grüntöne ausprobierender See. Etwas später passieren Sie die Lagune Great Salt Pond. Das ruhige Wasser der Lagune ist ideal zum SUP oder Kajakfahren (Surfboards vermietet ggf. der Diamondblue Surf Shop, Kajaks gibt es bei Pond and Beyond Kajak). Bis zum nördlichsten Punkt der nunmehr handtuchbreiten Insel ist es nicht mehr weit. In der herrlichen Dünenlandschaft am Lands End setzt das 1867 erbaute North Lighthouse gerade nachmittags einen besonders fotogenen Akzent.

### 17 Uhr: Was geht noch?

Zurück nach Old Harbor sind es gerade mal 45 Minuten. Noch fit zum Shoppen? Dann ist die Water Street mit ihren Bekleidungs- und

Kamele in Rhode Island? Die 1661 Farm (Abrams Animal Farm) auf Block Island macht's möglich.

Das Wasser des Great Salt Pond – eine Lagune, die Ende des 19. Jh.s eine künstliche Verbindung zum Meer erhielt – lädt zum Schwimmen und zu allerlei anderem Wassersport ein.

Accessoireläden das Richtige. Der schönste Ort für einen gepflegten Cocktail mit anschließendem Abendessen ist die Veranda des über Old Harbor liegenden Atlantic Inn. Die Fähre zurück nach Point Judith bekommen Sie locker: Zum Hafen sind es nur sieben Minuten – zu Fuß.

**Block Island Ferry**
216 C2 ✉ 304 Great Island Road, Galilee, Narragansett ☎ 401 783 79 96 🌐 https://www.blockislandferry.com 🕐 Mai–Aug. erste Abfahrt 8 Uhr. Letzte Fähre zurück nach Point Judith 19.45 bzw. 20.30 Uhr am Wochenende

**Old Harbor Bike Shop**
217 D2 ✉ 1 Water Street, Block Island ☎ 401 466 20 29 🌐 https://blockislandmoped.com 🕐 tägl. 8–19 Uhr

**1661 Farm bzw. Abrams Animal Farm**
217 D2 ✉ 1 Spring Street, Block Island ☎ 401 466 24 21 🕐 tägl. 8–19 Uhr

**Dead Eye Dick's**
217 D2 ✉ 218 Ocean Avenue, Block Island ☎ 401 466 26 54 🌐 https://www.deadeyedicksbi.com 🕐 tägl. 11.30–15, 17–21.30 Uhr

**Diamondblue Surf Shop**
217 D2 ✉ 442 Dodge Street, Block Island ☎ 401 466 31 45 🌐 www.diamondbluebi.com 🕐 Mo–Sa 7–20, So 7–20.15 Uhr

**Pond and Beyond Kayak**
217 D2 ✉ 216 Ocean Avenue, Block Island ☎ 401 578 27 73 🌐 www.pondandbeyondkayak.com 🕐 tägl. 9–18 Uhr (Hochsaison)

**Atlantic Inn**
217 A2 ✉ 359 High Street, Block Island ☎ 401 466 58 83 🌐 https://www.atlanticinn.com 🕐 So–Do 17–20.30, Fr & Sa 17–21 Uhr

## ❺ ★★ The Breakers

| | |
|---|---|
| Was? | Märchenhafter Vanderbilt-Palast |
| Warum? | Diesen maßlosen Luxus muss man gesehen haben! |
| Wann? | Vormittags – früh morgens kommen, des Andrangs wegen |
| Wie lange? | Ein halber Tag |
| Resümee | Für manchen sind 1 Mio. Dollar nur Trinkgeld… |

Den Sommersitz The Breakers ließ Cornelius Vanderbilt II errichten.

Der palastartige Bau (4000 m² Wohnfläche) ist umgeben von 4 ha Wald und Wiesen. Errichtet wurde der größte der alten Sommersitze von Newport 1893–1895 von Richard Morris Hunt für Cornelius Vanderbilt II, Enkel von Commodore Cornelius Vanderbilt I, dem lange reichsten Mann der amerikanischen Geschichte. Geld spielte also keine Rolle, und der Bauherr scheute sich nicht, das immense Vermögen der Familie zu investieren.

Das Gebäude im Stil der italienischen Renaissance besitzt 70 Räume. Reichtum spiegelt sich in jeder Ecke: ganze Bündel schwerer Kristalllüster, die von vergoldeten Decken hängen, 3,5 m hohe Fenster, flankiert von rötlichen Alabastersäulen, ganze Fluchten wertvoller Orientteppiche. Die 23 Badezimmer verfügten bereits über fließend warmes Wasser. Allein die Kosten für das Speisezimmer lassen den Atem stocken, ganz zu schweigen von der marmorglänzenden Großen Halle von 15 × 15 m.

Überbordender Prunk dominiert das Gebäude, hier z. B. das Musikzimmer.

Das Musikzimmer, maßgefertigt in Paris, anschließend demontiert und in Newport wieder aufgebaut, ist so riesig, dass der große Flügel darin winzig wie ein Spinett wirkt (s. Abbildung rechts). Rote Samtvorhänge konkurrieren mit Blattvergoldung an Schmuckleisten, Mobiliar und kunstvoll verzierter Decke.

Etwa 2000 Arbeiter benötigten ungefähr zwei Jahre lang, um das Anwesen zu errichten, und es wird gemunkelt, dass immer neue Sonderwünsche der Vanderbilts den Architekten (der die Fertigstellung nicht mehr erlebte) vorzeitig unter die Erde gebracht hätten.

Wesentlich lebendiger wird die Besichtigung durch die in verschiedenen Sprachen angebotenen Audioguides, die u. a. Erinnerungen aus erster Hand bieten, etwa von Angestellten und deren Kindern.

**KLEINE PAUSE**

Im Hafenviertel kann man ein schlichtes Muschelgericht in **Flo's Clam Shack** ordern. Bestellt wird einfach am Fenster, gegessen dann bei einem wunderbaren Blick über die Easton Bay.

Flo's Clam Shack: 4 Wave Avenue, Middletown, RI, Tel. 401 8 47 81 41, https://www.flosclamshacks.com, Do–So 11–21 Uhr

✈ 217 D3 ✉ 44 Ochre Point Avenue nahe der Bellevue Avenue, Newport, RI ☎ 401 8 47 10 00 ⊕ https://www.newportmansions.org ◑ Anfang April–Okt. tägl. 10–17 Uhr, Mitte Okt.–Dez. 10–16 Uhr, Jan. bis Anfang April 11–16 Uhr ✦ 29 $, ein weiteres Haus 38 $ Ermäßigung bietet ein Sammelticket für mehrere Sommervillen.

# 50 Rough Point

| | |
|---|---|
| **Was?** | Architektonisch interessantes Anwesen mit Kunstsammlungen und der riesigen Garderobe der letzten Besitzerin |
| **Warum?** | Außen hui, innen hui |
| **Wann?** | Im Frühjahr oder Herbst, des milderen Klimas wegen |
| **Wie lange?** | Ein Nachmittag |
| **Resümee** | Den Vorsatz, jetzt auch die Biographie der Dame zu kaufen |

Für viele Besucher steht Rough Point ganz oben auf der Liste, obwohl Newports Altstadt Architekturinteressierten viel mehr bietet als nur die repräsentativen Anwesen der Superreichen: Der Rundgang im historischen Bezirk gleicht einem Baustil-Einführungskurs von Kolonialzeiten bis ins 20. Jahrhundert. Nirgendwo in den USA findet man eine solch eindrucksvolle Auswahl auf derart engem Raum. Als wichtige Vorkämpferin für deren Erhalt betätigte sich Doris Duke, die Rough Point von 1922 bis zu ihrem Tod 1993 besaß. Das glamouröse Leben der reichen Unternehmerin und Erbin regte zu mehreren Büchern sowie zwei Verfilmungen an.

## Ein Herz für Hunde

Auf Rough Point folgt man den Spuren der bemerkenswerten Lady. Am Ende der Bellevue Avenue gelegen, steht es in seiner Ausstattung benachbarten Anwesen in nichts nach und

Rough Point thront über der felsigen Atlantikküste (oben). Im historischen Bezirk von Newport kann man viele alte Gebäude bewundern (unten).

verströmt dennoch die Behaglichkeit eines normalen Wohnhauses – trotz Louis-XVI-Stühlen, edlen Tapisserien, Ming-Vasen sowie Gemälden von van Dyck bis Renoir. Im Ballraum steht noch der Flügel, auf dem die Hausherrin bei Gesellschaften für ihre Freunde spielte. Im Wintergarten mit aufregendem Blick über den Park bis zum Atlantik sind Sofas und Stühle mit braunem Stoff bezogen – mit Bedacht ausgewählt, durften es sich doch die Hunde der Besitzerin jederzeit dort bequem machen.

### Zimmer mit Aussicht

Die umgebenden 4 ha Grund gestaltete Landschaftsarchitekt Frederick Law Olmsted, der auch den New Yorker Central Park entwarf. Das Gebäude, Ende der 1880er-Jahre für Frederick Vanderbilt errichtet, spiegelt im heutigen Erscheinungsbild den Geschmack von Doris Duke wider, die es auf 49 Räume erweitern ließ. Für das Gelbe Zimmer etwa wählte sie Lüster aus Bergkristall, die angeblich dem weiblichen Teint schmeicheln. Etikette war ihr nicht so wichtig: So verlegte sie nach dem Tod der Mutter 1962 das Speisezimmer aus dem Zentrum ans Fenster, des wunderbaren Blicks wegen.

### Hinter den Kulissen

Bei der Führung sieht man auch Küche und Vorratskammer mit Kupferpfannen und Humidor zur Aufbewahrung von Zigarren, in der kleinen Galerie werden Ausstellungen zu Haus und Besitzerin gezeigt.

Doris Duke scheint auch nach ihrem Tod noch überall in ihrem Haus lebendig, vom Kinderporträt bis zum bestickten Sofakissen. Auch in der Stadt wird ihr Einfluss deutlich: Die 1968 von ihr gegründete Newport Restoration Foundation besitzt über 80 historische Gebäude, verteilt über ganz Newport.

### KLEINE PAUSE

Das gemütliche **Annie's** bietet mit Frühstück oder Mittagsimbiss eine Stärkung vor oder nach dem Sightseeing.

Annie's: 176 Bellevue Avenue, Newport, RI, Tel. 401 8 49 67 31, https://anniesnewport.com, tägl. 7–15 Uhr

---

217 D3 680 Bellevue Avenue, Newport, RI ☎ 401 8 47 83 44 https://www.newportrestoration.org

Mitte April–Anfang Nov. Di–So 10–16, Sa, So. bis 17 Uhr 20 $; Kinder unter 12 Jahren: frei

## Obszön, aber schön

Am Ende der Besichtigung der Anwesen an der Atlantikküste atmet man zunächst wieder durch und sammelt sich erst einmal. Viele Gedanken schießen einem in diesem Moment durch den Kopf: Wie unermesslich reich diese Leute waren. Und doch gebeutelt von denselben familiären Problemen, mit denen auch ganz »normale« Menschen konfrontiert werden. Die riesigen Paläste der ersten amerikanischen Milliardäre, die sich in Newport niederließen, muss man einfach gesehen haben. Auch wenn man manchmal vor so viel ungenierter Protzerei fast kapituliert.

# ⑤① Beaches of Newport

| | |
|---|---|
| Was? | Wunderschöne, große Strände |
| Warum? | Soviel Historie schreit nach einem Sprung ins kühle Nass! |
| Wann? | Vor dem Dinner |
| Wie lange? | So lange man möchte |
| Resümee | Beim nächsten Mal noch mehr Strandzeit einplanen |

Ausgedehnte Strände, einst Privileg für die reichen Landgutbesitzer, ziehen heute Besuchermassen mit erheblich bescheideneren Mitteln nach Newport.

Easton's Beach, wegen seiner Lage als Erster von drei Stränden auch »First Beach« genannt, zählt zu den populärsten. Am kleinen Strandabschnitt im Fort Adams State Park (S. 156) kann man gut schwimmen, in ausgewiesenen Zonen Boot fahren, segeln und angeln. Am Übergang der Narragansett Bay in den Atlantik findet man im Brenton Point State Park bei sanften Wellen ideale Bedingungen zum Fischen oder Kitesurfen.

Lebende Entdeckung an einem der Strände in Newport

Die beiden anderen großen Badestrände Newports liegen schon bei der Nachbarstadt Middletown. Sachuest Beach (auch »Second Beach«) an der Sachuest Point Road, 3 km östlich von Easton's Beach, ist mit seinen schönen Sanddünen besonders populär.

Der »Dritte Strand«, Third Beach auf der anderen Seite von Sachuest Point, ist teilweise privat. Der öffentliche Bereich, ideal für Familien, verfügt über kleine Segelboote. Er ist am wenigsten bevölkert und eine Oase der Ruhe.

Easton's Beach Snack Bar: 175 Memorial Blvd., Newport, RI, Tel. 401 855 19 10, www.eastonsbeach.com, im Sommer tägl. 10–18 Uhr

**KLEINE PAUSE**

Lobster Rolls und Clam Chowder: **Easton's Beach Snack Bar.**

---

217 D3 Duschen und Toiletten an allen Stränden frei; Parkgebühren je nach Platz zwischen Memorial Day Ende Mai und Labor Day Anfang Sept. (Mo–Fr und Wochenende variierend, frei: außerhalb der Saison); siehe https://www.discovernewport.com

## Nach Lust und Laune!

### 52 Touro Synagogue

Die älteste Synagoge der USA stammt aus dem Jahr 1763 und wurde gut 100 Jahre nach der Einwanderung der ersten Juden aus Portugal errichtet. Bei einem Besuch 1790 versprach Präsident George Washington der Gemeinde religiöse Freiheit in der neu gegründeten Nation sowie »keine Billigung religiöser Engstirnigkeit oder Verfolgung anderer Glaubensrichtungen«. Washingtons Begleiter Thomas Jefferson war angeblich so angetan von der Säulenhalle, dass er sie auf seinem Landsitz Monticello in Virginia nachbaute.

Den Innenraum dominieren die eleganten Linien des kolonialen Klassizismus. Die 500 Jahre alte Tora hat schon die ersten Juden von Portugal nach Newport begleitet, und unter der Zentralkanzel erinnert eine Falltür an Zeiten, in denen Religionsfreiheit noch nicht garantiert war.

Das Loeb Visitors Center ist dem ersten Zusatzartikel zur amerikanischen Verfassung gewidmet, der die Religionsausübung schützt.

217 D3 85 Touro Street, Ecke Division Street, Newport, RI
☎ 401 8 47 47 94
https://tourosynagogue.org
Führungen: Juni–Aug. So–Fr 10–14.30 Uhr, Juni, Sept., Okt. So, Mo, Di, Do, Fr 10–13.45 Uhr, an jüdischen Feiertagen immer geschl. Touren: 14 $, Spenden willkommen

### 53 International Tennis Hall of Fame

1881 fanden auf diesem Rasenplatz die ersten US National Lawn Tennis Championships statt, als Vorläufer der US Tennis Open. Das Clubgebäude, damals schlicht »The Casino«, war erst ein Jahr zuvor als erster großer Auftrag von Stanford White errichtet worden.

In der 1954 gegründeten International Tennis Hall of Fame lassen sich sämtliche Größen des weißen Sports bewundern, von Bill Tilden und Helen Wills Moody über Fred Perry bis Björn Borg, Ivan Lendl, Steffi Graf und Pete Sampras.

Jedes Jahr im Juli findet die Campbell's Hall of Fame Tennis Championship statt, das einzige internationale Rasentennisturnier der USA. Doch auch der Normalbesucher kann auf einem der 13 (einzigen öffentlichen!) Rasenplätze des Landes spielen (Mai–Sept.; nach telefonischer Reservierung).

217 D3 Newport Casino Lawn Tennis Club, 194 Bellevue Av., Newport, RI ☎ 401 8 49 39 90 https://www.tennisfame.com tägl. 10–17 Uhr 20 $; Kinder unter 12 Jahren: frei; Ermäßigung für Studenten und Senioren

### 54 Kingscote

Zu Unrecht erfährt dieser vielleicht wichtigste Herrschaftssitz im neogotischen Stil des frühen 19. Jh.s weniger Aufmerksamkeit als manch prächtiger Konkurrenzbau. 1839 wurde er im Auftrag des Plantagenbesitzers George Noble Jones durch den Architekten Richard Upjohn errichtet, mit romantisch-mittelalterlicher Anmutung und neogotischen Elementen wie Maßwerkfenstern und Türmchen. Dieses Vorbild löste einen regelrechten »Cottage-Boom« aus. Später von Stanford White (von McKim, Mead and White) vergrößert, blieb das Anwesen 1864 bis 1972 im Besitz der Familie des Kaufmanns William Henry King und wurde dann der Preservation Society übertragen.

217 D3 ✉ 253 Bellevue Avenue, Newport, RI ☎ 401 8 47 10 00
https://www.newportmansions.org
Mai–Mitte Okt. tägl. 10–17 Uhr
25 $. Günstigeres Kombiticket für mehrere Mansions

## 55 The Elms

Heute ein National Historic Landmark, entstand das Anwesen im Stil eines französischen Châteaus 1901 für den Kohlemagnaten Edward J. Berwind. Bei einer Führung hinter die Kulissen (Reservierung erforderlich) sieht man u. a. den Keller, die Wäscherei, den Weinkeller und sogar einen Dampfraum. In diesen Räumen war das Personal rund um

Prächtiges Anwesen: The Elms

die Uhr damit beschäftigt, das soziale Leben der Elite (samt deren Partys) in Schwung zu halten.

217 D3 ✉ 367 Bellevue Avenue, Newport, RI ☎ 401 8 47 10 00
https://www.newportmansions.org
April–Mitte Okt. tägl. 10–17 Uhr, Mitte Okt.–2. Jan. tägl. 10–16 Uhr
Einfaches Ticket: 25 $, günstigere Kombitickets für mehrere Mansions

## 56 Chateau-sur-Mer

Der klotzige viktorianische Landsitz aus Granit wurde 1852 für den Chinawaren-Importeur William Shepard Wetmore erbaut. Bis sich die Vanderbilts hier niederließen, war er das größte Gebäude der Stadt. Wetmores Sohn George Peabody hielt dort im Jahr 1889 anlässlich seiner Amtseinführung als Gouverneur von Rhode Island einen Ball ab. Trotz seines Namens liegt dieses »Schloss« nicht »am Meer« – man kann es von dort nicht einmal sehen.

217 D3 ✉ 474 Bellevue Avenue, Newport, RI (zwischen Shepard und Leroy) ☎ 401 8 47 10 00
https://www.newportmansions.org
April–Mitte Okt. tägl. 10–17, Mitte Okt.–Mitte Nov. tägl. 10–16 Uhr
Einfaches Ticket: 25 $, günstigere Kombitickets für mehrere Mansions

## 57 Rosecliff

Das außen mit weißen Terrakottafliesen verkleidete Anwesen von 1902 besitzt den größten Ballsaal Newports. Seine Deckengemälde stellen Wolken und blauen Himmel dar. Raumhohe Fenster eröffnen Panoramablicke auf Terrasse, Landschaftsgarten und Ozean. In dem Saal fanden im Jahrzehnt nach seiner Fertigstellung extravagante Partys statt. Sein prachtvolles Ambiente diente zudem als Set für Filme wie »Der große Gatsby«, »True Lies – Wahre Lügen« oder »Amistad«.

217 D3 548 Bellevue Avenue, Newport, RI 401 8 47 10 00
https://www.newportmansions.org
April–Mitte Nov. tägl. 10–17 Uhr
Einfaches Ticket: 25 $, günstigere Kombitickets für mehrere Mansions

### 58 Marble House

Das Äußere des 1892 errichteten Wohnsitzes von Alva Vanderbilt (1853–1933), führende Gesellschaftsdame und Gattin William K. Vanderbilts, besteht vollständig aus Marmor. Auch für Gäste wurden keine Mühen gescheut: Wenn im Speisesaal getafelt wurde, waren pro Gast zwei Lakaien nötig, um die massiven Bronzestühle hin und her zu rücken. Man sieht das Anwesen gut vom Cliff Walk aus – halten Sie Ausschau nach dem Chinesischen Teehaus am Meer!

217 D3 596 Bellevue Avenue, Newport, RI 401 8 47 10 00
https://www.newportmansions.org
April–Mitte Okt. tägl. 10–17 Uhr, Mitte Okt.–2. Jan. tägl. 10–16 Uhr Einfaches Ticket: 25 $, günstigere Kombitickets für mehrere Mansions

### 59 Fort Adams State Park

Der Park ist per Wassertaxi (Oldport Marine, Sayers Wharf), Auto oder Fähre (Bowen's Landing) erreichbar und bietet neben sportlichen Aktivitäten die Möglichkeit zu hübschen Spaziergängen und tolle Aussichten auf Newport sowie die schöne Narragansett Bay. Im August strömen die Massen zum Newport Folk Festival und zum Jazz Festival (www.newportfestivals.org). Integraler Bestandteil des Parks ist das historische Fort Adams (Führungen) mit Kasematten, Tunneln und einem fantastischen Blick auf Newport.

217 D3 Park: 401 8 47 24 00
Park: ganzjährig Sonnenauf- bis -untergang, besetzt von Memorial Ende Mai bis Labor Day Anfang Sept. Fort: Memorial bis Columbus Day (12. Okt.) tägl. 10–16 Uhr Park: frei; Fort: Führung 20 $, selbstgeführt 10 $

### 60 Providence

Rhode Islands Hauptstadt punktet dank systematischer Stadterneuerung: Es entstanden Parks am Ufer, Restaurants, Läden und Galerien sowie der neue Ausstellungsbereich des Chace Center (20 North Main Street; www.risdmuseum.org), Teil der Rhode Island School of Design.

Providence liegt beidseits des gleichnamigen Flusses, der im Sommer Kulisse des WaterFire (www.waterfire.org) ist, wo zu Musik Leuchtfeuer auf dem Wasser treiben. Im Osten der Stadt ist ein Großteil der historischen Bausubstanz

WaterFire – Feuer mit Wassermusik des Künstlers Barnaby Evans über dem Providence River

(17./18. Jh.) erhalten, im Westen konzentriert sich am Federal Hill die italienische Restaurantszene.

Die Skyline wird dominiert vom Rhode Island State House (Führungen nach Voranmeldung unter https://forms.sos.ri.gov), mit einer der größten freitragenden Marmorkuppeln der Welt (nach dem Petersdom u.a.).

Im Osten liegen zwei der großen Eliteuniversitäten fast in Rufweite voneinander in der noblen Umgebung des College Hill. Die Brown University, errichtet 1764, Mitglied der berühmten Ivy League, ist die größere der beiden. Lange Zeit war die University Hall das einzige Gebäude auf dem Campus und diente im Revolutionskrieg als Kaserne und Lazarett. Die Rhode Island School of Design (RISD), ein Stück weiter, gilt als eine der großen Künstler- und Designerschmieden der USA. Das zugehörige Museum präsentiert Kunst ab der Antike aus Europa, Amerika, Afrika und Asien und beherbergt Wechselausstellungen (https://risdmuseum.org). Besonders populär ist die europäische Abteilung mit Werken von Monet, Cézanne, Matisse, Manet und Rodin. Im US-Flügel findet man Arbeiten von Gilbert Stuart oder John Singer Sargent.

Von der RISD nach Süden stehen an der engen Benefit Street liebevoll restaurierte viktorianische Gebäude und stattliche Anwesen im Kolonialstil. Das John Brown House (an der Power Street links) gehörte pikanterweise einem Sklavenhändler des 18. Jh.s, und nicht etwa dem Sklavereigegner gleichen Namens. Die Sammlung (Porzellan, Glas, Kolonialmöbel) hat Museumsqualität.

217 D3 52 Power Street, Providence, RI ☎ 401 273 7507
April–Nov. Di–Fr 13–16, Sa 10–16, sonst Sa 10–16 Uhr https://www.rihs.org/museums/john-brown-house/
10 $

## 61 Mystic

Mystic Seaport gilt als bedeutendstes nautisches Museum Neuenglands. Zugleich Schiffswerft und Museumsdorf, lässt es die große Zeit des Orts als Zentrum des Walfangs wieder aufleben. Drei seiner 500 Schiffe kann man betreten, etwa den hölzernen Walfänger »Charles W. Morgan« von 1841.

In Geschäften und Werkstätten des Orts gewinnt man Einblick in typische Gewerbezweige rund um den Walfang, etwa Schiffsausrüster und Handwerker. Für Kinder interessant ist besonders das Ein-Zimmer-Schulhaus neben einem Kindermuseum, wo man bei Spielen mitmacht, die in der Walfängerzeit die Kleinen unterhielten.

Im Mystic Aquarium leben Große Tümmler (»bottlenose dolphins«), Robben und Pinguine. Das Institute for Exploration auf demselben Areal ist spezialisiert auf Forschungsprojekte unter Wasser, z. B. Schiffswracks und deren Bergung. Im Fokus einer Ausstellung steht die unglückselige »Titanic«.

216 C2

**Mystic Seaport**
75 Greenmanville Avenue, Mystic, CT ☎ 860 5 72 07 11 https://www.mysticseaport.org April–Okt. tägl. 10–17, Nov.–März 10–16 Uhr 34 $ Günstigeres Kombiticket mit Mystic Aquarium (erneuter Besuch innerhalb von drei Tagen ist frei)

Der Walfänger »Charles W. Morgan« im Mystic Seaport

**Mystic Aquarium**
55 Coogan Boulevard, Mystic, CT ☎ 860 5 72 59 55 https://www.mysti caquarium.org April–Okt. tägl. 9–18, Nov. bis März 9–17, Dez.–Feb. 10–16 Uhr 33 $. Tickets gültig für 3 aufeinanderfolgende Tage. Günstigeres Kombiticket mit Mystic Seaport

## 62 Foxwoods & Mohegan Sun

Foxwoods und Mohegan Sun, gerade einmal 16 km voneinander entfernt, gehören zu den zehn größten Spielkasinos der USA und wurden, zusammen mit luxuriösen Wellness-Hotels, Ende des 20. Jh.s im Reservat der Mashantucket Pequot errichtet. Beide praktizieren alle Formen des Glückspiels: Spielautomaten, Spieltische, Bingo mit hohem Einsatz. Das Publikum kommt aus New York und Boston, um Livekonzerte und Sportereignisse mit Spitzenstars zu sehen, zu essen, einzukaufen, Nachtclubs zu besuchen oder eine Runde auf dem Golfplatz zu absolvieren. Das hervorragende Mashantucket Pequot Museum informiert über die Geschichte des kleinen Volkes.

216 C2

**Foxwoods Resort Casino**
350 Trolley Line Boulevard, Mashantucket, CT ☎ 800 3 69 96 63 oder 860 3 12 30 00
www.foxwoods.com

**Mohegan Sun**
1 Mohegan Sun Boulevard, Uncasville, CT ☎ 888 2 26 77 11
www.mohegansun.com

# Wohin zum ... Übernachten?

Preise für ein Doppelzimmer pro Nacht (ohne Steuern):

| | |
|---|---|
| $ | unter 170 $ |
| $$ | 170–300 $ |
| $$$ | über 300 $ |

### NEWPORT

**Burbank Rose $$**
Das kleine B&B bietet einen Rückzug vom Touristentrubel. Einige der Räume (mit Klimaanlage, Kabel-TV, WLAN) teilen sich ein Wohnzimmer, andere verfügen über eine kleine Küche mit Kühlschrank, gefüllt mit Zutaten fürs Frühstück. Sonst wird »Continental Breakfast« serviert. Das Gästehaus liegt ungefähr 1,5 km von den großen Anwesen und vom Strand entfernt, Läden und Hafen sind zu Fuß erreichbar. Parkmöglichkeit in der Nähe.
217 D3 111 Memorial Boulevard W
401 8 55 91 99
https://www.burbankrose.com

**Newport Marriott Hotel $$–$$$**
Das Newport Marriott ist ein modernes und großzügiges Haus mit 319 Zimmern im historischen Bezirk direkt am Hafen, nicht weit entfernt von den meisten Sehenswürdigkeiten. Zur Ausstattung gehören u. a. Hallenschwimmbad, Fitness Center und Whirlpool. Vom Restaurant »Fathoms« blickt man weit über die Newport Bay.
217 D3 25 America's Cup Avenue
401 8 49 10 00 und 855 516 1096
www.newportmarriott.com

**Historic Hill Inn $–$$**
Die Zimmer in dem Gebäude aus dem Jahr 1836 sind gemütlich und individuell ausgestattet. Die Gäste dürfen den Patio und den Garten nutzen. Kostenfreie Parkmöglichkeiten sind vorhanden. Hafen und Innenstadtbereich sind zu Fuß schnell erreicht.
217 D3 105 Pelham Street
401 8 49 34 16
https://www.historichillinn.com

### MYSTIC

**Mystic River Hotel & Suites $**
147 schlichte funktionale Zimmer in rotem Backsteingebäude mit WLAN, Flachbildfernseher und Kitchenettes. Mystic Seaport und Aquarium sind zu Fuß erreichbar. Ein Innenpool, Sauna und Fitnesscenter werden von Gästen geschätzt.
216 C2 9 Whitehall Avenue
860 5 36 42 81 https://mysticriverhotelandsuites.com

**Steamboat Inn $$**
Mit den meisten Sehenswürdigkeiten in Fußnähe ist dieses hübsche Inn eine gute Wahl. Fast alle der elf hellen, gepflegten Gästezimmer genießen Ausblick über den Mystic River und die Motorjachten.
216 C2 73 Steamboat Wharf
860 5 36 83 00
www.steamboatinnmystic.com

# Wohin zum ... Essen und Trinken?

Preise für ein Drei-Gänge-Menü (ohne Getränke und Service):

| | |
|---|---|
| $ | unter 30 $ |
| $$ | 30–60 $ |
| $$$ | über 60 $ |

### NEWPORT

**Brick Alley Restaurant $$**
Seit über 40 Jahren beliebtes Pub-Restaurant mit schnörkellosem Angebot, egal ob üppige Salatbar, Burger, Pizza, Pastagerichte oder Steaks. Wechselnde Auswahl an frischem Fisch und Meeresfrüchten. Bierliebhaber haben die Qual der Wahl: 25 Biersorten vom Fass werden ausgeschenkt.
217 D3 140 Thames Street
401 8 49 63 34 www.brickalley.com
tägl. 11.30–22 Uhr

**Commodore's Room at the Black Pearl $$**
Eine Institution für Fans von Fisch und Meeresfrüchten – mit Blick über schaukelnde

Das Terrassen-Restaurant »The Patio«, das zum Black Pearl im Hafen von Newport gehört, ist an schönen Tagen gut besucht – kein Wunder, das Essen ist lecker und die Atmosphäre angenehm.

Boote. Die Küche zeigt sich klassisch (Hummer, Steak, Lamm oder Kalb), der Service aufmerksam. Neben dem Commodore's Room gibt es im Black Pearl noch die zwanglose »Tavern« und die Terrasse (»The Patio«). Dort speist man günstiger, aber genauso gut (Sandwiches, Salate, Eiergerichte, Meeresfrüchte).

217 D3 30 Bannister's Wharf
401 8 46 52 96
www.blackpearlnewport.com
tägl. ab 11 Uhr für Lunch und Dinner

**The Red Parrot $$-$$$**

Das beliebte Lokal serviert Steaks, Salate, Fisch und Meeresfrüchte mit karibischem Einschlag. Auch die Karte mit exotischen Cocktails beeindruckt.

217 D3 348 Thames Street
401 8 47 38 00
www.redparrotrestaurant.com
tägl. 11.30–22 Uhr

**White Horse Tavern $$$**

In der uralten Taverne (seit 1673 – damit ist es angeblich das zehntälteste Restaurant der Welt), spezialisiert auf Fisch und Meeresfrüchte, haben schon die unterschiedlichsten Gäste gegessen: Piraten, Politiker oder Regisseur Steven Spielberg samt Crew beim Dreh von »Amistad« (S. 156). Tradition hat natürlich ihren Preis. Verschiedene Artikel kann man im zugehörigen Shop online erwerben.

217 D3 26 Marlborough Street
401 8 49 36 00 http://whitehorsenewport.com Mo–Do 17–21, Fr–So 16–21 Uhr

### MYSTIC

**Abbott's Lobster in the Rough $-$$**

In diesem typischen Hummer-Schuppen kommen diverse Meeresfrüchte auf den Tisch (Venus- und Miesmuscheln, Krebse), zudem Huhn, Sandwiches oder Gemüseteller. Schlicht, doch sehr nett!

216 C2 117 Pearl Street, Noank, CT
860 5 36 77 19 tägl. 11–20 Uhr

**Mystic Pizza $-$$**

1973 eröffnet, 1988 Drehort für den Kinohit »Mystic Pizza« mit der noch unbekannten Julia Roberts, seitdem eine Institution. Ach ja, die Pizza. Die ist hervorragend. Und köstlich sind auch die Salate! Schon lange gibt es übrigens auch Mystic Pizza II im nahen North Stonington.

216 C2 56 W Main Street
860 5 36 37 00 www.mysticpizza.com
tägl. 10–23 Uhr

# Wohin zum … Einkaufen?

### NEWPORT

Die maritime Tradition von Newport lebt im herrlichen Sortiment an Damen- und Herrenbekleidung und Accessoires für Heim und Garten fort: Der **Conanicut Gift Shop** (20 Narrangansett Ave., Jamestown, ☎ 401 423 1556) bietet geschmackvolle Markenartikel.

Für **Thames Glass** (688 Thames Street; ☎ 401 8 46 05 76; www.thamesglass.com) fertigt Glasbläser Matthew Buechner Vasen und witzige Fische, der Goldschmied **JH Breakell** (132 Spring Street; ☎ 401 8 49 01 95; www.breakell.com) preiswerten Schmuck.

Bei **Newport Scrimshander** (14 Bowens Wharf; ☎ 800 6 35 52 34, www.scrimshanders.com) hält Brian Kiracofe das Schnitzhandwerk der Seeleute lebendig.

### MYSTIC

Die **Crystal Mall** (850 Hartford Turnpike; Mo–Sa 10–21, So 11–18 Uhr) im nahen Waterford beherbergt 125 Geschäfte. **Toy Soldier** verkauft Spielzeug (27 Coogan Boulevard; www.toysoldiermystic.com).

### PROVIDENCE

Die **Providence Place Mall** (www.providenceplace.com) umfasst über 170 Läden; **risd/works** (20 North Main Street; www.risdworks.com), betrieben von der Designschule RISD (S. 156), verkauft Arbeiten von Studenten, **Queen of Hearts** (222 Westmindester St.; www.queenofheartsri.com) offeriert Schmuck und Accessoires.

# Wohin zum … Ausgehen?

### SEGELN

Aufregend ist ein Törn auf einer America's-Cup-Jacht. Unter Segeln sieht man Newport aus dem Blickwinkel der ersten Milliardäre. Informationen hat das **Newport Visitor Information Center** (23 America's Cup Avenue; www.discovernewport.org).

### REITEN

Der Spezialist in Sachen Pferd **Newport Equestrian** (☎ 401 8 37 41 88; www.newportequestrian.com) bietet Strandausritte an.

### FESTIVALS

Newports Festivalangebot reicht vom Kochwettbewerb **Great Chowder Cook Off** im Juni bis zur **Newport-Shimoda Sister City Celebration** (Juli) in Erinnerung an die amerikanisch-japanische Freundschaft.

Ende Juli zieht das **Newport Music Festival** im stilvollen Ambiente opulenter Sommersitze internationale Künstler und viele Gäste zu einem 17-Tage-Klassikmarathon mit hochrangigen Kammermusikkonzerten an.

Anfang August geht es auf dem Gelände des Fort Adams State Park weiter mit dem **Newport Folk Festival** (www.newportfolkfest.net) und dem bekannten **Newport Jazz Festival** (www.newportjazzfest.net), das 1954 zum ersten Mal stattfand und damit das älteste Jazz-Festival in den USA ist.

Ein weiterer Höhepunkt im Juli sind die **Hall of Fame Tennis Open** auf den Grasplätzen der International Tennis Hall of Fame (S. 154).

Die Musiker Shakey Graves und Charlie Sexton auf dem Newport Folk Festival

Im kleinen Acadia National Park gibt es wunderbare Wanderwege, die großartige Ausblicke ermöglichen – wie hier auf Mount Desert Island.

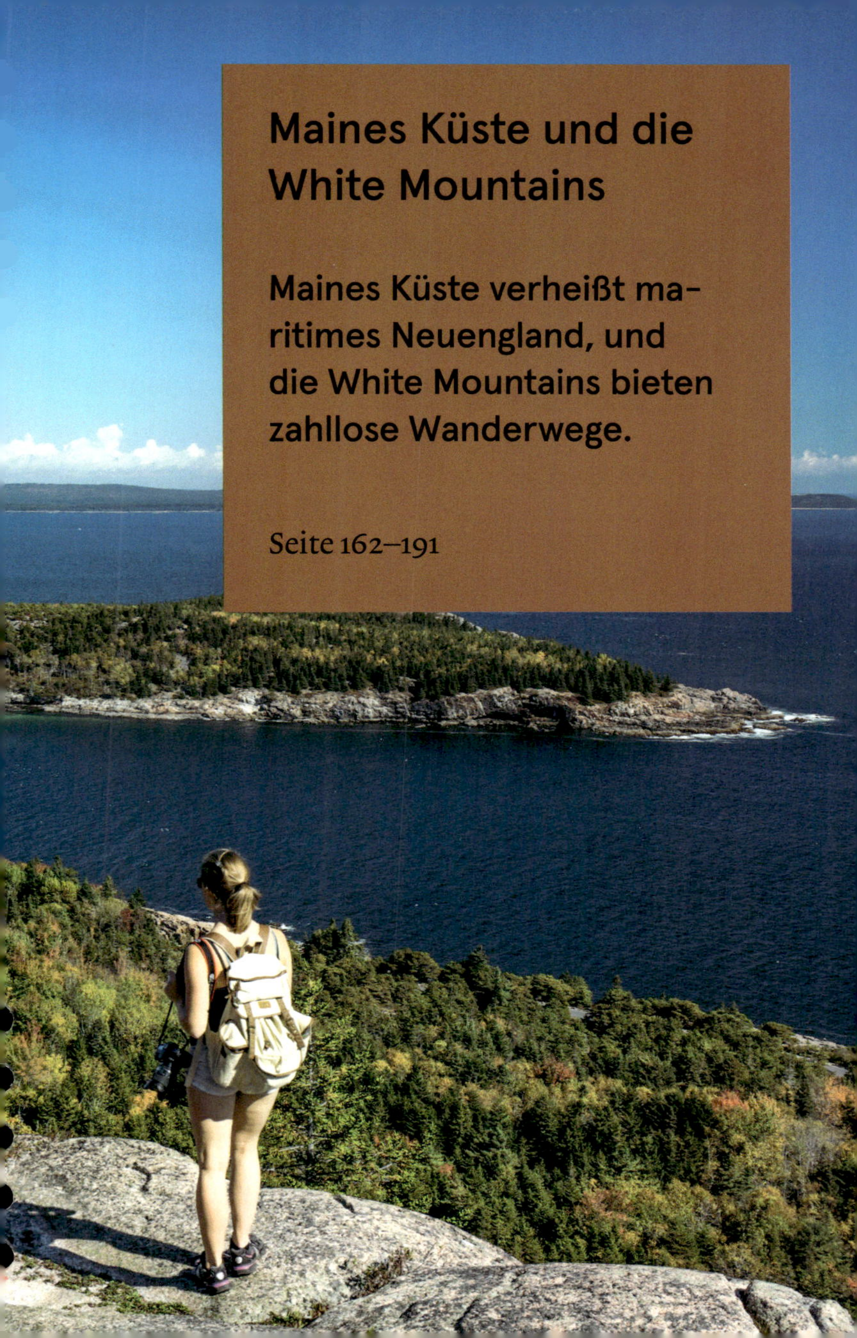

# Maines Küste und die White Mountains

Maines Küste verheißt maritimes Neuengland, und die White Mountains bieten zahllose Wanderwege.

Seite 162–191

# Erste Orientierung

**Maine ist eine Art klimatisierter Bundesstaat: Wenn das übrige Neuengland im Juli und August unter der Hitze stöhnt, flüchten seine Bewohner auf der Suche nach kühlen Nächten gern Richtung Maine. Trotzdem ist es hier im Sommer nie wirklich überlaufen, da Maine größer ist als alle anderen Neuengland-Staaten zusammen.**

Wer wegen der Hoffnung auf Abkühlung nur auf schnellstem Wege nordwärts eilt, übersieht leicht die Reize der Küste von New Hampshire, die man passiert, wenn man von Boston nach Maine fährt. Der kleine Bundesstaat hat mit Portsmouth eine sehenswerte Küstenstadt zu bieten, Highlight sind aber die White Mountains, deren Ausläufer man auch auf dem direkten Weg nach Maine ein halbes Stündchen lang passiert: Das Granitgebirge mit dem Mount Washington als höchstem Gipfel des Nordostens liegt zum größten Teil auf dem Gebiet New Hampshires, erstreckt sich aber über die Grenze nach Maine. Es ist ein Idyll mit stillen Seen, Bergbächen und Elchen, die durch Blaubeerbüsche streifen. Mit am beliebtesten in dieser weitläufigen Wildnis ist der einsame Baxter State Park – fernab jeder Hektik und doch für jeden leicht zu erobern, der ausreichend Wasser und Proviant im Gepäck hat sowie den Mut, auch einmal abseits der Asphaltstraße auf staubigen Holzabfuhrstraßen durch die Wälder zu fahren.

Sie wollen doch lieber Meer statt Berge? Maines Küste ist 5000 km lang, besitzt aber nur 50 km Strände, vor allem südlich von Portland, wo sich eine ganze Perlenschnur kleiner Badeorte hinzieht. Im kleinen New Hampshire findet man vergleichsweise viele Sandstrände (mit allem Drum und Dran für den Urlaub) – 30 km lang sind sie dort insgesamt. Sie können dafür im Sommer recht voll sein, da sie nicht weit von Boston entfernt liegen.

Portland ist Maines größte Stadt und hat auch bei Regenwetter viel zu bieten. Nördlich davon wird die Küste felsig: Diese Gegend ist weniger etwas für Sonnenanbeter, eher ein Eldorado für Fotografen! Den landschaftlich reizvollsten Abschnitt bilden der Acadia National Park und dessen Umgebung nahe Bar Harbor, doch wild-romantisch ist eigentlich die ganze Nordostküste. Städtchen wie Camden, Castine, Blue Hill, Belfast und Port Clyde sind wie an die Küste getupft. Sie haben alle ihren eigenen Charme und lassen sich gut zu Fuß oder mit dem Rad erkunden.

TOP 10

- 2 ★★ White Mountains
- 7 ★★ Acadia National Park

Nicht verpassen!

- 63 Portsmouth & Strawbery Banke
- 64 Kennebunk & Kennebunkport

Nach Lust und Laune!

- 65 Portland Head Light & Museum
- 66 L. L. Bean
- 67 Maine Maritime Museum
- 68 Farnsworth Art Museum
- 69 Baxter State Park
- 70 Allagash Wilderness Waterway
- 71 Lake Winnipesaukee
- 72 Canterbury Shaker Village

# Mein Tag in Neuenglands Little San Francisco

Zugegeben: Portland, Maine, mit der Stadt am Golden Gate zu vergleichen, ist mutig. Doch die steilen Straßen der Stadt, ihre alten Ziegelhäuser, die wagemutige Kunstszene und die Studentenboheme, und nicht zu vergessen der herrliche Meerblick, das alles erinnert stark an den Sehnsuchtsort am Pazifik.

### 7.30 Uhr: »Iss morgens wie ein Kaiser ...«

»... und abends auch!« möchte man sagen, Sie sind ja in Portland! Starten Sie also stilgerecht im Front Room Restaurant, einem Nachbarschaftstreff am Nordende der Congress Street, und bestellen Sie die besten Eggs Benedict der Stadt. Danach wissen Sie, was mit »New American Comfort Food« gemeint ist!

### 9 Uhr: Spaziergucken

Dies ist zwar nicht der kürzeste Weg zum Hafen, dafür aber der interessanteste! Gehen Sie zunächst entlang der Congress Street in nördlicher Richtung durch das feine Munjo Hill und biegen Sie dann, das Meer gegenüber, rechts auf die Eastern Promenade ab. Die Promenade mit ihren angrenzenden Rad- und Joggingwegen ist ein beliebtes Naherholungsgebiet. Folgen Sie weiterhin der bald darauf in die Fore Street mündenden Eastern Promenade zum vor Kommen und Gehen brummenden Hafen. Ihr Ziel ist die Commercial Street Nr. 56.

7.30 Uhr: »Iss morgens wie ein Kaiser …«
7.30 Uhr
Start
The Front Room
MUNJO HILL
Eastern Promenade
Congress Street
Fore Street
14.30 Uhr: Streifzug durch den Old Port Exchange
300 m
300 yd
14.30 Uhr
Franklin St
Rough & Tumble
Middle Street
Portland Trading Co.
Bard Coffee
Fore Street Restaurant
Fitz & Bennett Home
Market St
Silver St
Portland Art Gallery
Casco Bay Ferry Terminal
»Mailboat Run«
10 Uhr
Ende
Free Street
Spring Street
Fore Street
Pearl Ultra
Congress Street
OLD PORT EXCHANGE
21 Uhr
Harbour
Geno's Rock Club
Blue
Commercial Street
High Street
Becky's Diner
10 Uhr: Inselhüpfen mit Briefträger
Pearl ultra nightclub
Pearl Tap House
21 Uhr: Portland rocks!

Mit einem Postschiff der Casco Bay Line kann man in einer dreistündigen Tour, dem »Mailboat Run«, einige der Inseln in der Casco Bay kennenlernen.

### 10 Uhr: Inselhüpfen mit Briefträger

Kaufen Sie im Casco Bay Lines Ferry Terminal ein Ticket für den dreistündigen »Mailboat Run« um 10 Uhr! Das täglich hier ablegende Postschiff versorgt die Menschen in der Casco Bay – von 365 Inseln sind nur ein paar Dutzend bewohnt – mit Post, Haushalts- und Baumaterial. Jede Menge Lokalkolorit ist auf diesem untouristischen Törn angesagt, so manche nette Plauderei und wunderbare Fotomotive vor Inseln mit schönen Namen wie Little und Great Diamond.

### 13 Uhr: Becky kocht hier noch

Viel Fantasie gehört nicht dazu, sich die noch immer kantig-raue Commercial Street vor 70, 80, 100 Jahren vorzustellen. Auch in der einfachen Hafenkantine Becky's Diner lebt diese Zeit fort, und zwar bei frischem, einfach zubereitetem Hummer, Fish 'n' Chips und großen Salaten. Becky Rand regiert noch immer in der Küche.

### 14.30 Uhr: Streifzug durch den Old Port Exchange

Das sich die Hügel empor schichtende Hafenviertel Old Port Ex-

Oben: Stilleben mit Fahrrad entlang der Eastern Promenade

Unten: In Becky's Diner gibt es einfach zubereitete, aber leckere Kost.

14.30 Uhr

Die Portland Art Gallery präsentiert ihren Kunden monatlich wechselnde Verkaufsaustellungen mit Werken etablierter und aufstrebender Künstler, die eine Verbindung zu Maine haben.

change zwischen Commercial und Congress Street ist das touristische Epizentrum. Schauen Sie sich trotzdem eine Weile hier um. Gehen Sie dann zur Middle Street. Hier und in den Nebenstaßen finden Sie die vielleicht schönsten Läden Neuenglands: Portland Trading Co., eine Art General Store für alles, führt schicke Damen- und Herrenmode von einheimischen Designern, kostbare alte Bücher und sogar Küchenartikel. Bei Rough & Tumble gibt es elegante Handtaschen aus italienischem Leder, und bei Fitz & Bennett Home von hiesigen Designern entworfene Haushaltsaccessoires. Die Portland Art Gallery schließlich zeigt über 200 käufliche Kunstobjekte. Falls Sie zwischendurch nach einer guten Tasse Kaffee lechzen, ist Bard Coffee die richtige Adresse.

Im mehrfach ausgezeichneten und hochgelobten Fore Street Restaurant im Old Port District Portlands lässt sich hervorragend speisen.

### 18.30 Uhr: Gut essen? Kein Thema!

Es gibt keine bessere Stadt zum Essengehen als Portland – sagen Amerikas Gourmetmagazine. Machen Sie also die Probe aufs Exempel und bestellen Sie im Fore Street Restaurant (S. 189) gebratenes Seafood und zum Dessert eine Auswahl aus neuenglischen Käsereien.

### 21 Uhr: Portland rocks!

Dank der Jakobsmuscheln sind Sie nun zwar angenehm gesättigt, doch die Pflasterstraßen mit ihren Bars und Kneipen sehen einfach zu spannend aus. Ganz in der Nähe können Sie z. B. bei Livemusik im Aura abtanzen, während im intimen Blue jede Nacht irischer Folk live geboten wird oder in Geno's Rock Club kräftige Cocktails – und fast täglich Live Rock jedes Genres.

**Front Room Restaurant**
215 E2 73 Congress Street 2077733366
https://thefrontroomrestaurant.com
Mo, Mi–So 8–21, Mo und So nur bis 14.30 Uhr

Zum Abschluss des Tages bei Live Music in einer gemütlichen Bar noch etwas trinken? In Portland gar kein Problem - die Auswahl unter den verschiedensten Musikrichtungen fällt schwer, von Folk bis Rock ist alles geboten.

**Casco Bay Lines Ferry Terminal**
215 E2 56 Commercial Street
2077747871 https://www.cascobaylines.com tägl. 10, 12, 15 Uhr 17 $ (Mailboat Run)

**Becky's Diner**
215 E2 390 Commercial Street
2077737070
https://www.beckysdiner.com
tägl. 5–21 Uhr

**Portland Trading Co.**
215 E2 83 Market Street
2078990228
www.portlandtradingco.com
Mo–Sa 11–18, So 11–16 Uhr

**Rough & Tumble**
215 E2 127 Middle Street
2078085042
www.roughandtumbledesign.com
Mo–Sa 10–17 Uhr

**Fitz & Bennett Home**
215 E2 43 Silver Street 2078350485
www.fitzandbennetthome.com
Mo, Mi–Sa 11–17, So 12–16 Uhr

**Portland Art Gallery**
215 E2 154 Middle Street 2079567105
www.artcollectormaine.com
Di–So 10–17.30 Uhr

**Bard Coffee**
215 E2 185 Middle Street 2078994788
https://www.bardcoffee.com
Mo–Fr 7–17, Sa, So 8–17 Uhr

**Aura**
215 E2 121 Center Street
2077728271
https://auramaine.com

**Blue**
215 E2 650 Congress Street 2077744111
https://www.portcityblue.com
Di–Do 18–24, Fr, Sa 17–1 Uhr

**Geno's Rock Club**
215 E2 625 Congress Street
207 7 47 55 94
tägl. 17–1 Uhr

# ❷ ★★ White Mountains

| | |
|---|---|
| Was? | Hiking zu den schönsten Aussichten im Nordosten |
| Warum? | Auch das »Dach Neuenglands« genannt, sind die White Mountains das schroffe Alter Ego des kultivierten Neuengland |
| Wann? | Im Sommer oder Herbst |
| Wie lange? | Drei Tage |
| Resümee | Der Muskelkater ist lästig, aber er hat sich gelohnt! |

Herbstpanorama der White Mountains: Bunter Wald vor schneebedecktem Gipfel

Dieser zu den Appalachen gehörige Höhenzug umfasst ein Gebiet von rund 300 000 ha und ist dünn besiedelt – Ortschaften von über 10 000 Einwohnern sucht man vergebens. Doch deshalb kommt man auch nicht her, sondern weil man sich auf spektakuläres Wandern, Biken und Kanufahren freut! Die raue Bergwelt lässt sich natürlich auch vom Auto aus genießen oder auf gemütlicher Fahrt mit einer alten Zahnradbahn. Und poetische Gemüter können dem Domizil des Dichters Robert Frost einen Besuch abstatten.

### Das ist der Gipfel: Mount Washington

Als Erstes sollten Sie den Mount Washington ansteuern, die mit 1917 m höchste Erhebung im Nordosten, und sich den Sticker »This Car Climbed Mount Washington« erobern – sofern es Ihnen nichts ausmacht, die schmalen Serpentinen zum Gipfel hinaufzukurven. Doch natürlich gibt es auch Alternativen zu dieser schwindelerregenden und für zarte Gemüter nervenaufreibenden Strecke, um auf den Mount Washington zu gelangen.

Sie können z. B. wandern – am besten mit dem »White Mountain Guide« des Appalachian Mountain Club in der Tasche, den man hier in jedem Buchladen bekommt oder online bestellen kann (www.outdoors.org). Ungemütlich oder gefährlich sind dann weniger die Wege, vielmehr die Kapriolen des Wetters. Die möglichen Wetterumschwünge darf man nicht unterschätzen! Für den Aufstieg muss man wenigstens sechs Stunden rechnen und mit drei bis vier für den Rückweg, hinzu kommt die Zeit auf dem Gipfel.

Bequemere Naturen können auf die Mount Washington Cog Railway ausweichen, eine von Mai bis November betriebene Zahnradbahn – ein kleines Wunderwerk der Technik von 1869, das Sie in 5 atemberaubenden Kilometern ans Ziel bringt. Steilster Abschnitt ist mit 37° die sogenannte Jacob's Ladder (Jakobsleiter). Hin und zurück braucht man mit der Bahn etwa drei Stunden.

Schließlich bieten sich noch Kleinbusse an, die in Great Glen an der Route 16 abfahren und Sie auf der 13 km langen Mount Washington Auto Road zum Gipfel bringen. Im Winter (Nov.–Mai) und bei schlechter Witterung ist diese Straße allerdings gesperrt, dafür werden von Dezember bis März Snow-Coach-Touren angeboten: Geländewagen mit Vierradantrieb, die bis zu neun Passagiere in einer Stunde zur Baumgrenze transportieren – von dort lässt sich der Rückweg auch auf Skiern oder mit Schneeschuhen bewältigen. Bitte Vorkehrungen treffen: Der Gipfel des Mount Washington ist die übelste Schlechtwetterzone Nordamerikas, mit einer Durchschnittstemperatur knapp unter dem Gefrierpunkt und Windböen bis zu gut 300 km/h (auch im Sommer)!

### Entlang dem Swift River

Ein vergleichsweise gemächliches Unternehmen ist die Fahrt auf dem Kancamagus Highway von Conway nach Lincoln am Swift River entlang. Er gehört zu den National Scenic Byways. Während der Herbstfärbung ist hier viel los, da jeder sich am Rot und Gold der Blätter ergötzen möchte. Hauptattraktion der 43 km langen Route sind die Sabbaday Falls, aber es gibt Dutzende weiterer Plätze mit schöner Aussicht auf die Berge und die Brücken über den Fluss. Vielerorts kann man vom Highway aus kleine Wanderungen ins Backcountry unternehmen.

Meist ist die (nur an wenigen Stellen steile) Straße breit genug, dass Autos und Radler sich nicht ins Gehege kommen. Mountainbiker starten am besten bei den Great Glen Trails (www.greatglentrails.com) nahe der Einmündung in die Mount Washington Auto Road. Dort kann man auch Räder und Helme ausleihen.

Die Sabbaday Falls des Swift River

### Der Franconia Notch State Park

Eine gute Adresse für Wanderer ist der Franconia Notch State Park. Der »notch« (Bergpass) ist breit genug für Sattelschlepper, doch erstreckt sich ringsum viel unberührte Wildnis, in der Sie wandern, radeln und schwimmen oder einen entspannten Tag verbringen können. Neben anderen Wanderwegen kommt hier auch der Appalachian Trail durch.

Ein Blickfang war lange der Old Man of the Mountain, ein Fels mit dem Gesichtsprofil eines alten Mannes. Leider bröckelte die Granitformation 2003 ab, und ihr ehemaliges Aussehen lässt sich nur noch mit Spezialteleskopen am Aussichtspunkt nachvollziehen. Erhalten blieb der »Alte Mann« indes als Symbol auf Straßenschildern und Kfz-Kennzeichen sowie dem New Hampshire Quarter.

Ein weiteres attraktives Ziel ist die fast 30 m tiefe Flume Gorge mit den Flume Brook Falls. Über 3 km kann man hier auf Pfaden, Brücken und Stegen die geheimnisvolle, immer kälter werdende Schlucht erforschen.

Im namengebenden Städtchen Franconia kommen Literaturliebhaber auf ihre Kosten. Dort befindet sich Frost Place, von 1921 bis 1940 Sommerdomizil des Dichters Robert Frost, der in jenem bescheidenen Bauernhaus von 1859 rund die Hälfte seines lyrischen Werks verfasste.

## Neuengland aufs Dach fahren

Allein die kurvenreiche Fahrt auf der Mount Washington Auto Road durch vier Vegetationszonen ist ein Erlebnis. Wenn man dann schließlich den Gipfel mit der bunkerähnlichen Wetterstation auf dem nackten Plateau erreicht hat und einem scheinbar ganz New Hampshire zu Füßen liegt, spürt man so etwas wie Erhabenheit. Doch der Mount Washington macht es den Menschen mit seinem extremen Klima nicht leicht: Noch beeindruckender als alle Statistiken zum gefährlichsten Wetter an der Ostküste ist die lange Liste mit Todesfällen am Eingang der Wetterstation.

Typisch Neuengland: eine »Covered Bridge« über den Swift River

## Outlet an Outlet: North Conway

Hier schlägt das kommerzielle Herz der White Mountains. Dutzende Outlet Shops säumen die Hauptstraße, und samstags gibt's einen dicken Stau.

Wem es dagegen mehr um Natur geht, der rumpelt mit der Conway Scenic Railroad durch das Mount Washington Valley.

Polly's Pancake Parlor: 672 NH-117, Sugar Hill, NH, Tel. 603 8 23 55 75, https://pollyspancakeparlor.com, Mi–Mo 7–14 Uhr

### KLEINE PAUSE

Des Ahornsirups halber lohnt sich ein Trip zu **Polly's Pancake Parlor** am Sugar Hill und der dazugehörigen Farm.

**New Hampshire's White Mountains**
215 D3/4 PO Box 10, North Woodstock, NH. Besucherzentrum: 200 Kancamagus Highway
800 3 46 36 87 oder 603 7 45 87 20
https://www.visitwhitemountains.com

**Mount Washington Cog Railway**
800 9 22 88 25 oder 603 2 78 54 04
https://thecog.showare.com
Mai–Nov. ab 72 $

**Mount Washington Auto Road**
1 Mount Washington Road, Rte. 16, Pinkham Notch
603 4 66 39 88
https://mt-washington.com Auto und Fahrer 45 $, jeder Passagier 20 $, Kinder (5–12 J.) 10 $

**Mount Washington SnowCoach**
603 4 66 23 33 https://mt-washington.com 70 $ pro Person

**Franconia Notch State Park**
260 Tramway Drive, Franconia
603 8 23 88 00
https://www.nhstateparks.org
Mitte Mai–Ende Okt. 5 $

**Frost Place**
158 Ridge Road, Franconia
603 8 23 55 10
https://frostplace.org
Museum derzeit geschl., aber das Grundstück kann jederzeit betreten werden

**Conway Scenic Railroad**
Route 16, North Conway
800 2 32 52 51 oder 603 3 56 52 51
https://www.conwayscenic.com
Mitte April–Mitte Okt., Dez., sonst nur an Wochenenden; Abfahrtszeiten auf der Webseite
Touren von 1 bis 5,5 Stunden 21–72 $, Aufpreis für 1. Klasse und obere Ebene

# 7 ★★ Acadia National Park

| | |
|---|---|
| Was? | Bequeme Spazierwege und Trails für durchtrainierte Hiker in großartiger Landschaft |
| Warum? | Der Nationalpark schützt einen herrlichen Küstenstrich im Nordosten |
| Wann? | Im Sommer oder Herbst |
| Wie lange? | Ein Tag |
| Resümee | Der Sonnenaufgang am Cadillac Mountain ist einmalig |

Acadia, 1919 als erster US-Nationalpark östlich des Mississippi gegründet, ist ein Juwel. Er ist der einzige Neuenglands und mit etwa 200 $km^2$ relativ klein. Dennoch ist er sehr populär und lockt Jahr für Jahr ca. 4 Mio. Besucher an.

Die Mehrheit der Besucher beschränkt sich auf eine Autofahrt durch das Terrain – jenseits dieser Piste kann man sich also auf der gesamten Fläche nach Herzenslust per Rad, Kanu, Kajak oder aber auf Schusters Rappen bewegen.

## Carriage Trails

Zu Beginn des 19. Jh.s erwarb der Unternehmer John D. Rockefeller das damals unerschlossene Land und erschloss es durch Transporttrassen und 16 Brücken aus handbehaue-

Der Acadia National Park ist ein Paradies für Wanderer.

nem Stein – heute ist diese Infrastruktur hervorragend geeignet zum Wandern und Reiten, vor allem aber zur Erkundung mit dem Fahrrad. Es gibt zahlreiche Fahrradverleihe in Bar Harbor, dem Einfallstor zum Park.

## Ausgedehnte Wanderwege

Hiking ist in Acadia ein besonderes Vergnügen, da viele Pfade von Steinmetzen genauso angelegt wurden wie die Transportwege: nicht freigesprengt, sondern kunstvoll aus dem Fels herausgeschlagen. Neben den Trassen stehen 200 km Hiking Trails zur Verfügung, die man oft fast für sich alleine hat. Am frequentiertesten ist der Rundweg um den Jordan Pond, wo Sie sich nicht abschrecken lassen sollten von der kurzen, schroffen Geröllstrecke, die man überwinden muss – es sieht schwerer aus, als es ist! Wanderkarten und andere Unterlagen gibt es beim Hulls Cove Visitor Center.

## Somes Sound

Die Gewässer in und um Acadia sind ein Paradies für Kajakfahrer – ob die ruhige, fjordartige Bucht des Somes Sound oder die offene See davor mit höherem Wellengang. Veran-

Stürmische See an der Küste der Mount Desert Island

stalter in Bar Harbor und anderen Orten auf der Insel bieten unterschiedlich lange organisierte Touren an, darunter auch zur Walbeobachtung.

Vom Cadillac Mountain hat man zu jeder Tageszeit einen herrlichen Ausblick.

### Hinauf auf den Cadillac Mountain

Wer es etwas komfortabler liebt, macht eine Autofahrt auf den Cadillac Mountain (466 m), wo man herrlich den neuen Tag begrüßen kann. Bereitet Ihnen die Vorstellung Unbehagen, sich deshalb um halb fünf aus den Federn zu quälen, kommen Sie zum Sonnenuntergang – der ist fast genauso schön.

### Mount Desert Island

Auf der hummerscherenförmigen Insel (wie »Dessert« ausgesprochen, da der Name ursprünglich französisch war) liegt der Großteil des Parks, zwei nahe Halbinseln stehen ebenfalls unter Naturschutz. Im Hauptort Bar Harbor kann man exzellent speisen und einkaufen.

### KLEINE PAUSE

Das **Jordan Pond House** ist eine Institution und empfehlenswert zum Lunch wie zum Nachmittagstee. Es gibt leckeres hausgemachtes Eis und legendäre »Popovers« (eine Art Muffins).

Jordan Pond House: 2928 Park Loop Road, Seal Harbor, ME, Tel. 207 8 13 43 42, https://jordanpondhouse.com, tägl. 11–17 Uhr

---

213 E1 ✉ Park Headquarters, 3,2 km westlich von Bar Harbor an der SR 233, Bar Harbor, ME
☎ 207 2 88 33 38
🌐 https://www.nps.gov/acad
Hulls Cove Visitor Center: nördlich von Bar Harbor am Hulls Cove Inlet neben der SR 3: Mai–Okt. tägl. 8.30–16.30 Uhr, Nov.–April geschl.
Besucherzentrum Park Headquarters: Mitte April–Okt. Mo–Fr 8–16.30, Nov.–Mitte April, tägl. 8–16.30 Uhr
Mai–Okt. 35 $ pro Auto mit Fahrer und Passagieren, 20 $ pro Person

i

# 63 Portsmouth & Strawbery Banke

| | |
|---|---|
| Was? | Ein von Städteplanern verschont gebliebener Stadtkern mit krummen Pflasterstraßen |
| Warum? | Die Hafenstadt ist eine der schönsten Städte New Hampshires |
| Wann? | Zwischen Ende Mai und Anfang Oktober sind die Temperaturen am angenehmsten |
| Wie lange? | Ein Nachmittag |
| Resümee | Der »Fun Guy« bei Lexie´s ist das i-Tüpfelchen |

1630 benannten englische Siedler diesen Ort an der Mündung des Piscataqua River »Strawbery Banke« (in damals üblicher Orthographie …), weil dort in Hülle und Fülle Erdbeeren gediehen. Eine Generation später wurde er in Portsmouth umgetauft, doch der ursprüngliche Name hat überlebt, nicht zuletzt dank eines der größten Freilichtmuseen der USA.

Denn was wie ein Neuengland-Dorf aussieht, ist in Wahrheit nur ein Gebäudeensemble aus dem 18./19. Jh., das

Die historische North Church (1854) in Portsmouth

Das Gegenteil von Großstadthektik: Portsmouth in New Hampshire

von der Expansion der Stadt Mitte des 20. Jh.s verschont blieb: einfache Häuschen, ein Herrenhaus, Werkstätten und sogar ein (rekonstruiertes) Plumpsklo. Das 4 ha große Areal ist ein Spiegel der Geschichte – so findet man im Shapley-Drisco House friedlich vereint Möbel aus den 1790er- wie den 1950er-Jahren, in der Pitt Tavern bewegt man sich auf den Spuren George Washingtons und John Hancocks. Im Shapiro House wiederum sieht man, wie russische Immigranten des letzten Jahrhunderts sich in der neuen Heimat einrichteten. Außerdem kann man Handwerkstraditionen von Töpfern, Böttchern und Gärtnern bewundern.

Aber Portsmouth ist auch jenseits von Strawbery Banke eine interessante Mixtur aus Alt und Neu, und viele seiner oft 200 Jahre alten Häuser stehen Besuchern offen. Hinzu kommen schöne Geschäfte und Cafés und allabendlich Livemusik: Was will man mehr?

**KLEINE PAUSE**

Vielleicht macht zielloses Bummeln noch hungriger als anstrengendes Wandern in den White Mountains? Bei **Lexie´s** können Sie reuelos genießen. Riesen-Burger wie den »Blue Angel«. Oder den »Fun Guy« eben.

Lexie's: 212 Islington Street, Portsmouth, NH, Tel. 603 8 15 41 81, www.peaceloveburgers.com, tägl. 11.30–20 Uhr

215 E1 500 Market Street, Portsmouth, NH ☎ 603 6 10 55 10
https://www.goportsmouthnh.com

**Strawbery Banke**
14 Hancock Street, Portsmouth, NH
☎ 603 4 33 11 00
https://www.strawberybanke.org
Mai–Okt. tägl. 10–17, Nov.–April Sa, So 10–14 Uhr. Nur geführte Touren!
23 $; Eintritt gilt für zwei Folgetage

# 64 Kennebunk & Kennebunkport

| | |
|---|---|
| Was? | Ein herausgeputztes und durch den Bush-Faktor etwas versnobtes Schiffbauerstädtchen |
| Warum? | In Deutschland als Sommersitz von Ex-US-Präsident George H.W. Bush bekannt. Das macht neugierig |
| Wann? | Im Herbst |
| Wie lange? | Ein Nachmittag |
| Was noch? | Die »Bush Residence« am Ocean Drive fotografieren. Wenn man schon mal hier ist… |
| Resümee | Die Zeit in den schönen Souvenirshops vergeht wie im Flug |

Kennebunk und Kennebunkport (meist zusammenfassend Kennebunks genannt) gehören zu den hübschesten Örtchen an der Küste von Maine. Sie sind etwas verschlafen, besonders Kennebunkport, wo dank der etwas älteren Touristenschar die Bürgersteige schon um zehn hochgeklappt werden.

An Sommerwochenenden verdoppelt oder verdreifacht sich hier die Zahl der Menschen, und man findet kaum einen Platz im Restaurant oder ein freies Zimmer. Besucher verstopfen mit ihren Autos die schmale Brücke über den Kennebunk River, sichern allerdings auch den Fluss des Geldes in die hiesigen Läden. Viele Geschäfte hier sind auf Tourismus geeicht, doch findet sich auch eine passable Auswahl an Kunsthandwerk, Kleidung, Töpferwaren und dergleichen.

### Die schönsten Strände

Sanfte Salzwasserwellen an langen Stränden mit weichem, hellem Sand – das ist die Attraktion der Kennebunks! Leider ist das Wasser meist zu kalt zum Schwimmen (nur etwas für Hartgesottene an ganz heißen Tagen), doch wunderbar, um sich beim Sonnenbaden mal kurz zu erfrischen.

Und wo soll's hingehen? Da wäre etwa Gooch's Beach an der Beach Avenue in Kennebunk – viel Platz, kaum Wellengang und am 4. Juli ein großes Feuerwerk. Westlich davon liegt Mother's Beach, mehr abseits, etwas kleiner und mit

Spielplatz. Diese Strände sind bewacht und über die SR 9 und SR 35 erreichbar. Beide sind verbunden durch eine Promenade, auf der man schön flanieren kann, aber auch Rollerblade fahren oder joggen. Von Geschäften sind manche Strände 1 km entfernt, weshalb man sich besser schon vorher mit Lunch und allem Notwendigen eindecken sollte (Wasser nicht vergessen!). Um zu den Stränden zu kommen, benutzt man in der Hochsaison am besten den Shoreline Explorer (www.shorelineexplorer.com), der von York die Küste entlang bis zu den Kennebunks fährt. Achtung: Der Explorer

Zum Schwimmen ist das Wasser an den Stränden der Kennebunks etwas frisch, zum Sonnenbaden und Spazierengehen sind die Strände aber ideal.

hat an jedem Strandabschnitt unterschiedliche Fahrpläne und Tarife und sogar eigene Namen wie Shoreline Trolley oder Kennebunk Shuttle!

Nördlich von Kennebunkport und östlich von Cape Porpoise erstreckt sich unweit der SR 9 das Wohnviertel Goose Rocks Beach. Die zehnminütige Fahrt hierhin lohnt sich auch bei Flut, schöner ist es jedoch bei Ebbe, wenn man an diesem 5 km langen Strand spazieren gehen und durch die seichten Priele platschen kann. Ausgangspunkt des Ausflugs ist die SR 9 (die hier erst School Street, dann Mills Road heißt), dann an der Dyke Road rechts abbiegen und an der Gabelung links halten.

Ein kleiner Fischmarkt an der Arundel Wharf in Kennebunkport.

Im Zentrum Kennebunkports besteht an Souvenirshops kein Mangel.

Ein lohnendes Ausflugsziel ist auch das rund 16 km entfernte Ogunquit mit seinem 5 km langen Strand, diversen guten Restaurants und Kunstgalerien. Inoffiziell ist der Ort ein beliebter Treffpunkt der Gay Community.

### Seashore Trolley Museum

Zieht man an Regentagen nicht eine Einkaufstour zu den Outlet Stores in Kittery oder zu L. L. Bean in Freeport vor, bietet sich ein Besuch dieses Museums in Kennebunkport an. Auf vier Rädern lässt sich dort eine Zeitreise in die Vergangenheit unternehmen, als noch Züge, Straßenbahnen und Trolley-Busse (und nicht das Auto) bevorzugte Verkehrsmittel waren.

Nunan's Lobster Hut: 9 Mills Road, Kennebunkport, ME, Tel. 207 9 67 43 62, https://www.nunanslobsterhut.com, im Sommer tägl. 17 bis 20 Uhr

**KLEINE PAUSE**

Viel Lokalkolorit verströmt **Nunan's Lobster Hut** – das kleine Restaurant ist ein idealer Ort für ein ungezwungenes Essen.

---

215 E2 16 Water Street , ME
800 9 82 44 21
oder 207 9 67 08 57
https://gokennebunks.com

**Seashore Trolley Museum**
215 E2 195 Log Cabin Road, Kennebunkport, ME 207 9 67 28 00
www.trolleymuseum.org Juni–Okt. Mi–So 9.30–16.30 Uhr 13 $

## Nach Lust und Laune!

### 65 Portland Head Light & Museum

Der älteste Leuchtturm von Maine – 1791 erbaut, seit 1989 in automatisiertem Betrieb – ist auch einer der schönsten. Das ehemalige Häuschen des Leuchtturmwärters ist inzwischen ein Museum (mit kleinem Shop), und im angrenzenden Fort Williams Park lässt es sich prima picknicken – mit Blick auf die Casco Bay.

215 E2 1000 Shore Road, ME (US 1 North bis Oak Hill, dann rechts auf die SR und links auf die SR 77 Richtung Cape Elizabeth. Rechts zweigt dann die Shore Road ab) 207 7 99 26 61 https://portlandheadlight.com Memorial Day Ende Mai–Mitte Okt. Mo–Fr 10–14, Sa, So 10–16 Uhr 2 $

### 66 L. L. Bean

Großzügiger Flagship Store des Unternehmens in Freeport – hier wandelt man förmlich durch den Katalog mit Outdoor-Kleidung und -Equipment – freundlich unterstützt von fachkundigem Personal. Es gibt ein Café und Coffee Shop. Der Laden ist täglich 24 Stunden geöffnet, an Sommerwochenenden finden auch Open-Air-Konzerte statt.

215 E3 95 Main Street, Freeport, ME 800 4 41 57 13 https://global.llbean.com

### 67 Maine Maritime Museum

Gemälde, Schiffsmodelle und Fotografien zu Schiffsbau, Seefahrt und Fischen geben dem Besucher einen Eindruck von Maines bedeutender maritimer Vergangenheit. Geschichte wird hier in unterhaltsamer Form vermittelt, interaktiv vom Schlepper bis zum Piratenschiff. Ein Gebäude ist ganz dem Hummerfang gewidmet, der in Maine zurückgeht bis in die 1820er-Jahre. Einen weiteren Ausstellungsbereich betritt man durch eine Safetür – ein Hinweis auf die guten Geschäfte, die Schiffseigner mit der Fracht tätigten. Im Sommer gibt es hier allerlei zum Mitmachen, außerdem Kreuzfahrten auf dem Kennebec River.

215 F3 243 Washington Street, Bath, ME (an Bath Iron Works vorbei) 207 4 43 13 16 https://www.mainemaritimemuseum.org tägl. 9.30–17 Uhr 20 $

### 68 Farnsworth Art Museum

Das kleine, feine Museum in Rockland kann als Einführung in die amerikanische Kunst dienen, mit hochkarätigen Exponaten von Malern aus Neuengland und speziell aus Maine: George Inness, Winslow Homer, George Bellows und John Marin. Hinzu kommen Werke aus neuerer Zeit von Künstlern wie Louise Nevelson und Robert Indiana. Größter Anziehungspunkt für Kunstliebhaber ist aber das Wyeth

Center – die einstige Kirche beherbergt eine Ausstellung zu drei Generationen der Künstlerfamilie Wyeth. N. C. Wyeth war ein gesuchter Maler und Illustrator, sein Sohn Andrew in ganz Amerika gefeiert, nicht anders als Enkel Jamie. Andrews bekanntestes Werk ist »Christina's World« (1948), entstanden auf der 16 km entfernten Olson Farm in Cushing, die dem Museum gehört.

213 D1 16 Museum Street, Rockland, ME 207 5 96 64 57 https://www.farnsworthmuseum.org Mitte Mai–Nov. tägl. 10–17, Nov.–Mitte Mai Mi–So 10–17 Uhr 20 $

Im abgeschiedenen Baxter State Park gibt es viele Wandermöglichkeiten.

## 69 Baxter State Park

Ein Paradies für Wanderer und Freiluftenthusiasten – etwas entlegen liegt diese 829 km² große Wildnis im Norden von Maine, dafür ist es hier aber still und ohne Autoverkehr. Der alleinstehende Mount Katahdin (1605 m), Maines höchste Erhebung, ist zugleich Endpunkt des Appalachian Trail und einer seiner markantesten Berge. Neben gut 300 km teils strapaziösen Wanderwegen wird hier auch Kanufahren auf großen und kleinen Seen geboten, und den Penobscot River hinab kann man Wildwasser-Touren unternehmen, die aus dem Parkgelände hinausführen (Package-Touren bei diversen Veranstaltern).

Baxter ist wirklich einsam gelegen und noch so ursprünglich wie im Jahr 1931, als Gouverneur Percival Baxter es per Dekret »für immer in natürlich wildem Zustand« erhalten sehen wollte. Übernachtungen sind lange vorab zu reservieren, ob Zelt oder Blockhütte.

212 C5 64 Balsam Drive, Millinocket, ME 207 7 23 51 40 https://baxterstatepark.org Eintrittsgebühr: 16 $. Camping (von Mai bis Okt.): ab 18 $; Blockhütten vorhanden

## 70 Allagash Wilderness Waterway

Kanuten aufgepasst: Der Allagash Wilderness Waterway ist einer der besten im Osten! Er gehört zu den National Wild and Scenic Rivers, und die Ufer der 150 km langen Strecke zwischen Chamberlain Bridge und Allagash dürfen bis 150 m ins Land nicht bebaut werden. Eine Tour dauert sieben bis zehn Tage, entlang der gesamten

Route gibt es Möglichkeiten zum Camping. Veranstalter in Greenville bieten geführte Touren samt Ausrüstung an.

> ✈ 212 C5 ✉ Büro: 106 Hogan Road, Bangor, ME ☎ 207 9 41 40 14
> 🌐 https://www.maine.gov/dacf/parks/water_activities/aww-river-conditions.shtml

## 71 Lake Winnipesaukee

Dass New Hampshire nicht gerade strotzt von tollen Meeresbuchten, lässt sich relativ leicht verschmerzen angesichts seiner Fülle herrlicher Binnengewässer.

Die United Community Church im Shaker-Dörfchen Canterbury

Am schönsten und beliebtesten ist der Lake Winnipesaukee nordöstlich von Laconia, wobei dort wiederum der Weirs Beach die meisten seiner Konkurrenten aussticht – mit feinem Sand, Promenade und kinderfreundlichen Freizeiteinrichtungen. Außerdem liegt er nahe der I-93 sowie der Städte Meredith und Laconia.

Wer dagegen eher Ruhe sucht, fährt besser zum Städtchen Wolfeboro am östlichen Ufer des Sees und lässt sich dort nieder.

> **Lakes Region Association**
> ✈ 215 D2 ✉ PO Box 737, 617 Laconia Rd., Tilton, NH ☎ 800 6 05 25 37 oder 603 2 86 80 08
> 🌐 https://www.lakesregion.org

## 72 Canterbury Shaker Village

Rund eine halbe Autostunde nördlich von Concord liegt dieses Ensemble von zwei Dutzend Shaker-Häusern aus dem 19. Jahrhundert. Wie das Hancock Shaker Village (S. 112) in Massachusetts war es einst ein betriebsames Dorf dieser Glaubensgemeinschaft. Besser noch als auf eigene Faust lässt es sich im Rahmen einer Führung erschließen, die einem auch Zutritt zu sonst geschlossenen Gebäuden des Areals gewährt.

> ✈ 214 C2 ✉ 288 Shaker Road, Canterbury, NH ☎ 603 7 83 95 11
> 🌐 https://www.shakers.org
> 🕐 Mitte Mai–Okt. Di–So 10–16 Uhr
> 🎟 Geführte Touren 25 $

## Wohin zum … Übernachten?

Preise für ein Doppelzimmer pro Nacht (ohne Steuern):
$ unter 170 $
$$ 170–300 $
$$$ über 300 $

### PORTSMOUTH

**Martin Hill Inn $$**
Das Haus aus dem 19. Jh. ist mit alten Mahagoni-Möbeln und fernöstlichem Porzellan ausgestattet. Die Zimmer sind nach Themen gestaltet, vom Kolonialstil bis zum viktorianischen Interieur. Schmale Doppelbetten, Klimaanlage. Strawbery Banke und Zentrum sind nur 15 Minuten Fußweg entfernt.
215 E1 404 Islington Street ☎ 603 4 36 22 87 https://www.martinhillinn.com

### KENNEBUNKPORT

**Captain Lord Mansion $$–$$$**
Nathaniel Lord, Schiffsbauer und Händler, würde sein Domizil aus dem 19. Jh. heute kaum wiedererkennen, obwohl manches auch erhalten blieb – etwa das vierstöckige Treppenhaus. Neben 20 Zimmern (und Konferenzräumen) im Inn gibt es noch vier weitere in der ruhigen Dependance nebenan.
215 E2 6 Pleasant Street ☎ 207 9 67 31 41
https://www.larkhotels.com

**White Barn Inn $$$**
Die umgebaute Scheune hat nichts Rustikales mehr, sondern schwelgt im Luxus: Antiquitäten, blank polierte Holzdielen und eine Piano Bar. Auch die neun Suiten sind vom Feinsten (neben ein paar einfacheren Zimmern). Die Küche des Restaurants ist top!
215 E2 37 Beach Avenue ☎ 207 9 67 23 21
https://aubergeresorts.com

### BAR HARBOR

**Bar Harbor Inn and Spa $$–$$$**
Großes Haus am Strand nahe der Geschäftsmeile des Ortes. Viele der Zimmer im Haupthaus und der Oceanfront Lodge haben Meeresblick, die preiswerteren im Newport Building blicken auf das weitläufige Anwesen. Das »Reading Room Restaurant« zählt zu den romantischsten von Bar Harbor.
213 E1 Newport Drive
☎ 844 8 14 16 68
https://barharborinn.com

**Manor House Inn $–$$**
Viktorianisch gibt sich das hinter Hecken verborgene Haus mit umlaufender Veranda. Nicht minder authentisch ist das Interieur, dominiert von Orientteppichen, polierten Holzböden und alten Tischen. Charaktervoll sind auch die Betten der 18 Zimmer durch Kopf- und Fußteile mit Schnitzdekor.
213 E1 106 West Street
☎ 800 4 37 00 88 oder 207 2 88 37 59
https://www.barharbormanor.com

**Mira Monte Inn and Suites $–$$**
Familiär gemütlich geht es zu in dem Inn aus dem 19. Jh., mit der Bibliothek und ihren Lesesesseln als Mittelpunkt. Die Zimmer sind einfach eingerichtet, entsprechen jedoch im besten Sinne dem Namen der Pension (»Bergblick«): Sie blicken auf den Acadia National Park und Cadillac Mountain.
213 E1 69 Mount Desert Street
☎ 207 2 88 42 63
https://miramonte.com

### WHITE MOUNTAINS

**Inn at Thorn Hill & Spa $$–$$$**
Das schöne Quartier aus dem 19. Jh. nahe dem Mount Washington ist eine beliebte Unterkunft für Skiläufer. Die Zimmer im Haupthaus sind viktorianisch, die im Kutschhaus in ländlichem Stil.
215 D3 40 Thorn Hill Road, Jackson, NH ☎ 603 3 83 42 42
https://www.innatthornhill.com

**White Mountain Hotel and Resort $–$$$**
Zeitgemäßes Landhotel am Fuß der White Horse Ledge, nahe von White Mountain National Forest, Echo Lake State Park und North Conway. Im »Ledges Dining Room« serviert man New England Cuisine, in der »Tullamore

Tavern« Cocktails, Bier und Wein. Ein beheizter Pool im Außenbereich und das Whirlpool Spa runden das Angebot ab.
✈215 D3 ✉87 Fairway Drive, North Conway, NH ☎800 5 33 63 01
🌐https://www.whitemountainhotel.com

### HART'S LOCATION

**Notchland Inn $$–$$$**
Die 13 Zimmer und drei Cottages dieses schön gelegenen Granitbaus (Baujahr 1860) nahe der Schlucht Crawford Notch sind sehr geschmackvoll. Mittwoch bis Sonntag gibt es zum Dinner ein exquisites Fünf-Gänge-Menü.
✈215 D3 ✉2 Morey Road ☎603 3 74 61 31 oder 800 8 66 61 31 🌐https://notchland.com

## Wohin zum ... Essen und Trinken?

Preise für ein Drei-Gänge-Menü (ohne Getränke und Service):

| | |
|---|---|
| $ | unter 30 $ |
| $$ | 30–60 $ |
| $$$ | über 60 $ |

### PORTSMOUTH

**Portsmouth Brewery $$–$$$**
Hier trifft sich die Nachbarschaft, und zwar bei einem Mix aus Bio-Salaten, Hamburgern und erstklassigen Steaks. Hauptattraktion sind die im Haus gebrauten Craft-Biere – vor allem die nur einmal und zu besonderen Anlässen gebrauten, die wegen ihres Alkoholgehalts »Killer« heissen können und so gut schmecken, dass die Zeit mit den netten Tischnachbarn wie im Flug vergehen kann.
✈215 E1 ✉56 Market Street ☎603 4 31 11 15
🌐https://portsmouthbrewery.com
🕐tägl. 11.30–23, Fr, Sa bis 24 Uhr

### KENNEBUNKPORT

**The White Barn Inn $$$**
Eines der nobelsten Restaurants Neuenglands residiert in einer umgebauten Scheune von 1820. Feine Tischwäsche und Kerzenlicht vereinen sich mit rustikalen Holzdecken zum idealen Ambiente. Das saisonale Festpreis-Menü mit klassischer New England Cuisine wechselt wöchentlich. Reservierung und Jackett für Herren ist Pflicht!
✈215 E2 ✉37 Beach Avenue, Kennebunk Beach, ME ☎207 9 67 23 21
🌐https://aubergeresorts.com
🕐tägl. 17.30–21 Uhr

### PORTLAND

**Fore Street $$$**
Genießt einen hervorragenden Ruf durch Küchenchef Sam Hayward, einen der besten der Gegend. Im Ziegel- und Sandsteinambiente wird das Mahl vor Ihren Augen zubereitet am Bratspieß, über offenem Feuer oder im mit Apfelbaumholz beheizten Herd. Entspannte Atmosphäre, köstliche Nachspeisen, exzellente Weinliste, Bar im Nebenraum – nur mit Reservierung!
✈215 E2 ✉288 Fore Street ☎207 7 75 27 17
🌐https://www.forestreet.biz
🕐tägl. 17–22 Uhr

### BAR HARBOR

**Lompoc Café $$**
Besonders schön sitzt man hier auf der Terrasse, wo man Boccia-Spielern zusehen kann. Ausgeschenkt wird Gerstensaft aus der bei Bar Harbor ansässigen Brauerei, vom

Die Portsmouth Brewery ist für ihre zu besonderen Anlässen gebrauten Biere bekannt.

Ale bis zum ausgefallenen Blaubeerbier. Dazu gibt es Bistro-Kost.
⊕213 E1 ✉36 Rodick Street ☎207 2 88 93 92 ⊕https://www.lompoccafe.com ●Mi–So 16.30–1 (Küche bis 21 Uhr)

### ROCKLAND

**Cafe Miranda $$**
Schindelgedecktes Haus mit humorvollem Personal. Lohnt sich auch des Essens wegen: Große Servietten zum Hummer braucht man nicht, eher Mut bei den gewagt klingenden Kreationen der italienisch akzentuierten Küche: »Dave's Fairgrounds Delite, Nascar Pâté« oder »50 mph Tomatoes«.
⊕213 D1 ✉15 Oak Street, Rockland, ME ☎207 5 94 20 34 ⊕https://www.cafemiranda.com ●tägl. 17–21 Uhr

### WHITE MOUNTAINS

**Red Fox Bar & Grille $$–$$$**
Gemütliches Gasthaus mit Kaminfeuer in den Dining Rooms und Flachbildschirm in der Bar. Saftige Steaks, Craft-Biere vom Fass.
⊕215 D3 ✉49 US Rte. 16, Jackson, NH ☎603 3 83 49 49 ⊕https://www.redfoxbarandgrille.com ●Mo–Fr 16–21, Sa, So 12–21 Uhr

### WOLFEBORO

**Garwoods Restaurant $$–$$$**
Das Auge isst mit: Bei schönem Blick auf den Lake Winnipesaukee gibt es frisches Seafood, erstklassige Steaks und amerikanische Weine sowie eine große Auswahl an Bieren vom Fass.
⊕215 D2 ✉6 Main Street ☎603 5 69 77 88 ⊕ https://garwoodsrestaurant.com

## Wohin zum ... Einkaufen?

### MAINE

Was kann man aus Maine mitbringen? Einkaufsmöglichkeiten gibt es genug: Shopping Malls und Outlets bieten uramerikanisches »Shop 'til you drop«, Galerien und Workshops unaufgeregten Einkaufsgenuss mit interessanten Gesprächen im Preis inbegriffen.

**Outlet Stores**
Millionen Besucher strömen jedes Jahr zu den 1,5 Autostunden nördlich von Boston gelegenen **Kittery Outlets**, einem Einkaufsparadies aufgeteilt in 13 Malls mit 120 Markenläden (Ausfahrt 3 von der I-95; ☎888 5 48 83 79; www.thekitteryoutlets.com).

Ein Stündchen weiter nach Norden wartet **Freeport** mit dem berühmten L. L. Bean Flagshipstore (rund um die Uhr geöffnet). In dem hübschen Ort findet man aber auch viele andere, teils neue Outlet-Adressen (☎800 8 65 19 94 oder 207 8 65 12 12; www.freeportusa.com).

**Kunsthandwerk**
In gediegeneren Gefilden bewegt man sich bei Keramikern, Malern, Juwelieren und Quilt-Herstellern, die alte Handwerkstraditionen pflegen. Zusehen kann man ihnen im historischen **Old Port** von Portland, im **Deer Isle Village** oder in **Stonington**.

Ungewöhnlich sortiert und leicht erreichbar ist das **Center for Maine Craft** (West Gardiner Service Plaza, SR 126, Ausfahrt 103 von der I-95 South; www.mainecrafts.org) bei West Gardiner, wo die Produkte von rund 300 Künstlern und Kunsthandwerker aus Maine verkauft werden.

### NEW HAMPSHIRE

Dass man im Outdoor-Eldorado New Hampshire allerorten auch passende Kleidung und Ausrüstung bekommt, versteht sich eigentlich von selbst! Alles ist zu haben fürs Wandern, Campen oder Biken, obendrein umsatzsteuerfrei.

**Outlet Stores**
50 Marken- und Designer-Geschäfte warten im **Tanger Outlet Center** (www.tangeroutlet.com) in Tilton. Oben in North Conway bietet **Settler's Green** (http://www.settlersgreen.com/) alle Topmarken von Liz Claiborne über L. L. Bean bis Polo Ralph Lauren.

**Kunsthandwerk & Antiquitäten**
Sieben Läden betreibt die **League of New Hampshire Craftsmen** (www.nhcrafts.org) in North Conway, Center Sandwich, Meredith, Hanover, Littleton, Wolfeboro Falls und Concord – mit qualitätvoller Ware, von edlen Seifen und Kerzen bis zum Quilt. Keimzelle der Organisation waren vor 75 Jahren die **Sandwich Home Industries** in Sandwich (Gabelung SR 109/113; ☎603 2 84 68 31; http://www.centersandwich.nhcrafts.org).

Über die Schulter schauen kann man Kunsthandwerkern im Hillsborough Center, wo sie im **Gibson Pewter** (26 N. Main Street; ☎603 4 95 17 76; www.gibsonpewter.com) Zinn-Schalen und -Trinkgefäße fertigen. Antiquitätenfreunde werden auf der **Antique Alley** (Route 4 zwischen Portsmouth und Concord) bei ca. 500 Adressen in Northwood, Lee, Epsom und Chichester fündig.

## Wohin zum … Ausgehen?

### MAINE

Im **Maine Bureau of Parks and Lands** (☎888 6 24 63 45; https://www.maine.gov/dacf/parks/) können Sie sich mit Wanderkarten für die Parks ausstatten.

Radeln kann man entspannt auf ruhigen Sträßchen. Im Gebirge bieten sich zum Sporteln Resorts wie **Sugarloaf** (☎207 2 37 20 00; www.sugarloaf.com) und **Sunday River** (☎207 8 24 30 00; www.sundayriver.com) an. Tourenvorschläge: www.bikemaine.org.

**Wassersport**
Ein wenig Vergangenheit schnuppern können Sie bei Drei- oder Sechs-Tages-Touren mit einem Windjammer (Auskunft erteilt die **Maine Windjammer Association**, https://www.sailmainecoast.com/).

Tagestouren und Kurzausflüge bietet in Camden der Schoner **Appledore II** (☎207 2 36 83 53) . In Bar Harbor lassen sich mit **Coastal Kayaking Tours** (☎207 9 94 84 02; https://www.acadiafun.com/) Fahrten entlang der Küste unternehmen.

**Skilaufen**
Die Skigebiete Maines werden immer beliebter, dank erschwinglicher Packages und kaum überfüllter Pisten. Auch Snowboarder kommen gern nach **Sunday River** bei Bethel und zum **Sugarloaf Mountain** in Nord-Maine.

### NEW HAMPSHIRE

Hier genießt man ein gut organisiertes Netz von Wanderwegen, Campingplätzen, Wassersport- und Angelplätzen. Auskunft: **General Park Information** (☎603 2 71 35 56; https://www.nhstateparks.org/).

**Fischen**
Auswärtige Besucher brauchen eine Lizenz, erhältlich beim **New Hampshire Fish and Game Department** (☎603 2 71 34 21; www.wildlife.state.nh.us). Beliebt sind der Lake Winnipesaukee und die angrenzenden Angelgewässer. Lizenzen und Ausrüstung bekommt man fast in jeder kleineren Stadt.

**Wassersport**
In Holderness organisiert das **Squam Lakes Natural Science Center** (www.nhnature.org) Fahrten auf dem Squam Lake (Golden Pond), um Tauchvögel zu beobachten (Mai–Okt.). Kanuten erfahren Wissenswertes bei **Wild Meadow Canoes and Kayaks** in Center Harbor (www.wildmeadowcanoes.com), über Flusskreuzfahrten usw. informiert die **Lakes Region Association** (www.lakesregion.org).

**Radfahren**
Manche Skigebiete, etwa **Loon Mountain**, mutieren im Sommer zu Radelparadiesen. Vom Echo Lake bringen Shuttles einen zur kühnen Panorama-Abfahrt vom Franconia Notch Richtung Flume Gorge.

**Skilaufen**
New Hampshire war Ski-Pionier der USA: Der älteste Club wurde 1872 gegründet, erste Pisten entstanden 1930 am Cannon Mountain. Recht preisgünstig kann man Ski fahren und langlaufen an der I-93 in Tenney Mountain, Waterville Valley, Loon Mountain, Cannon und Bretton Woods. Auskunft: **Ski New Hampshire** (www.skinh.com).

Der Herbst zeigt sich in Neuengland von seiner schönsten Seite – wie hier nahe Weston, Vermont.

# Touren & Ausflüge

Ob Sie auf den Spuren der Geschichte wandeln oder die Natur genießen möchten – diese Touren bieten beides.

Seite 192–201

# Old King's Highway

| | |
|---|---|
| Was? | Autotour auf einer historischen Route |
| Wann? | Am besten zwischen Mai und Oktober |
| Länge | 64 km |
| Dauer | 1,5 Stunden (mit Zwischenstopps entsprechend länger) |
| Start | Sagamore Bridge ⌖217 E3 |
| Ziel | Cape Cod National Seashore, Pond Visitor Center ⌖217 F4 |

Schon im 17. Jh. verband die heutige SR 6A die Kolonialstädte Provincetown und Plymouth (daher die Bezeichnung Old King's Highway), und davor gab es auch einen Weg, den die indigene Bevölkerung seit jeher benutzte. Es ist nicht die schnellste Straße auf dem Cape, doch mit ihren hübschen Dörfern und schönen Blicken auf die Bay die schönste.

1–2

Nach Überquerung des Cape Canal auf der Sagamore Bridge die erste Ausfahrt nehmen, dann bei der Ampel rechts auf die SR 6A fahren. Folgen Sie dieser bis Sandwich, dann geht es rechts auf die SR 130 gen Süden ins Stadtzentrum. Nach etwa 3 km folgt eine Abzweigung zu den Heritage Museums & Gardens (S. 90), einem Konglomerat aus Oldtimern, Militaria und Kunstgewerbe samt Park – jede Sammlung für sich Spitzenklasse. Große und vielleicht auch kleine Kinder werden sich besonders für das Karussell von 1912 begeistern.

2–3

Zurück geht es auf die 6A, der Sie nach rechts in Richtung Osten folgen. Hier beginnt die mit einschlägigen Läden gepflasterte »Antiques Alley«, die bis Eastham führt. Eine Karte und eine Broschüre mit Hinweisen und Tipps zu vielen Geschäften gibt die Vereinigung der Händler selbst heraus.

Hinter der 11-Meilen-Markierung (17 km; grünes Zeichen auf der rechten Straßenseite) gabelt sich die Straße. Bleiben Sie an dieser Stelle links auf der 6A – nicht die SR 132 nehmen!

Der kleine Hafen von Barnstable

3–4

Nach etwa 22 km passiert man das Städtchen Barnstable, wo sich besuchenswerte Antiquitätengeschäfte konzentrieren. Nach weiteren 5 km folgt Yarmouth Port mit einer kleinen Ansammlung altmodischer Läden, Restaurants und Antiquitätenhändlern, die man leicht übersieht. Machen Sie kurz Halt, und besuchen Sie Design Works, einen Kurzwarenladen aus dem 19. Jh., in dem Weißwäsche, Seifen, Handtücher und viele andere Accessoires angeboten werden, oder bestellen Sie sich ein kühles Root Beer im Hallet's Store, einer über 120 Jahre alten Eisdiele, die sich bis heute in Familienbesitz befindet.

Hinter dem Cape Cod Museum of Natural History erstrecken sich Salzmarschen, die man auf einem Spaziergang erkunden kann.

4–5

Hinter Yarmouth geht es zum Antiques Center of Cape Cod in Dennis, einem ehemaligen Kaufhaus, das 250 Händler unter seinem Dach vereint – Antiquitäten-Spürhunde verbringen dort leicht einen ganzen Tag.

Theaterfans können dem Cape Playhouse im nahe gelegenen Dennis Village einen Besuch abstatten. Raymond Moore, der sich glühend ein eigenes Theater wünschte, baute dafür 1927 ein Gemeindehaus der Unitarier um. Es gelang ihm, für die Eröffnungsvorstellung den damals berühmten Shakespeare-Schauspieler Basil Rathbone zu verpflichten. Seither rühmt man sich, mit fast jedem Bühnen-, Film- und Fernsehstar gearbeitet zu haben – u. a. Helen Hayes, Humphrey Bogart, Gregory Peck, Lana Turner sowie eine junge Schauspielschülerin namens Jane Fonda. Das Theater ist bis heute gut in Schuss, und als Sitze (heute allerdings mit Polstern) dienen noch die originalen Bänke.

Das Cape Cinema im Nachbau einer Kirche, auch von Raymond Moore gegründet, zeigt Independent-Filme. Weiter geht's Richtung Brewster.

5–6

Dort findet man das Cape Cod Museum of Natural History (S. 88) mit Infos zur örtlichen Flora und Fauna, Wanderwegen an den Strand und gut sortiertem Museumsshop. Die Details zu Walen sind ein hervorragender Einstieg, wenn man eine Whale-Watching-Tour geplant hat.

Kurz vor der 31-Meilen-Marke (50 km) in Brewster passiert man die altmodische Eis- und Muschelbude Cobie's. Ein kleiner Stopp zum Essen vermittelt einiges von dem, was das Leben in Cape Cod ausmacht. Achten Sie, frisch gestärkt, nach einigen Hundert Metern rechts auf die Markierung des Cape Cod Rail Trail (S. 88). Dies ist etwa die Mitte der gut ausgebauten 42 km langen Fahrradroute, die einer stillgelegten Bahntrasse von Dennis bis Wellfleet folgt. Räder kann man im Idle Times-Shop North Eastham mieten und dann in jede beliebige Richtung einfach losfahren.

800 m weiter rechts ist der Nickerson State Park auch ideal zum Radeln und für andere Outdoor-Aktivitäten wie Wandern oder Angeln. Wer auf einem der Campingplätze übernachten möchte, sollte lange im Voraus reservieren!

Die SR 6A endet in Orleans, wo sich die von Gewerbeansiedlungen geprägte, wenig idyllische US 6 anschließt.

## 6–7

Von Orleans lohnt sich die Weiterfahrt bis Eastham (US 6/SR 6A) zum Salt Pond Visitor Center des Cape Cod National Seashore (S. 86), das über dieses interessante Küstengebiet informiert. Oder man lässt das Auto stehen und verbringt den Tag entspannt am Strand.

### KLEINE PAUSE

**Cobie's,** das 2023 sein 75-jähriges Bestehen feierte, ist der perfekte Zwischenstopp: Erst gibt's etwas Herzhaftes, danach ein Eis.

Cobie's: 3620 Main Street, Brewster, MA, Tel. 508 8 96 70 21, https://cobies.com/, Mai bis Sept. tägl. 11.30 bis 19.30 Uhr

**Design Works**
217 F3 159 Main Street, Yarmouth Port, MA 508 3 62 96 98 www.designworkscapecod.com

**Hallet's Store**
217 F3 139 Main Street, Yarmouth Port, MA 508 3 62 33 62 www.hallets.com

**Antiques Center of Cape Cod**
217 F3 243 SR 6A; Dennis, MA 508 3 85 64 00 www.antiquecenterofcapecod.com Mo–Sa 10–17, So 11–17 Uhr

**Cape Playhouse**
217 F3 820 SR 6A, Dennis, MA 508 3 85 39 11 www.capeplayhouse.com

**Cape Cinema**
217 F3 34 Hope Lane, Dennis, MA www.capecinema.com

**Nickerson State Park**
217 F3 3488 Main Street, SR 6A, Brewster, MA 508 8 96 34 91 https://www.mass.gov/ tägl. Sonnenauf- bis -untergang, Camping erlaubt 30 $ (Parkgebühren)

# Südliches Vermont

| | |
|---|---|
| Was? | Autotour |
| Wann? | Für den perfekten Indian Summer im Herbst |
| Länge | 216 km |
| Dauer | 3,5 Stunden (mit Zwischenstopps entsprechend länger) |
| Start/Ziel | Manchester Center ✢214 A1 |

Diese Tour im Süden Vermonts führt durch sanfte Hügel, üppige Laubwälder und vorbei an Flussläufen. Von Manchester aus geht es gen Norden nach Woodstock und in einer Schleife zurück. Während der Laubfärbung im Herbst ist die Tour besonders eindrucksvoll, zugleich herrscht stellenweise aber starker Verkehr, sodass es nur langsam vorangeht.

1–2

Von Manchester Center aus, einem wichtigen Verkehrsknotenpunkt, geht es auf der SR 11 Richtung Osten, Richtung Londonderry. Nach knapp 10 km folgt eine Abzweigung zum Fernwanderweg Long Trail (S. 132), der sich auf dem Kamm der Green Mountains von Massachusetts bis nach Kanada zieht – eine gute Gelegenheit, ihm ein Stück zu folgen!

2–3

Auf der SR 11 geht es weiter bis Londonderry, links in die SR 100 Richtung Norden. Die Straße, eine der schönsten in Vermont, streift fast alle wichtigen Skigebiete des Bundesstaats, etwa Mount Snow, Killington oder Stowe, doch kaum Orte mit mehr als einer Handvoll Häuser.

Einer dieser Orte ist Weston, etwa 8 km nördlich von Londonderry gelegen. Mit dem Weston Village Store konnte ein typisches Beispiel altmodischer Kolonialwarenläden (»General Stores«) bis heute überleben, die man heute kaum mehr findet. Seit 1891 verkauft er alles, was die Einheimischen dieser Gegend so brauchen, ob originale Holzdielen, Ahornsirup, Käse oder Bonbons – und alles Nötige für ein Picknick auf dem Rasen des Stadtparks mit Pavillon und Bänken.

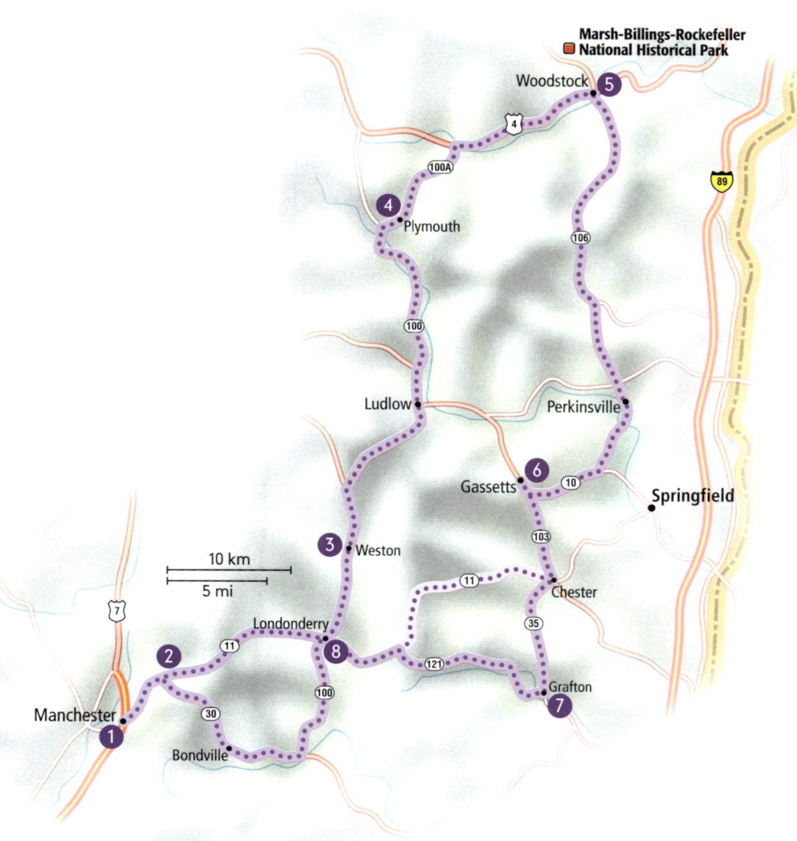


## 3–4

Hinter Weston windet sich die SR 100 stärker (Kurven werden angezeigt). Nach weiteren 34 km rechts in die SR 100A abbiegen, nach 1,6 km ist die President Calvin Coolidge State Historic Site in Plymouth erreicht, die dem ehemaligen Vizepräsidenten und einzigen US-Präsidenten aus Vermont (1923–1929) gewidmet ist. Er wurde hier auf dem Familiensitz als 30. Präsident von seinem eigenen Vater vereidigt. Daneben kann man im Ort mit der Plymouth Cheese Factory von 1892 eine der ältesten Käsereien des Landes besuchen.

Herbstliche Farbenpracht in der Nähe von Woodstock

Schaukelstuhl auf der Veranda, bunte Blätter – das ist Vermont, wie es im Buche steht.

4–5

Gut 9 km auf der SR 100A weiter nach Nordosten fahren, dann rechts auf die US 4 bis zum Zentrum von Woodstock – nun hat man die Hälfte der Strecke zurückgelegt. Lassen Sie vor der Weiterfahrt den Ort mit seinen hübschen Läden und Restaurants auf sich wirken, auch wenn Sie dort nicht übernachten wollen. In der Umgebung liegt z. B. der Marsh-Billings-Rockefeller National Historical Park (S. 129).

5–6

Für den zweiten Teil der Route verlässt man Woodstock auf der SR 106 nach Süden. Folgen Sie ihr 37 km bis zur Abzweigung der SR 10. Rechts in diese einbiegen (westlich) und weiterfahren bis Gassetts.

6–7
Links in die SR 103 Richtung Süden einbiegen, der man bis Chester folgt. Dort geht es auf die SR 35 nach Süden, indem man sich bei der Abzweigung rechts hält. Bei der nächsten Kreuzung in leichter Linkskurve etwa 11 km weiter auf der SR 35 bis zur Kreuzung mit der SR 121 und rechts nach Grafton abbiegen. Der im 20. Jh. heruntergekommene Ort wurde durch die Windham Foundation im Stil des 19. Jh.s mustergültig restauriert. Attraktionen sind die Old Tavern, die Grafton Village Cheese Company, ein Historisches, ein Natur- und ein Bergbau- und Mineralienmuseum, Galerien und eine Tischlerei in der ehemaligen Feuerwache.

7–8
Weiter auf der SR 121 West hinter Grafton verwandelt sich die Straße in eine Staubpiste. Bei warmem, trockenem Wetter ist sie der schönste Teil der Strecke – und bei Niederschlägen überflutet. In dem Fall nehmen Sie die SR 35 Richtung Norden nach Chester, fahren dann links auf die SR 11 und Richtung Westen zurück nach Manchester. 1,5 km hinter Grafton passiert man linker Hand eine Christbaumplantage. Weiter geht es auf der SR 121, deren Fahrbahnzustand sich laufend ändert, bis sie nach etwa 16 km an der Route 11 endet. Dort links abbiegen (nach Westen), dann sind es noch 6 km bis Londonderry.

8–1
Links Richtung Süden auf der SR 100 fahren bis Bondville, dann rechts auf die SR 30 gen Norden. Nach etwa 5 km folgt links nahe dem Gemischtwarenladen eine Zubringerstraße zum Stratton Mountain, im Winter ein beliebtes Skigebiet, im Sommer ideal zum Radeln und Wandern. Wieder auf der SR 30, weitere 15 km Richtung Norden, mündet die SR 11, die nach 10 km in Richtung Westen Manchester erreicht.

---

**Weston Village Store**
214 B1 660 Main Street, Weston, VT 802 8 24 54 77 https://www.westonvillagestore.com/ tägl. 10–17 Uhr

**President Calvin Coolidge State Historic Site**
214 B2 3780 Route 100A, Plymouth Notch, VT https://historicsites.vermont.gov/ Ende Mai–Mitte Okt. Di–So 10–17 Uhr 12 $

Die Cape Cod National Seashore in Massachusetts
bei Dämmerung – ein Bild der Stille

# Praktische Informationen

Was vor der Reise wichtig ist, wie Sie vor Ort gut zurechtkommen und viele Infos mehr erfahren Sie hier.

Seite 202–210

**Auskunft**
**Discover New England**
https://discovernewengland.org/
**Massachusetts Office of Travel and Tourism**
https://www.visitma.com/
**Maine Office of Tourism**
https://visitmaine.com/
**New Hampshire Division of Travel & Tourism**
https://www.visitnh.gov/
**Rhode Island Tourism Division**
https://www.visitrhodeisland.com/
**Vermont Department of Tourism & Marketing**
https://www.vermontvacation.com/
**Greater Boston Convention & Visitors Bureau (GBCVB)**
https://www.meetboston.com/
**Visit Cape Cod**
https://www.visitcapecod.com/
**Visit Portland Maine**
https://www.visitportland.com/
**Discover Newport**
https://www.discovernewport.org/
**White Mountains**
https://www.visitwhitemountains.com/
**New Haven**
https://visitnewhaven.com/

**Konsulate**
**Deutschland:** ✉ 3 Copley Place, Suite 500, Boston, MA 02116 ☎ 617 3 69 49 00
**Österreich:** ✉ 15 School Street, 5th Floor Boston, MA 02108 ☎ 617 2 27 31 31
**Schweiz:** ✉ 420 Broadway, Cambridge, MA 02138-4231 ☎ 617 8 76 30 76

**Elektrizität**
Die normale Spannung beträgt 110/120 Volt bei einer Frequenz von 60 Hz. Die hiesigen Steckdosen sind für flache Zweipolstecker ausgelegt. Für zwei- oder dreipolige runde Stecker braucht man deshalb einen Adapter. Zum Betrieb vieler europäischer Geräte ist noch immer ein Transformator notwendig, während Geräte neueren Datums zunehmend einen Umschalter besitzen oder sich automatisch an die amerikanische Netzspannung anpassen.

**Ermäßigungen**
Viele Museen und Kulturstätten geben an bestimmten Tagen und Uhrzeiten Ermäßigungen auf den Eintritt bzw. sind ab einer bestimmten Tageszeit gratis. Nähere Informationen gibt es auf den entsprechenden Webseiten.

**Feiertage**

| | |
|---|---|
| 1. Januar | Neujahr |
| 3. Mo im Januar | Martin Luther King Day |
| 3. Mo im Februar | President's Day |
| 3. So im März | St. Patrick's Day in Boston |
| 3. Mo im April | Patriot's Day (Massachusetts & Maine) |
| Letzter Mo im Mai | Memorial Day |
| 4. Juli | Unabhängigkeitstag |
| 1. Mo im Sept. | Labor Day |
| 2. Mo im Oktober | Columbus Day |
| 11. November | Veterans' Day |
| 4. Do im Nov. | Thanksgiving |
| 25. Dezember | Weihnachten |

**Geld**
**Währung:** Der Dollar ($), wird in 100 Cents (¢) unterteilt. Münzen sind im Nennwert von 1 Cent (»penny«), 5 Cents (»nickel«), 10 Cents (»dime«), 25 Cents (»quarter«), sehr seltenen 50 Cents (»half dollars«) und 1 Dollar im Umlauf, Scheine im Wert von 1, 5, 10, 20, 50 und 100 $, sehr selten mit höherer Notierung.

Sie dürfen ausländische Währungen bis maximal zum Gegenwert von 10 000 $ ein- bzw. ausführen. Höhere Beträge müssen beim Zoll deklariert werden.
**Geldwechsel:** Ausländische Währungen und Reiseschecks können Sie am Flughafen, bei den meisten Banken und in vielen großen Hotels im Stadtzentrum eintauschen. Die Wechselkurse ändern sich täglich:
1 $ = 0,94 € bzw. 1 € = 1,07 $
1 $ = 0,91 CHF bzw. 1 CHF = 1,10 $
Aktuelle Kurse u. a. bei: www.oanda.com, www.reisebank.de
**Geldautomaten und Kreditkarten:** Barabhebungen können Sie mit Bank- und Kreditkarten, sofern diese das Logo des Maestro-De-

bitkartensystems tragen, an zahlreichen Geldautomaten (ATM; »automatic teller machine«) mit Ihrer PIN durchführen.

Kreditkarten (MasterCard, Visa und American Express, seltener Diners Club) werden so gut wie überall akzeptiert, teilweise (z. B. bei Autovermietungen und in Hotels) sind sie auch die einzig mögliche Zahlungsart.

**Sperrnummern:** Unter Tel. 0049 116116 kann man in Deutschland Bank- und Kreditkarten, Online-Banking-Zugänge, Handykarten und die elektronische Identitätsfunktion des neuen Personalausweises bei Verlust sperren lassen. Für Österreich gilt die Telefonnummer: 0043 1204 88 00. Die Schweiz hat keine einheitliche Notfallnummer. Die wichtigsten sind: 0041 44 659 69 00 (Swisscard); 0041 8 48 88 86 01 (UBS); 0041 58 9 58 83 83 (VISECA); 0041 44 8 28 32 81 (PostFinance).

### Gesundheit

Die medizinische Versorgung ist gut. Dies gilt nicht nur für die Kompetenz der niedergelassenen Ärzte und Zahnärzte, sondern auch für die Hospitäler.

**Krankenversicherung:** Eine Auslandskrankenversicherung mit hoher Deckungssumme ist dringend zu empfehlen. Die medizinische Versorgung in den USA ist sehr teuer und direkt im Anschluss an die Behandlung zu entrichten. Kreditkartenzahlung ist nicht immer möglich.

**Zahnarzt:** Die zahnärztliche Versorgung ist sehr gut, aber ebenso wie die allgemeine medizinische Versorgung ziemlich kostspielig. Ihre Krankenversicherung sollte unbedingt auch für die Zahnarztkosten in den USA aufkommen.

**Wetter:** Im Winter wird es in den Neuenglandstaaten oft bitterkalt. Achten Sie in den heißen Sommern dagegen auf geeigneten Sonnenschutz und ausreichend Flüssigkeitszufuhr.

**Medikamente:** Rezeptfreie Medikamente erhalten Sie in Supermärkten, Drogerien und einigen Lebensmittelgeschäften, verschreibungspflichtige hingegen nur in Apotheken. Reisende, die regelmäßig Medikamente einnehmen müssen, nehmen diese für den Zoll zusammen mit dem Rezept mit.

**Trinkwasser:** Leitungswasser können Sie überall in den USA bedenkenlos trinken. Mineralwasser ist ebenfalls überall erhältlich.

### In Kontakt bleiben

**Postkarten:** Doch, es gibt noch immer viele Menschen, die den Lieben daheim eine Ansichtskarte schicken. Briefmarken erhalten Sie in Hotels, Schreibwaren- und Souvenirgeschäften, Drogerien und natürlich am Postschalter. Auch in vielen Hotels gibt's die guten alten »Postwertzeichen« bzw. Briefmarken.

**Öffentliche Telefone:** Münzfernsprecher sind auch in den USA so gut wie ausgestorben. Öffentliche Telefone funktionieren nur noch mit Telefonkarten, die von den verschiedenen Telefongesellschaften angeboten werden und in Drogerien, Tankstellen und Convenience Stores erhältlich sind. Die Gespräche kosten damit etwa 30 Cent pro Minute.

Bei öffentlichen Telefonen müssen Sie eine 0 vorwählen, wenn Sie die Vermittlung wünschen. Bei US-Nummern wählen Sie eine 1 plus die Vorwahl des gewünschten Ortes. Für internationale Gespräche (»international calls«) gilt: Die Telefonauskunft für USA und Kanada hat die Nummer 411. Gespräche mit 800- oder 888-Nummern können innerhalb der USA gebührenfrei geführt werden.

**Internationale Vorwahlen**
**von Deutschland, Österreich und der Schweiz in die USA:** ☎ 001
**von den USA nach Deutschland:**
☎ 0 11 49
**nach Österreich:** ☎ 0 11 43
**in die Schweiz:** ☎ 0 11 41

**Mobilfunkanbieter und -dienste:** Mobiltelefone heißen in den USA »mobile« oder »cell phone«. Um hier telefonieren zu können, brauchen Sie ein Tripleband- oder Quadband-Handy. Die meisten gängigen Smartphones lassen sich in den USA problemlos nutzen. Achten Sie darauf, dass keine hohen Roaming-Gebühren anfallen! Vor allem die Nutzung des mobilen Internetzugangs kann mitunter sehr teuer werden. Wer

möchte, kann auch ein Mobiltelefon mit Prepaid-Guthaben mieten – eine gute Anlaufstelle diesbezüglich ist beispielsweise www.t-mobile.com.
**WLAN und Internet:** Viele Hotels, Restaurants und Coffeeshops bieten kostenlose WLAN- bzw. WiFi-Verbindungen an; auch anderswo existieren Hotspots.

## NOTRUFE

Polizei, Ambulanz, Feuerwehr: ☎ 911
US-Automobilclub AAA: ☎ 1 800 AAA HELP, ☎ 1 800 2 22 43 57
Notrufsäulen gibt es entlang vielbefahrener Fernverkehrsstraßen (Interstate Highways).
ADAC-Notrufzentrale (in Deutschland): ☎ 0049 89 22 22 22
Deutsche Rettungsflugwacht Stuttgart (DRF): ☎ 0049 711 7 00 70
DRK-Flugdienst Bonn: ☎ 0049 211 91 74 99 39

### Reisedokumente

Aufgrund der verschärften Sicherheitsmaßnahmen bei Flügen in die USA sollte man bei Reiseantritt mindestens drei Stunden für die Kontrollen einplanen. Für die Einreise ist der rote, maschinenlesbare europäische **Reisepass** erforderlich. Nach Oktober 2006 ausgestellte Reisepässe müssen zusätzlich über biometrische Daten in Chipform verfügen. Seit Januar 2009 gilt zudem das elektronische Reisegenehmigungsverfahren **ESTA**, mit dem mindestens 72 Stunden vor Reiseantritt online die Einreiseerlaubnis eingeholt werden muss. Die ESTA-Beantragung ist gebührenpflichtig. Auf der Webseite der ESTA kann man sich zu allen Fragen diesbezüglich informieren (https://esta.cbp.dhs.gov/esta).

### Reisezeit

Das Klima in Neuengland ist recht wechselhaft. Man sagt hier: »Wenn dir das Wetter nicht behagt, warte einfach eine halbe Stunde.« Der **Sommer** (Juni–Aug.) ist die beliebteste Reisezeit, die Durchschnittstemperaturen liegen dann zwischen 24 und 27 °C. Der September ist mit 23 °C nicht mehr ganz so warm wie der Sommer, überrascht aber oft mit viel Sonne und Badetemperaturen und bietet angenehme Bedingungen zum Wandern und Radfahren. Im Oktober beginnt der **Indian Summer**, die Blätter der Bäume verfärben sich rot, orange und gelb, und die Luft ist frisch. Teilweise beginnt jetzt schon die Skisaison (normalerweise. erst im Nov.) und dauert oft bis Mitte April. Die regenreiche Zeit von Ende März bis Anfang April wird in den nördlichen Bundesstaaten als »mud season« bezeichnet.

### Sicherheit

Boston, die fußgängerfreundliche Stadt, ist laut Kriminalitätsstatistik **eine der sichersten Städte der USA**. Das gilt weitgehend auch für die übrigen Reiseziele in Neuengland. Trotzdem sollten Sie die üblichen Vorsichtsmaßnahmen beherzigen.

Achten Sie auf Ihre Handtasche und Ihre Geldbörse. Bei Massenveranstaltungen sind häufig Taschendiebe unterwegs. Die U-Bahnen, Straßenbahnen und Busse der »T« sind sicher, setzen Sie sich vorsichtshalber aber trotzdem nicht allein in ein Abteil. Es empfiehlt sich zudem nicht, sich in zwielichtigen Stadtvierteln aufzuhalten. Bei Dunkelheit gilt es, Parks und düstere, einsame Seitenstraßen zu meiden. Nehmen Sie nicht mehr Bargeld mit als nötig, und lassen Sie alle übrigen Wertsachen im Hotelsafe. Verschließen Sie Ihr Hotelzimmer! Diebstähle sollten Sie unbedingt der Polizei melden – die Meldung braucht die Versicherung als Beweis.

### Zeit

In Neuengland gilt die **Eastern Standard Time** (EST), die 6 Stunden hinter der Mitteleuropäischen Zeit (MEZ -6) liegt. Ist es in Frankfurt 18 Uhr abends, zeigt die Uhr in Boston 12 Uhr mittags. Am zweiten Sonntag im März wird die Uhr für die **Sommerzeit** um eine Stunde vor- und im November wieder zurückgestellt.

### Zollbestimmungen

Bei der Einreise in die USA sind 200 Zigaretten oder 50 Zigarren und 1 l Spirituosen zollfrei. Frische Lebensmittel aus Tiererzeugnissen, Pflanzen, Samen und Milch dürfen nicht eingeführt werden. Beträge über 10 000 $ müssen beim Zoll angegeben werden.

Bei der Rückreise in ein Land der EU gelten zollfreie Freimengen, über die aktuell die Webseite www.zoll.de informiert.

## ANREISE

### Mit dem Flugzeug

Die Lufthansa und viele andere große Airlines bieten täglich Direktflüge nach Boston an. Die Ticketpreise sind im Sommer, an Ostern und Weihnachten am höchsten. Suchen Sie sich auf den einschlägigen Webseiten, bei den Fluggesellschaften oder im Reisebüro die Sonderangebote heraus. Wenn Sie Flugrouten in Kauf nehmen, bei denen Sie umsteigen müssen, können Sie eventuell etwas Geld sparen. Tickets für kurze Aufenthalte sind meist teurer, wenn kein Samstag eingeschlossen ist. Komplettangebote mit Flugticket, Mietwagen, Unterkunft und verbilligten Städtetouren sind beliebt, Charterflüge in der Regel etwas preiswerter – allerdings sind die Maschinen häufig bis auf den letzten Platz besetzt.

**Boston Logan International Airport:** Die meisten Reisenden beginnen ihren Neuenglandurlaub in Boston. Internationale Flüge werden im Terminal E vom Logan International Airport (https://www.massport.com/logan-airport/) abgefertigt.

Boston verfügt über einen **exzellenten öffentlichen Personennahverkehr**, kurz »the T« genannt (https://www.mbta.com/). Die MBTA betreibt Bus-, Straßenbahn-, U-Bahn- und Eisenbahnlinien. Die U-Bahn der Silver Line SL1 verbindet alle Flughafenterminals mit Bostons South Station (Fahrtzeit ca. 20 Min.). Von der Haltestelle Airport fährt die U-Bahn Blue Line Train Inbound in ca. acht Minuten ins Stadtzentrum. Der gebührenfreie Logan Shuttle Bus Service verbindet die Ankunftsterminals alle 15–20 Minuten mit den U-Bahn-Haltestellen Airport und Wood Island, dem Fähranleger (Water Shuttle Dock) und den Parkplätzen.

**Reisen mit Behinderung:** Die Shuttle-Busse des Flughafens haben alle **Rollstuhllifte**. Behindertenparkplätze befinden sich direkt neben den Haltestellen der Shuttle-Busse. Hilfe erhalten Sie gebührenfrei über ☎1 800 23 LOGAN.

### Mit dem Auto

Bei der Einreise mit dem Auto von Kanada aus ist bisher noch keine ESTA-Beantragung nötig, aber sie beschleunigt die Abwicklung der Einreiseformalitäten.

## UNTERWEGS IN NEUENGLAND

### Mit dem Auto/Mietwagen

Touristen benötigen in den USA einen **gültigen nationalen Führerschein** (zusätzlicher internationaler Führerschein empfehlenswert). Es besteht **Anschnallpflicht**. Bei Regen sind die Scheinwerfer einzuschalten, und es herrscht ausnahmslos **Rechtsverkehr**. Wer mit Kleinkindern unter drei Jahren reist, muss diese in einem **Kindersitz** sichern. Haltende Schulbusse dürfen nicht überholt und auch vom entgegen kommenden Verkehr nicht passiert werden. An roten Ampeln darf man rechts abbiegen. Die Qualität der Straßen entspricht dem gewohnten Niveau. Wo nicht anders angegeben, beträgt die **Höchstgeschwindigkeit** 30 mph (ca. 50 km/h) in Ortschaften und 55 mph (ca. 90 km/h) auf Landstraßen.

Um ein Fahrzeug zu mieten, muss man mind. 25 Jahre alt sein und eine Kreditkarte besitzen. Achten Sie darauf, dass Sie unbegrenzt viele Kilometer (»unlimited mileage«) fahren dürfen. Da die Entfernungen gering sind, reicht oft auch ein Mietwagen der mittleren Kategorie (»midsize«).

### Unterwegs in Boston

**Öffentliche Verkehrsmittel:** Die meisten Sehenswürdigkeiten Bostons liegen nur einen Fußmarsch voneinander entfernt. Alle anderen sind mit den öffentlichen Verkehrsmitteln der als **»T«** gekennzeichneten MBTA (s. linke Spalte) bequem erreichbar. Die fünf U-Bahnlinien verbinden Bostons Stadtzentrum sternförmig mit den Vororten. Die vier

wichtigsten Haltestellen in Downtown sind Park Street, Government Center, State und Downtown Crossing (Einkaufs- und Fußgängerzone im Zentrum). Eine Einzelfahrt kostet 2,40 $ bei Barzahlung oder Benutzung einer Chipkarte namens **CharlieCard** bzw. **CharlieTicket**. Mit beidem kann man auch ein Tagesticket für beliebig viele Fahrten zum Preis von 11 $ erwerben. CharlieCards und -Tickets erhalten Sie an den Fahrscheinautomaten und den Verkaufsstellen in den U-Bahn-Stationen. Weitere Infos, Online-Tickets und Fahrpläne der MBTA finden sich im Netz unter https://www.mbta.com/.
**Taxi:** Nach 1 Uhr morgens fährt die Subway nicht mehr. Taxis sind an den von Touristen besuchten Plätzen aber leicht aufzutreiben. Taxistände befinden sich oft auch vor gut besuchten Restaurants, in der Nähe von Sehenswürdigkeiten und vor größeren Hotels. Alle fahren mit Taxameter. Billig sind Taxifahrten zwar nicht, eine Fahrt in der Stadt kostet jedoch in der Regel nicht mehr als 30 $. Die Grundgebühr beträgt 2,84 $, danach werden pro Meile 2,80 $ abgerechnet. Etwa 15 % Trinkgeld für den Fahrer sind angemessen. Taxis bestellen können Sie u.a. bei Town Taxi (Tel. 617 5 36 50 00) oder Boston Cab (Tel. 617 5 36 50 10 bzw. online https://bostoncab.us/).
**Mietwagen:** Fahren Sie in Boston lieber nicht selbst! Die Innenstadt ist ein echtes Labyrinth kleiner Straßen, Einbahnstraßen erschweren die Orientierung, und es gibt kaum Parkmöglichkeiten. Wenn Sie nach Ihrem Aufenthalt in Boston mit dem Mietwagen weiter nach Neuengland wollen, sollten Sie ihn erst dann anmieten. Falls Sie bereits einen Wagen angemietet haben, empfiehlt es sich, ihn bis dahin in einer Parkgarage abzustellen. Alternativen zu den Hotelparkplätzen sind die Tiefgarage Boston Common Parking Garage (Zero Charles St., Tel. 617 9 54 20 98) oder die unterhalb des Prudential Center (Tel. 617 2 36 30 60).

## ÜBERNACHTEN

Neuengland und insbesondere Boston bietet Ihnen einige der luxuriösesten Hotels der Vereinigten Staaten. Vor allem die Häuser aus dem 19. Jh. verfügen über unwiderstehlichen Charme. Dafür sind Übernachtungen vor allem in Boston und touristischen Hotspots wie Cape Cod und den Berkshires nicht ganz billig. Manche bieten jedoch interessante Arrangements, vor allem an Wochenenden. Unter www.freehotelcoupons.com gibt es Tipps und Hinweise zu Rabatten. Eine preiswerte Alternative ist auch Air BnB.
**Trinkgeld:** Die Höhe des Trinkgelds hängt davon ab, in welcher Art Hotel Sie sich aufhalten. In den Luxushotels bekommt das Personal, das für Sie tätig war – Zimmermädchen, Portier, Kofferträger etc. – pro Dienstleistung 1–5 $, je nach Service, und in der Regel 1 $ pro Gepäckstück. Bei einigen Hotels ist ein Aufschlag für den Service im Tagespreis enthalten.

### Inns

Die oft im Kolonialstil erbauten Country Inns vermitteln das klassische Neuengland-Flair. Einige Gasthäuser sind preiswerte Familienbetriebe, andere pflegen – zu entsprechenden Preisen – den Luxus der guten alten Zeit.

### Resorts

Ferienorte wie Stowe (Vt), Jackson (NH) und Ogunquit (Me) bieten Resorts mit vielen Freizeiteinrichtungen, Wellness-Bädern und Spitzenrestaurants – für jeden Geldbeutel.

### B & Bs

Neuenglands B & Bs (Bed & Breakfast) sind längst nicht mehr die einfachen Privatunterkünfte mit Familienanschluss. Der Trend geht stattdessen zu luxuriösen, aber persönlich und liebevoll von den Besitzern geführten Unterkünften in (oft) historischen Gemäuern.

## ESSEN UND TRINKEN

Gute Restaurants finden Sie nicht nur in Boston, sondern auch in den Städten und Dörfern Neuenglands in einer für die USA eher ungewöhnlichen Dichte. Dabei sind die Restaurants der gehobenen Country Inns oft nicht viel teurer als sonstige Gaststätten, ihr Flair ist jedoch oft einzigartig.

**Traditionelle Neuenglandküche**
Hummer (»lobster«) ist die bekannteste Spezialität Neuenglands, außerdem gibt es vielerorts Muscheln, Austern und Fisch. Am besten schmeckt das Krustentier in den »lobster shacks« genannten, einfachen Bretterbuden, die Sie in fast jedem Ort an der Küste finden. Geöffnet sind diese, außer im Winter, vom Mittag bis zum frühen Abend. Weitere Spezialitäten mit Meeresfrüchten sind Austerneintopf und die allgegenwärtige, sämige Suppe namens Clam Chowder.

Die je nach Größe Quahogs, Cherrystones, Littlenecks, Topnecks und Chowder Clams genannten Venusmuscheln werden gekocht und zusammen mit Kartoffeln angeboten. Auf manchen Speisekarten findet sich auch Boston Scrod. Hinter dem wenig verheißungsvollen Namen verbirgt sich meist Schellfisch oder Kabeljau.

Absolute Klassiker sind auch Boston Baked Beans, oft serviert mit Brown Bread, einem dampfgegarten und mit Melasse oder Ahornsirup gesüßten Vollkornbrot, sowie der aus Maismehl und Melasse gebackene Indian Pudding.

**Moderne amerikanische/ Neuengland-Küche**
Die zeitgenössische Küche Neuenglands zeichnet sich vor allem durch die kreative Verwendung regionaler und saisonaler Produkte aus: Meeresfrüchte von der Küste, Fisch aus dem Atlantik und Forellen aus den klaren Flüssen. Aus Maine stammen saftige Heidelbeeren, New Hampshire ist berühmt für seine Äpfel, und in Massachusetts werden Tonnen von Cranberries geerntet. Biogemüse und Salate sind überall erhältlich. Vermont ist berühmt für seinen Ahornsirup und Milchprodukte, vor allem Käse und Eiscreme. Im Herbst wird mit Wild und Kürbis gekocht. Oft kommen Einflüsse aus aller Welt hinzu. Zum Beispiel prägen in Little Italy im Bostoner North End oder in den Garküchen von Chinatown die traditionellen Gerichte der Einwanderer die Speisekarten. Und auf Cape Cod betreiben Nachfahren portugiesischer Einwanderer Restaurants und Bäckereien.

## AUSGEHEN

**Frühling**
Im März finden insbesondere in Vermont und New Hampshire die **Maple Syrup Weekends** statt. Allein in New Hampshire demonstrieren gut 60 Erzeuger die Ahornsirupherstellung (www.nhmapleproducers.com). In Vermont findet zeitgleich das Maple Open House Weekend statt (www.vermontmaple.org).

Am 17. März feiert ganz Boston sein irisches Erbe mit dem **St. Patrick's Day** (www.southbostonparade.org). Am **Patriot's Day** marschieren Laiendarsteller in alten Uniformen durch Boston und Concord und feiern den Beginn des Unabhängigkeitskriegs am 19. April 1775 (www.nps.gov/mima/patriots-day.htm).

In Providence in Rhode Island wird der Providence River beim **WaterFire** von Fackeln und Lagerfeuern erleuchtet (bis Okt., www.waterfire.org). In New Hampshire finden überall **Fliederfeste** (www.visitnh.gov) statt. Beim **Lisbon Lilac Festival** und dem **Fields of Lupine Festival** in Franconia Notch feiert man die Staatsblume.

**Sommer**
Großsegler treffen sich in Boothbay Harbor, Maine, zum jährlichen **Windjammer Days Festival** im Juni (www.sailmainecoast. com). In Portland, Maine, findet das **Old Port Festival** statt (www.portlandmaine. com).

An zehn Tagen lädt Burlington in Vermont zum **Discover Jazz Festival** (www.discoverjazz.com). Ein breites Spektrum an Kunst und Kultur wird beim **International Festival of Arts and Ideas** in New Haven, Connecticut, geboten: Tanztheater, tolle Musik und mehr (www.artidea.org).

Das einwöchige **Boston Harborfest** ist ein Fest zum 4. Juli mit Konzerten, Rundfahrten und dem Chowder-Fest: Einen Tag lang versuchen sich Restaurants am besten Clam Chowder (www.bostonharborfest.com).

Hoch hinaus geht es für 25 Heißluftballons in Stowe, Vermont, beim **Stoweflake Hot Air Balloon Festival** (www.stoweflake.

com). Im August, beim **Lobster Festival** (www.mainelobsterfestival.com) in Rockland, Maine, verzehren die Besucher nicht weniger als 9 t Hummer.

Zum **Folk and Jazz Festival** in Newport, Rhode Island, strömen die Massen und lauschen mit Blick aufs Meer Interpreten von Weltrang (www.newportjazzfest.org).

**Herbst**

Der Herbst beginnt im September mit dem **Seafood Festival** von Hampton Beach, New Hampshire (www.hamptonbeachseafoodfes tival.com). In Vermont begrüßt man ihn beim **Fall Foliage Festival** in den sechs Städten des »Northeast Kingdom« (www.nekchamber. com). Im Oktober genießen Sie beim **Chowder-Fest** in Mystic Seaport Clam Chowder (www.mysticseaport.org).

**Winter**

Die letzte und beste Party des Jahres beginnt in Boston und Neuengland am Nachmittag des 31. Dezember. Unter dem Titel **First Night and Day** (www.firstnightboston. org) finden in Boston gratis Feuerwerke, diverse Umzüge und Live-Konzerte statt. Der **Winter Carnival** in Stowe, Vermont, macht auch bei Minustemperaturen Spaß. Hierbei werden Meisterschaften in Fun-Sportarten wie Eisschnitzen, Schneegolf und Schneevolleyball ausgetragen (www.stowewinter carnival.com).

Wunderbar farbenfroh startet das neue Jahr bei der **Rhode Island Spring Flower and Garden Show** in Providence mit 30 Schaugärten und 250 wunderschön hergerichteten Verkaufsständen (www. flowershow.com).

# Reiseatlas

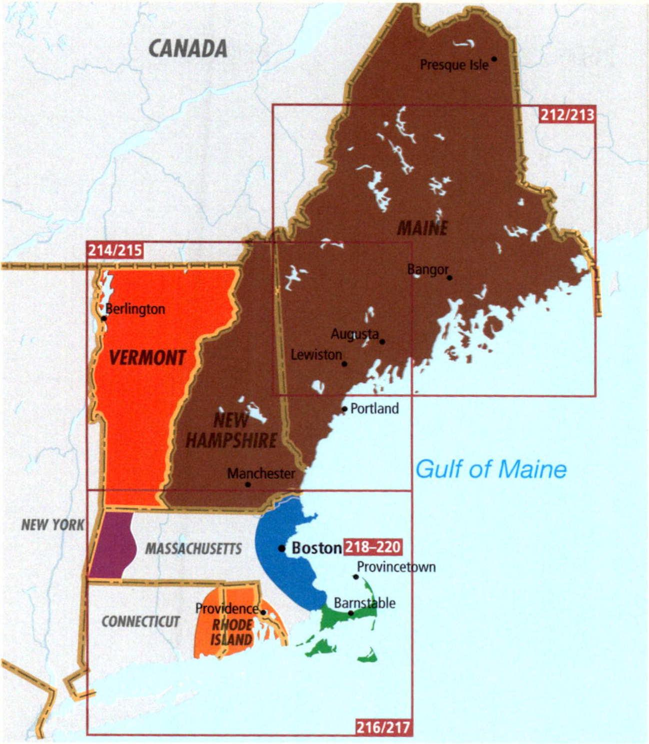

CANADA
Presque Isle
212/213
MAINE
Bangor
214/215
Berlington
VERMONT
Augusta
Lewiston
Portland
NEW HAMPSHIRE
Manchester
Gulf of Maine
NEW YORK
MASSACHUSETTS
Boston
218–220
Provincetown
Barnstable
Providence
CONNECTICUT
RHODE ISLAND
216/217

## Legende

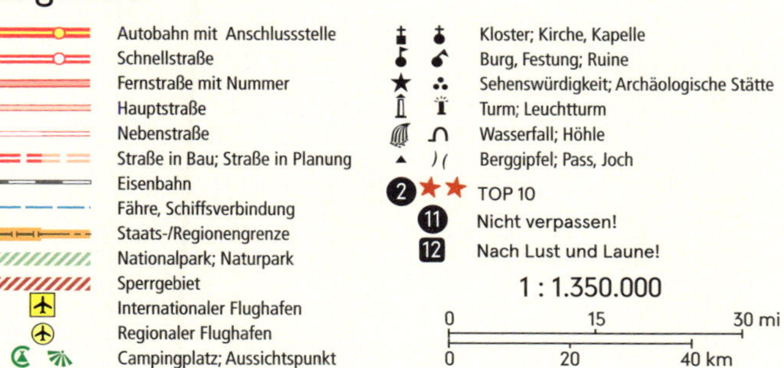

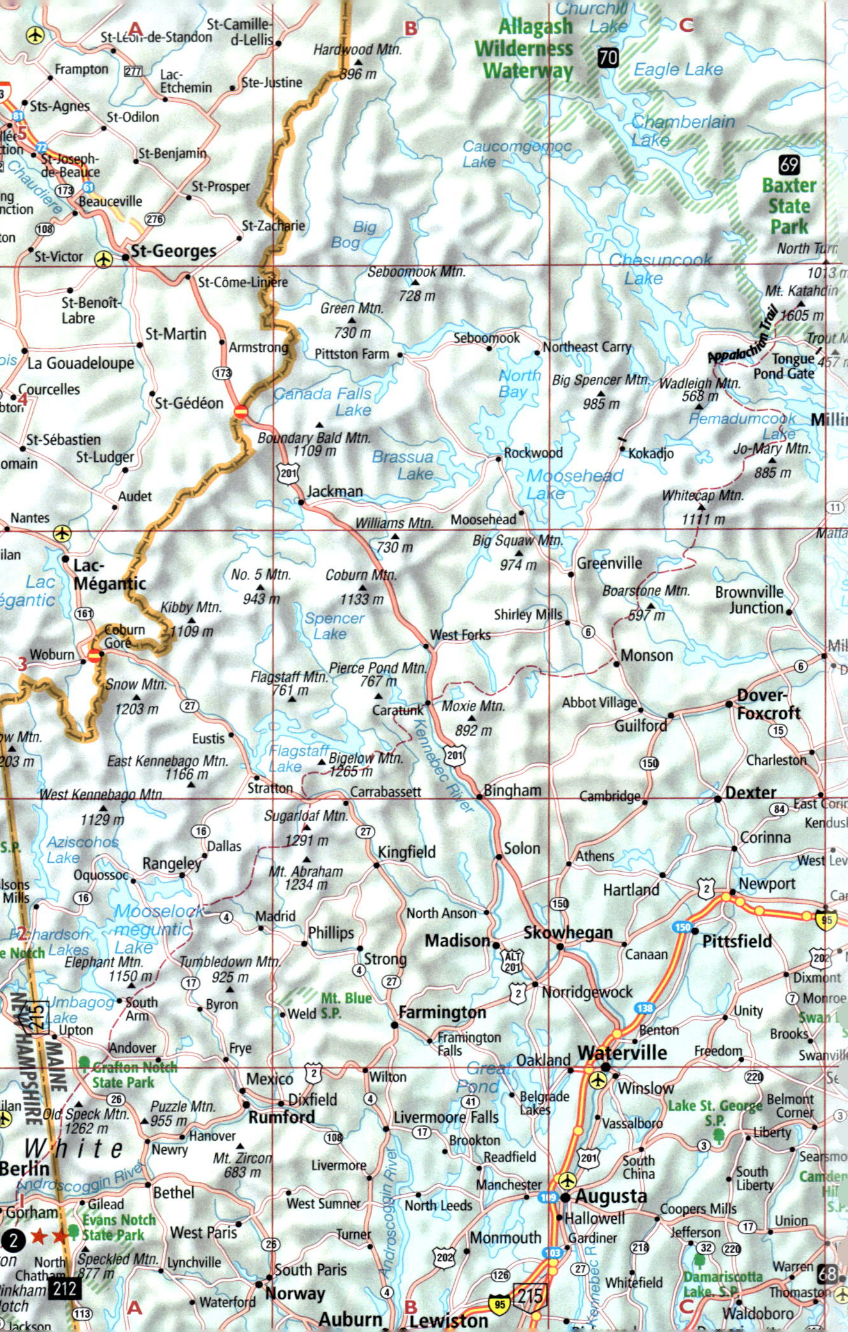

Aroostook River
Grand Lake Seboeis
St. Croix Lake
517 m
NEW BRUNSWICK
(MAINE)
Hartland
Cloverdale
Tay Creek
Knowles Corner
Littleton
Woodstock
Upper Hainesville
Smyrna Mills
Houlton
Temperance Vale
Oakfield
Mactaquac Proc. Park
Meductic
Benton
Hawkshaw
Island Falls
North Amity
King's Landing
Long Creek
Patten
Turner Mtn.
Otter Lake Mtn.
Canterbury
King's Landing Historical Settlement
1013 m
260 m
North Lake Prov. Park
Magundy
Stacyville
Sherman Mills
Haynesville
Fosterville
Magaguadavic Lake
Cork
Trout Mtn.
Grand Lake
Chiputneticook Lakes
Thomaston Corner
457 m
Millinocket Lake
Reed
Danforth
Spednic Lake Prov. Park
Grindstone
McAdam
Millinocket
Macwahoc
Vanceboro
Brockway
East Millinocket
Stetson Mtn.
Brookton
Kingman
334 m
Prentiss
Lawrence Station
Mattawamkeag
River
Topsfield
Honeydale
Mattamiscontis Mtn.
St. Croix River
388 m
Springfield
Waite
Moores Mills
Rollingdam
Oak Bay Prov. Park
Schoodic Lake
Lincoln
Lee
Dill Ridge
Princeton
St. Stephen
289 m
West Grand Lake
Calais
St. Andrews-by-the-Sea
Milo
Burlington
Grand Lake Stream
Big Lake
Woodland
Baring
Robbinston
Derby
Howland
Passadumkeag
Crawford Lake
Passamaquoddy Bay
Lagrange
446 m
Sabao Mtn.
Meddybemps
Nicatous Lake
331 m
Grove
West Pembroke
Bradford
Penobscot
Greenfield
Eagle Mtn.
Wesley
Dennysville
Eastport
Costigan
329 m
Cobscook Bay S.P.
Lubec
Hudson
Peaked Mtn.
East Corinth
Lead Mtn.
286 m
Northfield
Whiting
Kenduskeag
Old Town
450 m
Beddington
Quoddy Head S.P.
Aurora
West Levant
Orono
East Machias
Deblois
Whitneyville
Carmel
Bangor
Mariaville
Waltham
Columbia Falls
Cutler
Roque
Orrington
East Holden
Eastbrook
Roque Bluffs S.P.
Bluffs
Cross Island
Newburgh
Cherryfield
Harrington
Dixmont
Winterport
Jonesport
Monroe
Milbridge
Grand Manan Channel
Swan Lake S.P.
Bucksport
Ellsworth
Sullivan
South Addison
Prospect
Surry
Lamoine S.P.
Gouldsboro
Great Wass Island
Swanville
Penobscot
Trenton
Searsport
Winter Harbor
Blue Hill
Blue Hill
Bar Harbor
Belfast
Mount Cadillac
Mount Champlain
Castine
465 m
Acadia National Park
Peninsula
Mt. Desert Island
Searsmont
Little Deer Isle
Southwest Harbor
Waldoboro
Birch Pt. S.P.
Vinalhaven Island
Camden Hills S.P.
Lincolnville
Damariscotta
Deer Isle
Deer Isle
Base Harbor
Atlantic
Swans Island
Friendship
Camden
North Haven
Stonington
Port Clyde
Matinicus
West Rockport
Frenchboro
New Harbor
Rockland
Isle au Haut
Isle au Haut
Pemaquid Point
Inset
Vinalhaven
Acadia National Park
Birch Pt. S.P.
Vinalhaven
Muscongus Bay
Monhegan
D
E
F
2
3
4
5

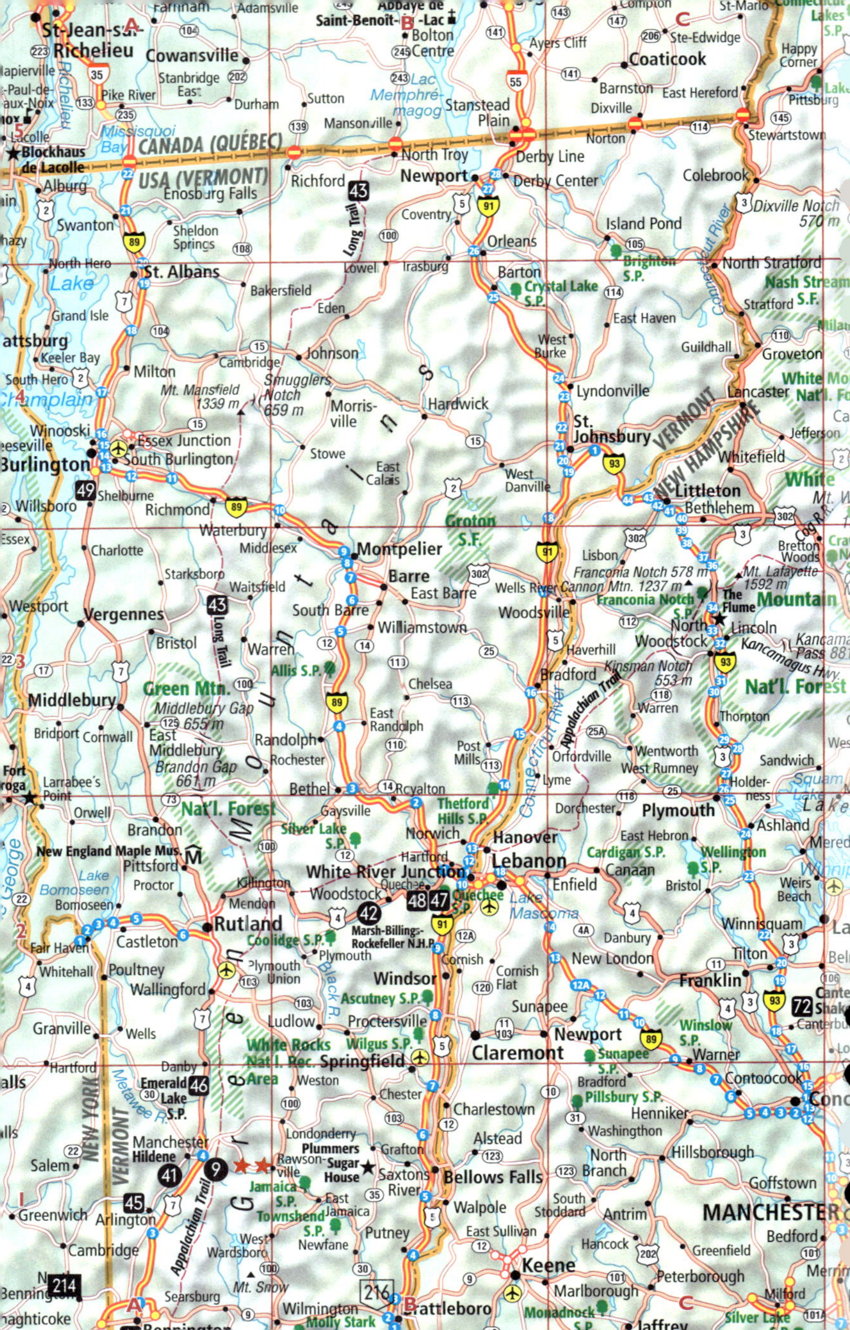
St-Jean-sur-Richelieu
Farnham
Adamsville
Abbaye de Saint-Benoît-du-Lac
Bolton Centre
Ayers Cliff
Compton
St-Malo
Ste-Edwidge
Coaticook
Happy Corner
Cowansville
Stanbridge East
Pike River
Durham
Sutton
Lac Memphrémagog
Stanstead Plain
Barnston
East Hereford
Pittsburg
Dixville
Mansonville
Missisquoi Bay
Lacolle
Blockhaus de Lacolle
CANADA (QUÉBEC)
USA (VERMONT)
North Troy
Derby Line
Norton
Stewartstown
Alburg
Enosburg Falls
Richford
Newport
Derby Center
Colebrook
Swanton
Sheldon Springs
Long Trail
Coventry
Orleans
Island Pond
Dixville Notch 570 m
North Hero
St. Albans
Lake
Bakersfield
Lowell
Irasburg
Barton
Crystal Lake S.P.
Brighton S.P.
North Stratford
Nash Stream S.F.
Grand Isle
Eden
East Haven
Stratford
Plattsburg
Keeler Bay
Milton
Cambridge
Johnson
West Burke
Guildhall
Groveton
South Hero
Champlain
Mt. Mansfield 1339 m
Smugglers Notch 659 m
Morrisville
Hardwick
Lyndonville
Lancaster
White Mountain Nat'l. Forest
Winooski
Essex Junction
South Burlington
Burlington
Stowe
St. Johnsbury
VERMONT
NEW HAMPSHIRE
Jefferson
Whitefield
Shelburne
Richmond
East Calais
West Danville
Littleton
Bethlehem
Willsboro
Waterbury
Middlesex
Montpelier
Groton S.F.
Essex
Charlotte
Barre
East Barre
Lisbon
Bretton Woods
Starksboro
Waitsfield
Wells River
Franconia Notch 578 m
Cannon Mtn. 1237 m
Mt. Lafayette 1592 m
Westport
Vergennes
South Barre
Woodsville
Franconia Notch S.P.
The Flume
Mountain
Bristol
Warren
Williamstown
North Woodstock
Lincoln
Kancamagus Pass
Kancamagus Hwy.
Haverhill
Kinsman Notch 553 m
Green Mtn.
Allis S.P.
Chelsea
Bradford
Nat'l. Forest
Middlebury
Middlebury Gap 655 m
Warren
Appalachian Trail
Thornton
Bridport
Cornwall
East Middlebury
Randolph
East Randolph
Brandon Gap 661 m
Rochester
Post Mills
Orfordville
Wentworth
West Rumney
Sandwich
Larrabee's Point
Bethel
Royalton
Lyme
Holderness
Squam Lake
Orwell
Nat'l. Forest
Gaysville
Thetford Hills S.P.
Dorchester
Plymouth
Brandon
Silver Lake S.P.
Norwich
Hanover
East Hebron
Ashland
New England Maple Mus.
Pittsford
Hartford
Lebanon
Cardigan S.P.
Wellington S.P.
Canaan
Enfield
Lake Bomoseen
Proctor
Killington
White River Junction
Quechee
Bristol
Weirs Beach
Bomoseen
Mendon
Woodstock
Quechee S.P.
Lake Mascoma
Rutland
Castleton
Coolidge S.P.
Marsh-Billings-Rockefeller N.H.P.
Danbury
Winnisquam
Fair Haven
Plymouth
Cornish
Tilton
Whitehall
Poultney
Plymouth Union
Black R.
Windsor
Cornish Flat
New London
Franklin
Wallingford
Ascutney S.P.
Sunapee
Granville
Wells
Ludlow
Proctersville
Claremont
Newport
Winslow S.P.
Canterbury
White Rocks Nat'l. Rec. Area
Wilgus S.P.
Springfield
Sunapee S.P.
Warner
Hartford
Danby
Emerald Lake S.P.
Weston
Bradford
Contoocook
Chester
Pillsbury S.P.
Henniker
Concord
NEW YORK
VERMONT
Charlestown
Washington
Manchester
Hildene
Londonderry
Plummers Sugar House
Grafton
Alstead
Salem
North Branch
Hillsborough
Rawsonville
Saxtons River
Bellows Falls
Jamaica S.P.
Townshend S.P.
East Jamaica
Walpole
South Stoddard
Goffstown
Antrim
Greenwich
Arlington
MANCHESTER
Putney
Cambridge
West Wardsboro
Newfane
East Sullivan
Hancock
Greenfield
Bedford
Keene
Bennington
Mt. Snow
Searsburg
Wilmington
Brattleboro
Marlborough
Peterborough
Milford
Molly Stark
Monadnock S.P.
Jaffrey
Silver Lake
Green Mountains

D
E
F
West Kennebago Mtn.
1129 m
East Kennebago Mtn.
1166 m
Bigelow Mtn.
Stratton
Carrabassett
Sugarloaf Mtn.
1291 m
Mt. Abraham
1234 m
Kingfield
Bingham
Cambridge
Solon
Athens
Hartland
Lake Francis S.P.
Pittsburg
Aziscohos Lake
Dallas
Rangeley
Oquossoc
Wilsons Mills
Mooselookmeguntic Lake
Madrid
Phillips
North Anson
Madison
Skowhegan
Pittsfield
Canaan
Richardson Lakes
Dixville Notch S.P.
Elephant Mtn.
1150 m
Tumbledown Mtn.
925 m
Strong
Norridgewock
Errol
Umbagog Lake
South Arm
Byron
Mt. Blue
Weld S.P.
Farmington
Framington Falls
Benton
Upton
Andover
Frye
Waterville
Freedom
Oakland
Great Pond
Winslow
Belgrade Lakes
Lake St. George S.P.
Milan Hill S.P.
Milan
Crafton Notch State Park
Mexico
Dixfield
Wilton
Old Speck Mtn.
1262 m
Puzzle Mtn.
955 m
Rumford
Livermoore Falls
Vassalboro
White Mountain Nat'l. Forest
Hanover
Newry
Mt. Zircon
683 m
Brookton
Readfield
South China
Berlin
Cascade
Jefferson
Livermore
Manchester
Augusta
Androscoggin River
White
Bethel
Gilead
West Sumner
North Leeds
Hallowell
Coopers Mills
Gorham
Evans Notch State Park
Gardiner
Jefferson
Mt. Washington
1917 m
North Chatham
Speckled Mtn.
877 m
West Paris
Turner
Monmouth
Lynchville
South Paris
Whitefield
Damariscotta Lake S.P.
Pinkham Notch
Crawford Notch S.P.
Waterford
Norway
Auburn
Lewiston
Kennebec R.
Richmond
Jackson
Glen
Crawford Notch
Lovell
North Bridgton
Mechanic Falls
Wiscasset
Maine Maritime Museum
Mountains
Bridgton
Lisbon Falls
Edgecomb
Echo Lake State Park
North Conway
Kancamagus Pass 881 m
Fryeburg
Denmark
Naples
Sabbathday Lake Shaker Village
Dry Mills
Topsham
Bath
Woolwich
South Bristol
Passaconaway
Conway
Sebago Lake S.P.
Bradbury Mtn. S.P.
Brunswick
Boothbay Hbr.
Pemaquid
Forest
Sebago Lake
Sabbath Lk.
North Windham
Gray
West Gray
Desert of Maine
Yarmouth
Freeport
Newagen
Muscongus Bay
Chocorua
Kezar Falls
Hiram
Windham
South Windham
South Harpswell
Bailey Island
Popham Beach
Popham Beach S.P.
West Ossipee
Steep Falls
Cornish
Casco Bay
Moultonboro
Center Ossipee
Westbrook
PORTLAND
Lakes Region
Ossipee
Limerick
Gorham
South Portland
Two Lights S.P.
Meredith
Lake Winnipesaukee
Wentworth S.P.
Newfield
West Scarborough
Cape Elizabeth
Crescent Beach S.P.
Scarborough
Wolfeboro
Wakefield
Waterboro
Old Orchard Beach
Ferry Beach S.P.
Saco
Laconia
Alton
Sanford
Alfred
Biddeford
Belmont
East Lebanon
West Kennebunk
Kennebunk
Wedding Cake House
Kennebunkport
Canterbury Shaker Village
Canterbury
Farmington
Rochester
Wells
Loudon
Pittsfield
Dover
Ogunquit
Epsom
Cape Neddick
Concord
Bear Brook S.P.
Northwood
Pawtuckaway S.P.
Durham
York
Strawberry Banke Museum
Kittery
Hooksett
Newmarket
Portsmouth
Odiorne Pt. S.P.
MAINE
NEW HAMPSHIRE
Raymond
Epping
North Hampton
Rye Beach
Rye Harbor S.P.
Massabesic Lake
Exeter
Hampton
Kingston
Hampton Beach
East Hampstead
Hampton Beach S.P.
Amesbury
Seabrook
Merrimack
Derry
Salisbury Beach S.P.
Newburyport
Londonderry
Salem
Haverhill

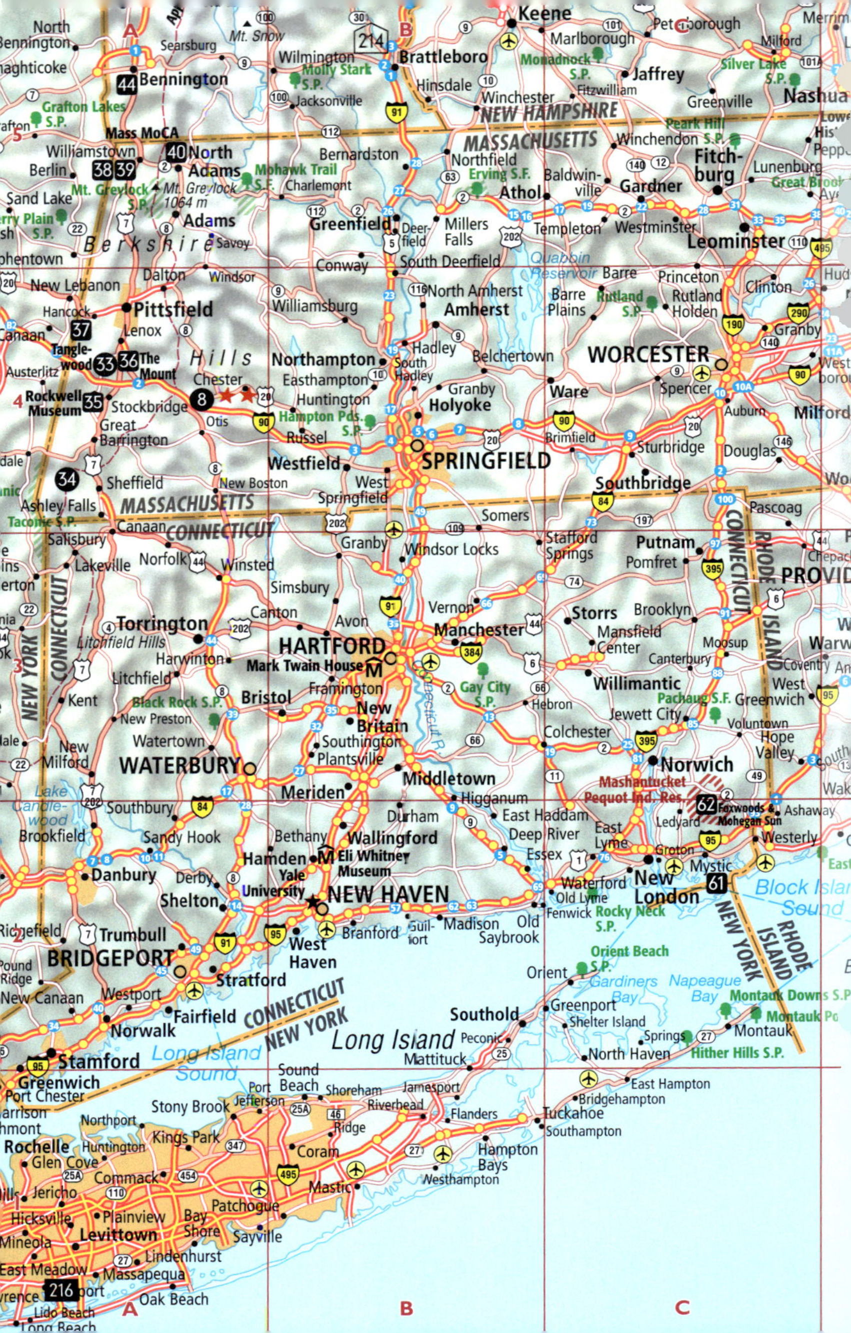
A
B
C
North Bennington
Hoaghticoke
Searsburg
Mt. Snow
Wilmington
Molly Stark S.P.
Brattleboro
Keene
Marlborough
Peterborough
Milford
Merrim
Bennington
Hinsdale
Winchester
Monadnock S.P.
Jaffrey
Fitzwilliam
Silver Lake S.P.
Nashua
Greenville
Grafton Lakes S.P.
Jacksonville
NEW HAMPSHIRE
Pearl Hill S.P.
Mass MoCA
Williamstown
North Adams
Bernardston
MASSACHUSETTS
Winchendon
Fitchburg
Berlin
Mohawk Trail S.F.
Charlemont
Northfield
Erving S.F.
Baldwinville
Gardner
Lunenburg
Great Brook
Sand Lake
Mt. Greylock S.P.
Mt. Greylock 1064 m
Athol
Cherry Plain S.P.
Adams
Greenfield
Deerfield
Millers Falls
Templeton
Westminster
Leominster
Berkshire
Savoy
Conway
South Deerfield
Quabbin Reservoir
Barre
Princeton
Clinton
Stephentown
New Lebanon
Dalton
Windsor
North Amherst
Barre Plains
Rutland S.P.
Rutland
Holden
Hancock
Pittsfield
Williamsburg
Amherst
Canaan
Lenox
Tanglewood
The Mount
Hills
Northampton
Hadley
Belchertown
WORCESTER
Granby
Austerlitz
Chester
Easthampton
South Hadley
Spencer
West Boro
Rockwell Museum
Stockbridge
Huntington
Granby
Holyoke
Ware
Great Barrington
Otis
Hampton Pds. S.P.
Russel
Auburn
Milford
SPRINGFIELD
Brimfield
Sturbridge
Douglas
Westfield
Sheffield
New Boston
West Springfield
Southbridge
Ashley Falls
MASSACHUSETTS
Pascoag
Taconic S.P.
Canaan
CONNECTICUT
Somers
Salisbury
Granby
Windsor Locks
Stafford Springs
Putnam
Pomfret
Lakeville
Norfolk
Winsted
CONNECTICUT
RHODE ISLAND
PROVID
Simsbury
Vernon
Storrs
Brooklyn
Canton
Avon
Mansfield Center
Torrington
Manchester
Moosup
Litchfield Hills
HARTFORD
Canterbury
Harwinton
Mark Twain House
Gay City S.P.
Willimantic
NEW YORK
CONNECTICUT
Litchfield
Framington
Hebron
West Greenwich
Coventry
Kent
Black Rock S.P.
Bristol
New Britain
Pachaug S.F.
New Preston
Jewett City
Voluntown
Watertown
Southington
Colchester
Hope Valley
New Milford
WATERBURY
Plantsville
Middletown
Norwich
Meriden
Mashantucket Pequot Ind. Res.
Lake Candlewood
Southbury
Durham
Higganum
East Haddam
Foxwoods & Mohegan Sun
Ashaway
Brookfield
Sandy Hook
Bethany
Wallingford
Deep River
East Lyme
Ledyard
Westerly
Hamden
Eli Whitney Museum
Essex
Groton
Danbury
Derby
Yale University
Mystic
Shelton
NEW HAVEN
Waterford
New London
Block Island Sound
Old Lyme
Fenwick
Rocky Neck S.P.
Ridgefield
Trumbull
Guilford
Madison
Old Saybrook
Branford
BRIDGEPORT
West Haven
RHODE ISLAND
NEW YORK
Orient Beach S.P.
Pound Ridge
Stratford
Orient
Gardiners Bay
Napeague Bay
Montauk Downs S.P.
New Canaan
Westport
Greenport
Montauk Pt.
Fairfield
CONNECTICUT
Southold
Shelter Island
Norwalk
NEW YORK
Long Island
Peconic
Springs
Montauk
Stamford
Long Island Sound
Mattituck
North Haven
Hither Hills S.P.
Greenwich
Port Chester
Sound Beach
Shoreham
Jamesport
East Hampton
Bridgehampton
Port Jefferson
Riverhead
Flanders
Stony Brook
Tuckahoe
Southampton
Northport
Ridge
New Rochelle
Huntington
Kings Park
Coram
Hampton Bays
Glen Cove
Commack
Westhampton
Mastic
Jericho
Patchogue
Hicksville
Plainview
Bay Shore
Sayville
Mineola
Levittown
Lindenhurst
East Meadow
Massapequa
Oak Beach
Lido Beach
Long Beach
216

D
E
F
5
4
3
2
1
Merrimack
Derry
Salisbury Beach S.P.
Newburyport
215
London-derry
Salem
Haverhill
Hudson
Georgetown
Nashua
Methuen
Lawrence
Ipswich
Halibut Pt. S.P.
Pigeon Cove
Rockport
Lowell Nat'l Historic Park
Lowell
Andover
Essex
Cape Ann
Pepperell
Middleton
Topsfield
Gloucester
23
Beverly
Manchester-By-The-Sea
Chelmsford
Ayer
Salem
21
Massachusetts Bay
Marblehead
22
Woburn
Saugus
Swampscott
Concord
Stow
20
Lexington
Nahant
Hudson
Cambridge
Boston Bay
1
11
3
12-19
Marl-borough
10
BOSTON
218-220
Brookline
Wellesley
Wompatuck S.P.
Cohasset
West-borough
Norwood
Weymouth
Scituate
Granby
Millis
Walpole
Randolph
Milford
Marshfield
6
Provincetown
Cape Cod National Seashore
Rockland
Stoughton
26
25
Brockton
Duxbury
Foxboro
Myles Standish Mon. S.P.
Wellfleet
Mansfield
Cape Cod
Woonsocket
Plymouth
Cape Cod Bay
Halifax
24
Attleboro
Eastham
Middleboro
Pawtucket
Taunton
Ellisville Harbor S.P.
East Brewster
Chepachet
Myles Standish S.F.
Brewster
27
Scusset Beach S.R.
PROVIDENCE
Dighton
West Wareham
Sandwich
Dennis
60
31
Barnstable
Yarmouth Port
28
Chatham
Assonet
New Bedford
Buzzards Bay
West Warwick
Warren
Fall River
30
Hyannis
South Yarmouth
29
Monomoy Nat'l. Wildlife Refuge
Bristol
North Dartmouth
Coventry
Anthony
Warwick
Dartmouth
New Bedford
East Falmouth
Cotuit
Tiverton
South Dartmouth
Monomoy Island
Wickford
Ports-mouth
Falmouth
Hamilton
Demarest Lloyd S.P.
Woods Hole
South County
Jamestown
Horseneck Beach S.P.
Vineyard Haven
Oak Bluffs
Muskeget Channel
Nantucket Island
Kingston
Sakonnet
Wakefield
Newport
Gay Head Cliffs
Edgartown
Ashaway
Narragansett
Rhode Island Sound
4
Galilee
Gay Head
32
Nantucket
Charlestown
Martha´s Vineyard
5
East Beach
50
51
52-59
Block Island Sound
Block Island
Block Island
Atlantic Ocean

CAMBRIDGEPORT
BROOKLINE
FENWAY
Massachusetts Institute of Tech (MIT)
Briggs Field
Kresge Auditorium
MIT Chapel
MIT Museum
Central
Technology Square
Boston University Bridge
Harvard Bridge
Memorial Drive
James J. Storrow Memorial Drive
Commonwealth Avenue
Boston University
Boston Univ. Central
Boston Univ. East
Blandford Street
Kenmore
Fenway Park
Fenway
St. Mary's Street
Hawes Street
Green Line
Beacon Street
Boylston St
Back Bay Fens Park
Victory Gardens
Kelleher Rose Gardens
Muddy River
Agassiz Road
Isabella Stewart Gardner Museum
Museum of Fine Arts
Simmons College
Russel E. Hoyt Field
Hastings Square
Mason Square
Reardon Square
300 m
300 yd

D
E
F
Reardon Square
Binney St
Rogers St
Bent St
Munroe St
Linsky Way
Athenaeum St
Kendall St
Potter St
Broad Canal St
Broadway
Cambridge Center
KENDALL SQUARE
6th Pedestrian Walkway
Fulkerson St
Edwin Land Blvd
Cambridge Parkway
Front Park
Mugar Omni Theatre
220
Charlesbank Playground
Charles St
Fruit St
Red Line
Kendall/MIT
Main St
Longfellow Bridge
Community Boating
Charles/MGH
WWW Consortium
Ames St
Dock St
Carleton St
Hayward St
Wadsworth St
Amherst St
MIT List Visual Arts Center
Memorial Drive
CAMBRIDGE
West Hill Pl
Phillips
Cedar St
Revere St
Myrtle
Pinckney St
W. Cedar St
The Esplanade
Embankment Road
Charles River
Hatch Memorial Shell
Mt. Vernon
Brimmer St
River St
Chestnut St
Beaver Pl
Byron St
Harvard Bridge
Charles River Esplanade
Memorial Drive
Back St
Beacon St
16
Public Garden
Clarendon St
Marlborough St
Berkeley St
Arlington St
James J. Storrow
BACK BAY
Beacon St
Commonwealth Av
Newbury St
Boylston St
Arlington
Hereford St
Gloucester St
Fairfield St
Exeter St
Dartmouth St
Copley
Green Line
Providence St
Massachusetts Av
Newbury St
Boylston St
St. James Av
Stuart St
Lord & Taylor
Columbus Av
Isabella St
Stanhope St
Exit 23
Hynes Convention Center
Stuart
Massachusetts Turnpike
Saks Fifth Ave
Copley Place
Buckingham St
Back Bay
Chandler St
Cambria St
Dalton St
Scotia St
Hynes Convention Center
17
Prudential Center
Exit 21
Exit 22
Harcourt St
Haviland St
Belvidere St
Av
Cazenove St
Charles St
Berkeley St
Fenway
Hemenway St
Stoneholm St
St Germain St
Norway St
Edgerly Road
Clearway St
Prudential
Christian Science Center
Reflecting Pool
Botolph St
Follen St
Yarmouth St
West Canton St
Holyoke St
Appleton
Lawrence
Dartmouth Place
Warren
Clarendon St
Appleton
Gray St
Burbank St
Westland Av
Huntington
Cumberland St
Durham St
Newton St
Carleton St
Braddock Park
Columbus Av
West Canton
Warren
Tremont St
Milford
Hanson
Waltham
Dwight
Symphony Road
Symphony
Gainsborough St
Jarvis St
St Stephen St
Blackwood St
Claremont St
W. Rutland Square
Greenwich Park
Massachusetts Av
Claremont Park
Wellington St
Rutland Sq.
Concord Sq.
Worcester
West Newton St
Pembroke St
West Brookline St
Montgomery St
Union Park St
Upton St
Drapers Ln.
West Dartmouth
West Brookline St
Ivanhoe St
West Canton St
Cathedral of Holy Cross
Union
Shaw
Forsyth Park
St Stephen St
Opera
9
Gainsborough St
Northeastern
Northeastern University
Museum of Fine Arts
Fencourt St
Northampton St
Camden St
28
Tremont St
West Concord St
Rutland
Newland
SOUTH END
219

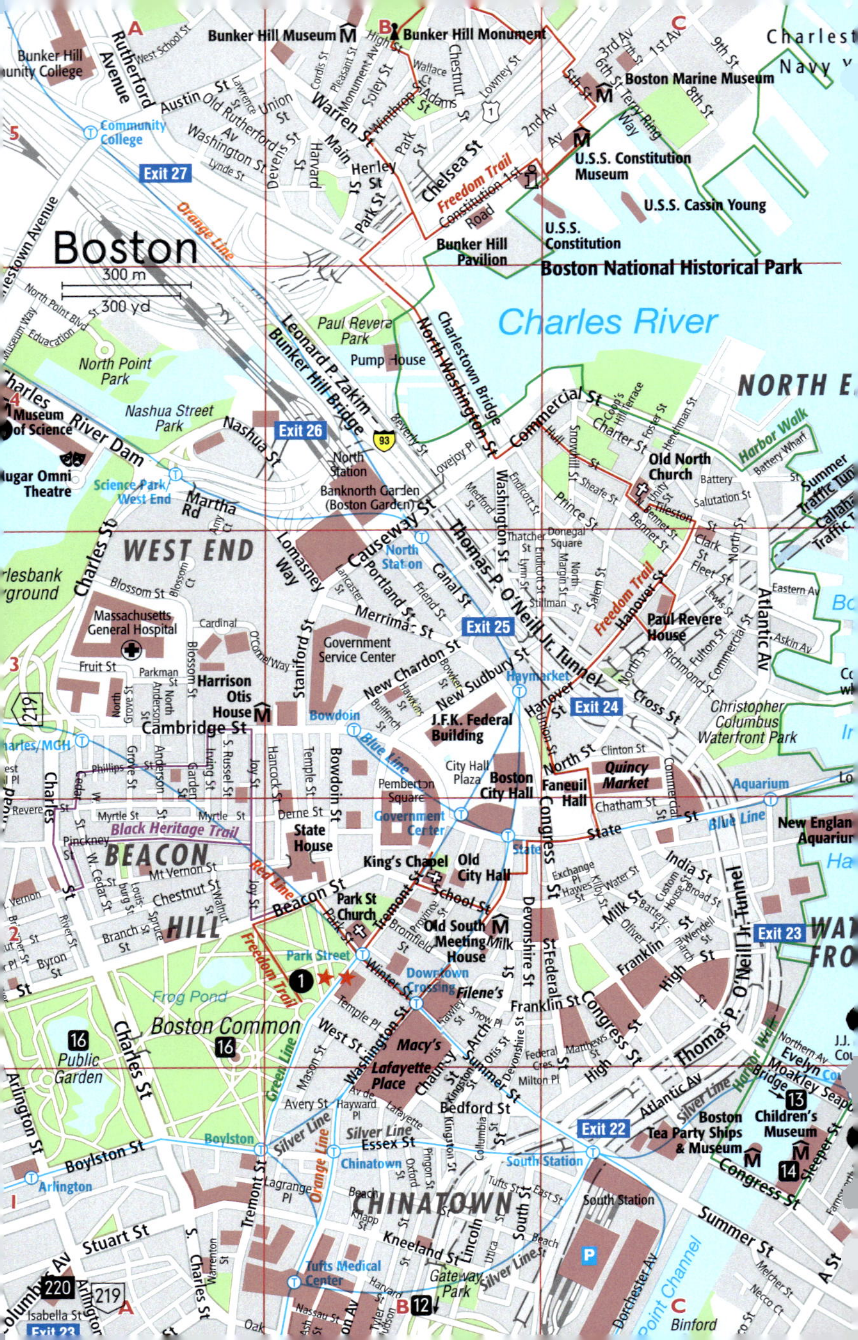

Boston
300 m
300 yd
Bunker Hill Museum
Bunker Hill Monument
Boston Marine Museum
U.S.S. Constitution Museum
U.S.S. Cassin Young
U.S.S. Constitution
Bunker Hill Pavilion
Boston National Historical Park
Charles River
Bunker Hill Community College
Community College
Exit 27
Orange Line
Freedom Trail
Paul Revere Park
Pump House
North Point Park
Nashua Street Park
Museum of Science
Charles River Dam
Mugar Omni Theatre
Science Park/West End
North Station
Banknorth Garden (Boston Garden)
Exit 26
Leonard P. Zakim - Bunker Hill Bridge
Charlestown Bridge
North Washington St
NORTH E
Harbor Walk
Old North Church
Thomas P. O'Neill Jr. Tunnel
WEST END
Massachusetts General Hospital
Government Service Center
Exit 25
Paul Revere House
Haymarket
Exit 24
Christopher Columbus Waterfront Park
Harrison Otis House
Bowdoin
Blue Line
J.F.K. Federal Building
City Hall Plaza
Boston City Hall
Faneuil Hall
Quincy Market
Aquarium
New England Aquarium
Charles/MGH
Black Heritage Trail
BEACON HILL
State House
Government Center
State
Red Line
King's Chapel
Old City Hall
Park St Church
Old South Meeting House
Exit 23
Park Street
Downtown Crossing
Filene's
Frog Pond
Boston Common
Public Garden
Green Line
Macy's
Lafayette Place
Boston Tea Party Ships & Museum
Children's Museum
Exit 22
Boylston
Arlington
Silver Line
Chinatown
South Station
CHINATOWN
Tufts Medical Center
Gateway Park
Cambridge St
Charles St
Boylston St
Tremont St
Washington St
Congress St
Summer St
Atlantic Av
Commercial St
Hanover St
Beacon St
Stuart St
Kneeland St
Fort Point Channel

## Straßenregister

# Register

**AA/D. Clapp:** 57
**AA/C. Coe:** 6 (Nr. 2), 19, 55, 60, 109, 125, 128, 158, 174, 176, 192/193, 200 u.
**AA/J. Lynch:** 16 u.
**AA/M. Lynch:** 6 (Nr. 9), 124, 187
**AA/T. Lynch:** 134
**AA/J. Nicholson:** 6 (Nr. 1), 40
**AA/C. Sawyer:** 51, 61
**akg-images:** 15, Louis Dodd 25
**Getty Images:** Education Images/UIG 6 (Nr. 3), DenisTangneyJr 10 o., Boston Globe 16 o., Fotosearch 20, corbis/Franz-Marc Frei 21, corbis/Owaki - Kulla 22, Brigitte Merle 24, SuperStock 29, Culture Club 31 l., Time Life Pictures 31 r., The Boston Globe/John Tlumacki 37 o., The Boston Globe/Essdras M. Suarez 38/39 u., The Boston Globe/Jonathan Wiggs 39, The Boston Globe 44, Education Images/UIG 45, Eunice Harris 54, Kim Grant 67, Betty Wiley 77 l., Walter Bibikow 78, AFP/Don Emmert 88, Jack Mitchell 104, Paul Marotta 106 u., Corey Hendrickson 132, Kenneth C. Zirkel 145 l., Adina Tovy 150 r. und 160, Portland Press Herald/Shawn Patrick Ouellette 167 o., Portland Press Herald/Joel Page 167 u., Portland Press Herald/Tom Bell 168/169 u., Portland Press Herald/Gregory Rec 169, Portland Press Herald/Tim Greenway 170/171, Denis TangneyJr 172, George Ostertag 179 und 186, Boston Globe/Dina Rudick 189, Boston Globe/John Tlumacki 196
**Glow Images:** 155
**huber-images:** Tim Mannakee 12/13, Franco Cogoli 23 l., Pietro Canali 27, Guido Cozzi 95, Pietro Canali 131, Tim Mannakee 162/163
**laif:** Achim Multhaupt 5 u., Loop Images/Julian Castle 6 (Nr. 4), Le Figaro Magazine/Gladieu 6 (Nr. 5), Thomas Linkel 6 (Nr. 6), Redux/NYT/Nancy Palmieri 6 (Nr. 8), Kai Nedden 6 (Nr. 10), Kai Nedden 48, Camera Press/Mel Longhurst 53, Thomas Linkel 72/73, Loop Images/Julian Castle 81, Thomas Linkel 83 und 92, Berthold Steinhilber 96/97, Redux/NYT/Nancy Palmieri 105, Redux/The New York Times/Michael J. Lutch 106 o., Berthold Steinhilber 112, Redux/Peter Frank Edwards 136 und 138, Aurora/Cate Brown 146/147, Le Figaro Magazine/Gladieu 149, Aurora/Michael Eudenbach 153, Polaris/Arthur Pollock 161, Aurora/Karsten Moran 168/169 o., Aurora/Peter Dennen 171
**Lookphotos:** age fotostock 5 o., 9, 10 u., 32/33, 42, 86 und 91, Franz Marc Frei 116/117, Aurorafoto 177, age fotostock 200 o.
**mauritius images:** age 6 (Nr. 7) und 30, Alamy/Danita Delimont Creative 37 u., Science Source/David R. Frazier 38/39 o., SuperStock 47, Alamy/Maurice Savage 59, age 64, Alamy/Andrew Michael 77 r., Alamy/Creative Collection Tolbert Photo 78/79, Alamy/Michael Dwyer 85, age 87, Alamy/Yakoniva 101 o., Alamy/Anthony Weller-VIEW 102/103, Alamy/Andre Jenny 103, Alamy/Stan Tess 111, Alamy/H. Mark Weidman Photography 122 und 122/123 o., Alamy/Kumar Sriskandan 122/123 u., Alamy/Mark Conlin 126, Danita Delimont 129, age 130, Alamy/Mira 140/141, Alamy/Thornton Cohen 146 l., Alamy/Michael Dwyer 146 r., Alamy/Thornton Cohen 147, Alamy/Ian Dagnall 148, age fotostock 150 l., SuperStock/Visions of America 152, age 178, Walter Bibikow 180, hemis.fr 183, Masterfile 184 o., hemis.fr 184 u., age 195 und 202/203
**picture-alliance:** Newscom 23 r., AP Images/Michael Dwyer 71, AP Photo/Beth J. Harpaz 102, AP Photo/David Jordan 127, Newscom 157
**Ramblewild:** 101 u.
**Shutterstock:** Marcio Jose Bastos Silva 28, Wangkun Jia 38, Marianne Campolongo 80, Salvan 121 o., Wangkun Jia 121 u., Mona Makela 145 r., Jo Ann Snover 168, Jon Bilous 175, Sean Pavone 181
**The Canteen:** 79

**Titelbild:** U1 oben: Steve Dunwell/Getty Images
U1 unten: HaizhanZheng/Getty Images
U8: Glenn Leblanc/Getty Images

# IMPRESSUM



4., aktualisierte Auflage 2024

**Text:** John Rosenthal, Kathy Arnold, Paul Wade, Ole Helmhausen
**Übersetzung:** Dagmar Lutz, Joachim Nagel
**Aktualisierung:** Ole Helmhausen
**Redaktion:** Birgit Borowski

**Kartografie:** KOMPASS-Karten GmbH, A-6020 Innsbruck; MAIRDUMONT, D-73751 Ostfildern
**3D-Illustration:** jangled nerves, Stuttgart



Printed in China

Trotz aller Sorgfalt von Autoren, Autorinnen und Redaktion sind Fehler und Änderungen nach Drucklegung leider nicht auszuschließen. Dafür kann der Verlag keine Haftung übernehmen. Berichtigungen, Kritik und Verbesserungsvorschläge sind uns jederzeit willkommen, bitte informieren Sie uns unter:

Baedeker Redaktion
Postfach 3162
D-73751 Ostfildern
Tel. 0711 45 02-262
smart@baedeker.com
www.baedeker.com

# Meine Notizen